Hellmut Butterweck

DER NÜRNBERGER PROZESS

Die Richter spielten nicht mit

Hellmut Butterweck

DER NÜRNBERGER PROZESS

Die Richter spielten nicht mit

Czernin Verlag, Wien

Gedruckt mit Unterstützung der Stadt Wien, Kultur, des Zukunftsfonds der Republik Österreich und des Nationalfonds der Republik Österreich für Opfer des Nationalsozialismus

ZukunftsFonds
der Republik Österreich

Nationalfonds der Republik Österreich
für Opfer des Nationalsozialismus

Der Autor dankt Herrn Franz Doppler für die Hilfe in einer elektronischen Notsituation.

Butterweck, Hellmut: Der Nürnberger Prozess. Die Richter spielten nicht mit / Hellmut Butterweck
Wien: Czernin Verlag 2022
ISBN: 978-3-7076-0768-0

Umschlaggestaltung und Satz: Mirjam Riepl
Lektorat: Joe Rabl
Druck: Finidr
ISBN Print: 978-3-7076-0768-0
ISBN E-Book: 978-3-7076-0769-7

INHALT

EINLEITUNG

Die dunkle Schwester des Vergessens heißt Verdrängung

Wieder einmal zog die Gegenaufklärung durch Städte und Dörfer. Sie trug Judensterne vor sich her und bespuckte die Vernunft. Wir erlebten, wie sich der im Dienste durchschaubarer Interessen für überwunden erklärte Ungeist mit neuen irrationalen Strömungen verband und wie er zynisch in den Fundus der Zeitgeschichte griff, um sie auf den Kopf zu stellen und die Menschen zu verwirren. Wir erlebten zugleich, was geschieht, wenn man Geschichte voreilig für abgetan und erledigt hält: Sie wird missbrauchbar und wird missbraucht, und zwar gerade von jenen, die sich ihren Lehren widersetzen. In den Demonstrationen gegen die Covid-19-Maßnahmen trieb das usurpatorische Verhältnis politischer Bewegungen zur Geschichte völlig neue Blüten. Es findet sein einziges Korrektiv in einer an den Fakten orientierten Information. Daher wird diese von allen, die die Geschichte verdunkeln und verfälschen, so gehasst.

In Nürnberg wurde zum ersten Mal der Angriffskrieg als Verbrechen geächtet und zum ersten Mal wurden die Angreifer vor Gericht gestellt. Welchen revolutionären Schritt dies bedeutete, erhellt allein aus der Schärfe der von den über jeden Verdacht politischer Einseitigkeit erhabenen Zeitgenossen am Nürnberger Prozess geübten Kritik. Kein Geringerer als Hans Kelsen, der Schöpfer der österreichischen Bundesverfassung, hielt den Prozess für unrechtmäßig, denn als Hitler ein Land nach dem anderen überfiel, habe es im Völkerrecht keine Bestimmung gegeben, die dies verbot, und keine, wonach Angreifer vor Gericht gestellt werden konnten. Ein so kluger Kopf wie George F. Kennan vertrat noch zwanzig Jahre später die Ansicht, dass es besser gewesen wäre, die größten deutschen Übeltäter formlos an die Wand zu stellen, als sie nach rückwirkendem Recht zu verurteilen.

In diesem Buch wird auf den weithin unbekannten Sachverhalt hingewiesen, dass der amerikanische, der britische und der französische Richter mit ihrer Mehrheit gegenüber dem sowjetischen Mitglied des Tribunals mit einer Ausnahme Urteile durchsetzten, die Schuldsprüche wegen Verbrechen gegen den Frieden enthielten, ohne dass sich diese Schuldsprüche jedoch auf die verhängten Strafen ausgewirkt hätten. Bis auf das Lebenslang für Rudolf Heß entsprachen die Strafen der Schuld der Verurteilten wegen Kriegsverbrechen und/oder Verbrechen gegen die Menschlichkeit. Die Richter holten die »Sterne eines neuen Völkerrechts«, nach denen der amerikanische Hauptankläger Robert Jackson in seiner brillanten Eröffnungsrede gegriffen hatte, auf den sicheren Boden des Strafrechtes herunter.

Und doch wurden gerade die Anklagen wegen Verbrechen gegen den Frieden zukunftswirksam. Der Nürnberger Prozess hat entscheidend dazu beigetragen, dass der Angriffskrieg heute in dem Maß verpönt ist, wie es der Fall ist. Alles in allem hat der Nürnberger Prozess jedoch auf dem Papier, auf dem geschrieben steht, was sein darf und was nicht, weniger bewirkt als in den Köpfen der Menschen, auch wenn er für viele heute nicht mehr ist als eines der vielen historischen Ereignisse, von denen man einmal gehört hat, oder nicht einmal das. Den unbelehrbaren Ewiggestrigen ist er nach wie vor besonders verhasst, denn an den Fakten, die weniger als ein Jahr nach dem Zweiten Weltkrieg in Nürnberg ans Licht kamen, führte und führt kein Weg vorbei. Der größte Strafprozess aller Zeiten wurde zum bevorzugten Aggressionsziel der Neonazis und der äußeren Rechten. Für sie besteht das wahre Ärgernis von Nürnberg nach wie vor nicht in den Fehlkonstruktionen und Schwächen des Prozesses, sondern im Gegenteil darin, dass er korrekt und fair geführt wurde und dass sich an den Ergebnissen des Beweisverfahrens selbst beim bösesten Willen nicht herumdeuteln lässt. Trotzdem polarisierte er nahezu über die ganze Breite des politischen Spektrums hinweg.

In Deutschland, in Österreich und auf der ganzen Welt wurde über den Nürnberger Prozess monatelang täglich an prominenter Stelle berichtet. Und dies in einer Zeit, in der die Zeitungen, damals *das* Massenmedium schlechthin, den Themenkreis Holocaust höchst selektiv behandelten. Die ganze Wahrheit, die die Menschen durch die Gerichtssaalberichte aus Nürnberg erfuhren, wäre sonst erst über Jahre hin verzettelt zu ihnen durchgesickert, was sich für die Wiener Publizistik eindeutig nachweisen lässt.[1] In Deutschland und Österreich wurde die Wahrnehmung der NS-Verbrechen in der frühen Nachkriegszeit vom Nürnberger Prozess bestimmt, und durch die geballte Macht der Zeugenaussagen und Dokumente wurde eine Fakten- und Beweislage geschaffen, auf der spätere Generationen ihre Bewusstseinsbildung aufbauen konnten. Ohne sie wäre es heute schwieriger, Holocaust-Leugnern entgegenzutreten. Auch darum kann an den Nürnberger Prozess nicht oft genug erinnert werden. Er hält eine Fülle wertvoller Erfahrungen für die Gegenwart bereit. Doch um sie verwerten zu können, muss man ihn kennen.

Er war als politischer Prozess, der neue völkerrechtliche Grundsätze zur Geltung bringen sollte, konzipiert und so lebt er im kollektiven Gedächtnis weiter: als Verfahren, in dem Männer zum Tode verurteilt wurden, weil sie einen Angriffskrieg geplant und geführt hatten. Tatsächlich aber wurde in Nürnberg niemand zum Tode verurteilt, der nicht in die Mordtaten des NS-Regimes verstrickt war. Die Strafen wären mit einer Ausnahme nicht anders ausgefallen, wenn man den Angeklagten ausschließlich Mord, Mitschuld am Mord oder Anstiftung zum Mord und keine Verbrechen gegen den Frieden vorgeworfen hätte. Wegen der Vorbereitung und Führung von Angriffskriegen wurden zwar Schuldsprüche gefällt, doch in den Strafen spielten sie bis auf den Fall Heß keine Rolle und ausgerechnet

Rudolf Heß verbüßte sein Lebenslang bis zum Selbstmord mit 93 Jahren. Sein Fall wirft den einzigen Schatten auf den Prozess. Dies entspricht allerdings einer Fehlerquote zu Lasten der Angeklagten von fünf Prozent – damit besteht er den Vergleich mit jeder ordentlichen Strafjustiz. In diesem Sinne war er ein Blindflug zur Gerechtigkeit.

Die Freiheitsstrafen entsprachen überraschend genau dem Grad der persönlichen Verantwortung oder Mitverantwortung für den Tod von Menschen. Doch der Spruch vom Griff nach den »Sternen eines neuen Völkerrechts« grub sich ein und wurde zum Mythos. Ursache der Missverständnisse war vor allem die angelsächsische Verfahrensordnung. Die Ankläger, zuerst und am meisten die amerikanischen, dominierten das Geschehen. Gerade in den ersten Wochen, in denen das Interesse am größten war, ging es ihnen vor allem darum, die Anklagen wegen der Führung von Angriffskriegen zu erhärten. Die Richter folgten, gelegentlich Fragen stellend, der Beweisführung der Ankläger, dann der Verteidiger, den Aussagen der von jeder Seite aufgerufenen Zeugen. 216 Verhandlungstage lang deutete nichts darauf hin, worauf es ihnen am Ende ankommen würde, auf die politischen oder auf die »klassischen« Straftaten. Dass sie am Ende etwas völlig anderes als das ursprünglich Geplante aus diesem Prozess gemacht hatten, ließen erst die am 1. Oktober 1946 verkündeten Strafen erkennen.

Doch die Urteile wurden verkündet, die zum Tode Verurteilten hingerichtet oder zur Verbüßung ihrer Freiheitsstrafen am 19. Juli 1947 nach Spandau überstellt, die Richter, die Ankläger und ihre Stäbe flogen nach Hause und der Kalte Krieg überschattete alles andere. Nürnberg wurde zum Hassobjekt der Unbelehrbaren und zum Objekt jahrelanger juristischer Debatten über rückwirkendes Recht.

Die Vorstellung, in Nürnberg seien Männer wegen Verbrechen gegen den Frieden aufgehängt worden, setzte sich so fest, dass der Herausgeber der »Chicago Tribune« die Einladung zu einem Bankett für das amerikanische Mitglied des Tribunals Francis Biddle mit dem Satz ablehnte, »er werde nicht mit einem Mörder essen«.[2] Gab es eine Absprache der Richter? Oder haben sie, wenn schon nicht die Schuldsprüche, so doch jedenfalls die Strafen in einem schweigenden Einverständnis im herkömmlichen Strafrecht verankert? Oder, wenn es anders war, wie? Diesen Fragen wird im vierten Kapitel anhand der Aufzeichnungen über die Urteilsberatungen der Richter nachgegangen.

In diesem Buch wird auch deutlich ausgesprochen, was bei der Vorbereitung des Nürnberger Prozesses schiefgelaufen ist – und warum es zum Nürnberger Prozess keine Alternative gab. Es gab keine, weil er seinerseits die Alternative zum ernsthaft erwogenen Vorhaben war, die größten deutschen Missetäter einfach an die Wand zu stellen, sobald man sie erwischte. Selbstverständlich könne man Kriegsverbrecher formlos erschießen, erklärte der spätere amerikanische Hauptankläger Robert Jackson in einer Rede vor der American Society for International Law, wenn man sich aber zu einem Gerichtsverfahren entschließe, müsse es auch fair sein. Dass der Nürnberger Prozess tatsächlich fair geführt wurde, war dann aber nicht sein Verdienst, sondern das der Richter. Jackson selbst verhielt sich in seiner Doppelrolle als Ankläger und Herr über die Ressourcen des Gerichts der Verteidigung gegenüber alles andere als fair, viele Beschwerden der Verteidiger waren berechtigt. Es soll auch nicht verschwiegen werden, dass in Nürnberg in einem Fall gefälschte Beweise vorgelegt wurden. Aber der Versuch, den Mord an Tausenden polnischen Offizieren im Wald von Katyn den Angeklagten in die Schuhe zu schieben, schlug fehl und führte zu einem schweren Gesichtsverlust für die Sowjetunion. Die Verteidiger waren also keineswegs chancenlos, wenn die Sachlage tatsächlich die Möglichkeit bot, einen Vorwurf zu widerlegen. Das war bloß selten der Fall.

Wie immer und überall auf der Welt, wo Richter menschliche Verfehlungen zu bewerten haben, waren auch in Nürnberg nicht alle Urteile über jeden Zweifel erhaben. Auch in Nürnberg kamen gebildete, redegewandte Angeklagte aus gehobenem bürgerlichen Milieu leichter mit dem Leben davon als etwa der unbeholfene Fritz Sauckel; und darüber, wie es bei der Beratung über einige Urteile »gemenschelt« hat, kann man tatsächlich erschrecken.

Doch wenn der größte Konstruktionsfehler des Nürnberger Prozesses auch die Anklagen wegen Verbrechen gegen den Frieden waren und wenn die ernst zu nehmende, nicht aus der rechten Ecke kommende Kritik vor allem hier einhakte, ging doch gerade von diesem Anklagepunkt seine mythische Ausstrahlung und eine diffuse historische Vorbildhaftigkeit aus. Er nahm dem Verfahren gegen Slobodan Milošević und allen weiteren vor dem UN-Kriegsverbrechertribunal in Den Haag ihre unangenehme Erstmaligkeit; man tut sich leichter, wenn man auf ein Vorbild verweisen kann. Die »Sterne eines neuen Völkerrechts«, nach denen Jackson einst ins Leere griff, sind der Erde seither nicht näher gekommen, doch Aggressoren und Despoten wären nicht, was sie sind, hätten sie kein Blut an den Händen. Hier sind es die Nürnberger Strafen, die tatsächlich eine gewaltige Vorbildwirkung entfalten: Wer den Tod von Menschen verschuldet oder mitverschuldet hatte, wurde entsprechend dieser Schuld bestraft. Wer kein Blut an den Händen oder an seiner Unrechtsgesetze unterschreibenden Feder hatte, durfte seiner Wege gehen, mochte er auch ein Schurke sein. Mit diesem Maßstab wird die Welt wohl noch lange Zeit leben müssen, aber auch leben können.

Urteile spricht nicht nur die Justiz, sondern auch die Geschichte. In diesem Sinne bleibt der Nürnberger Prozess ein ewiger Stachel im Fleisch der Politik. Dass einst sehr plötzlich von ihm nicht mehr die Rede war, verdankt er der dunklen Schwester des Vergessens, der Verdrängung. Die an der Vorbereitung des Nürnberger Prozesses beteiligten Briten dachten schwerlich an mögliche künftige Konstellationen wie jene, die 1956 den Suezkrieg auslösen sollte. Gewiss hätten es die Amerikaner in ihrem gerechten Zorn über den deutschen Überfall auf Polen ihrem eigenen Land nie und nimmer zugetraut, einen Zwischenfall zu türken, um Krieg in Vietnam führen zu können, wie es später im Golf von Tongking geschah. Den Gedanken, Amerika könnte jemals einen klassischen Angriffskrieg mit erfundenen Anschuldigungen gegen den Irak führen, wie es George Bush junior tat, hätten sie mit Entsetzen von sich gewiesen. All seinen mächtigen und zum Teil unerfreulichen Konstanten zum Trotz hatte das Amerika, das Europa von Hitler befreit hatte, wenig Ähnlichkeit mit dem Anblick, den die Vereinigten Staaten später bieten sollten.

Deutschlands Alt- und Neonazis hassten und verteufelten den Nürnberger Prozess als »Siegerjustiz«, die Sieger wurden an Jacksons Mahnung, »dass nach dem gleichen Maß, mit dem wir die Angeklagten heute messen, auch wir morgen von der Geschichte gemessen werden«, nicht mehr gern erinnert. Das in Vietnam Krieg führende Amerika wollte sie nicht mehr hören, das den Irak angreifende Amerika hatte sie gründlich verdrängt.

So weit wir auch zurückblicken: Niemals trat die Inhumanität nackter, krasser, auf ihre Weise reiner in Erscheinung als in der NS-Zeit. Die Geschichte wiederholt sich nicht, dafür ist sie viel zu einfallsreich. Sie bringt immer wieder neuen Schrecken und neue Bewährungsproben hervor. Doch in kaleidoskopartig wechselnden Szenen stehen immer wieder die gleichen Prinzipien einander gegenüber: eine letztlich in der Fähigkeit und Bereitschaft zur Empathie wurzelnde Humanität und die Kälte gegenüber fremdem Schicksal in ihrer ganzen Bandbreite von der Gleichgültigkeit des Reichen gegenüber dem Armen bis zu ihrer höchsten Steigerung vor den Gaskammern von Auschwitz. Nicht zuletzt in der Konfrontation mit der Geschichte scheiden sich gerade jetzt wieder einmal die Geister.

Dieses Buch ist die überarbeitete und ergänzte Neuausgabe des 2005 erschienenen Buches »Der Nürnberger Prozess. Eine Entmystifizierung« von Hellmut Butterweck.

Fett hervorgehobene Anmerkungen[x] enthalten den Text ergänzende Informationen, alle anderen Anmerkungen enthalten lediglich Quellenangaben.

Zitate ohne Quellenangabe sind der digitalen Ausgabe des Protokolls des Nürnberger Prozesses entnommen, wo sie jederzeit über die Funktion Volltextsuche auffindbar sind.[3]

Die Rechtschreibung der Zitate wurde modernisiert.

Am Tisch der US-Anklagebehörde im IMT-Prozess (1945): links von oben: R. Albrecht, H. Amen, S. Alderman, Th. Dodd; rechts von oben: S. Harris, R. Kempner, Wh. Harris, E. Douglas, R.H. Jackson.

1.

WOHIN MIT IHNEN?

Ein Hürdenlauf nach Nürnberg

1. Mai 1945. Große Teile Europas liegen in Trümmern. Berlin brennt. Die Reste der deutschen Fronten lösen sich auf. Auch der letzte Nazifanatiker weiß, dass der Krieg verloren ist. Trotzdem greift die Feldgendarmerie immer noch Menschen auf, mit deren Papieren etwas nicht stimmt, verhängen Standgerichte Todesurteile am laufenden Band. Auf den Straßen und in den Bombentrichtern liegen weggeworfene Uniformen, Gewehre, Parteiabzeichen und unzählige Exemplare von Hitlers »Mein Kampf«.

Wo es noch elektrischen Strom gibt oder einen der kostbaren batteriebetriebenen Radioapparate nebst Batterien, horcht an diesem 1. Mai irgendwann nach 22 Uhr jeder auf. Der Reichssender Hamburg bringt die mehrmals mit Wagner-Musik angekündigte »ernste und wichtige« Sondermeldung: »Aus dem Führerhauptquartier wird gemeldet, dass unser Führer Adolf Hitler heute Nachmittag in seinem Befehlsstand in der Reichskanzlei bis zum letzten Atemzug gegen den Bolschewismus kämpfend für Deutschland gefallen ist. Am 30. April hat der Führer Großadmiral Dönitz zu seinem Nachfolger ernannt. Der Großadmiral und Nachfolger des Führers spricht zum deutschen Volk.«[4] Dessen erste Aufgabe sei es, deutsche Menschen vor der Vernichtung durch den vordrängenden bolschewistischen Feind zu retten. Nur für dieses Ziel gehe der militärische Kampf weiter. Dann wendet er sich an die Soldaten der Wehrmacht. Ein Feigling und Verräter sei, wer sich gerade jetzt seiner Pflicht entziehe und damit deutschen Frauen und Kindern Tod oder Versklavung bringe. Phrasen, die in den nächsten Tagen noch viele das Leben kosten werden. Der Spuk im Rundfunk hat sechs Minuten und 46 Sekunden gedauert. Eine schreckliche Zeit geht zu Ende.

Karl Dönitz wird seine Verteidigung in Nürnberg darauf aufbauen, er habe sich immer nur um militärische Dinge gekümmert und nie um Politik. Aber als er noch an den Sieg glaubte, sagte er: »Der Offizier ist der Exponent des Staates; das Geschwätz, der Offizier ist unpolitisch, ist barer Unsinn.« Er residiert nun in der Marineschule Mürwik bei Flensburg. Auf der Fahrt dorthin musste er vor Tieffliegern im Straßengraben Schutz suchen. Gewiss kam er an Flüchtlingskolonnen und zerschossenen und brennenden Fahrzeugen vorbei, aber im direkt an der dänischen Grenze gelegenen Flensburg sind keine Bomben gefallen, es herrschen deutsche Ordnung und Sauberkeit. Vorschriftsmäßig adjustierte Marinesoldaten schieben Wache. Das neue Staatsoberhaupt, die neue Reichsregierung und das OKW, das Oberkommando der Wehrmacht, brauchen nicht mehr viel Platz.

Heinrich Himmler erscheint bei Dönitz. Er weiß längst, dass der silberne Totenkopf auf der Kappe sein eigenes Schicksal symbolisiert. Dönitz erklärt ihm, dass er in seiner »unpolitischen« Reichsregierung für Belastete keine Verwendung hat. Unter Papieren verborgen liegt eine entsicherte Pistole vor ihm. Die SS ist noch immer gefährlich. Doch Himmler fügt sich und geht.

Einige Generäle wollen selbst jetzt noch weiterkämpfen. Doch Dönitz tut das einzig Vernünftige und bittet den britischen Feldmarschall Montgomery, dessen Panzer bereits durch Lübeck fahren, um Waffenruhe. Den meisten Deutschen genügt es zu wissen, dass der Krieg zu Ende ist. Auch wer nichts zu befürchten hat, weiß, dass die Zukunft hart sein wird. Doch die Zahl derer, die sehr wohl etwas zu befürchten haben, ist groß. Während die Regierung Dönitz nach der Unterzeichnung der bedingungslosen deutschen Kapitulation am

7. Mai in Reims und am 8. Mai in Berlin noch einige Zeit unter alliierter Aufsicht amtiert, werden die späteren Angeklagten überall gesucht. Mit Karl Dönitz, OKW-Chef Wilhelm Keitel, dem Chef des Wehrmachtführungsstabes Alfred Jodl und Rüstungsminister Albert Speer sind vier bereits in Mürwik versammelt.

Heinrich Himmler wird am 22. Mai mit falschen Papieren verhaftet, gibt sich zu erkennen und will Montgomery sprechen. Doch als er den Mund öffnen soll, zerbeißt er eine Zyankalikapsel. Über Martin Bormanns Flucht kursieren noch lange die abenteuerlichsten Gerüchte, doch er ist tot.[5] Die anderen warten einfach ihre Verhaftung ab oder versuchen, sich zu verstecken.

Erschossen, weil er nicht grüßte

Dönitz ließ sich noch immer täglich im gepanzerten Mercedes, ein Geschenk Hitlers, die 500 Meter zur Kabinettsitzung fahren. Sie fand in einem ehemaligen Klassenzimmer der Marineschule statt, das noch nach Kreide roch. Zu tun gab es für die Militärs einiges. In Norwegen ergaben sich 400.000 und in Dänemark 230.000 deutsche Soldaten einem kleinen Häuflein Alliierter und das OKW in Mürwik war für die Übergabe genauer Pläne mit den Standorten und Mannschaftsstärken verantwortlich. Massen deutscher Soldaten und Flüchtlinge strömten auf der Flucht vor den Russen westwärts oder wurden unter den Augen der Briten mit Schiffen nach Schleswig-Holstein geholt.

Immer mehr Konzentrationslager wurden befreit. Schreckensbilder gingen um die Welt. Der amerikanische Oberkommandierende Rooks ließ wissen, die Alliierten wünschten von den Deutschen nicht mehr gegrüßt zu werden und würden ihren Gruß nicht erwidern. Keitel wurde wenige Tage, nachdem er in Berlin die bedingungslose deutsche Kapitulation unterzeichnet hatte, verhaftet. Generaloberst Jodl, den Dönitz zum neuen OKW-Chef bestellt hatte, ließ zwar die

Bilder der belasteten Nazigrößen von den Wänden entfernen, aber nur in den Räumen, die von alliierten Offizieren betreten wurden. Marinesoldaten hielten vor dem Gelände der Marineschule Wache, als wäre noch Krieg. Am 14. Mai erschoss einer von ihnen irrtümlich den hochdekorierten U-Boot-Kommandanten und nunmehrigen Kommandeur der Marineschule Wolfgang Lüth, weil er nicht sofort die Parole genannt hatte, nachdem er angerufen worden war.

Und noch immer legten sie das Gewehr an, um Menschen zu erschießen. Unter den Weisungen der Briten befand sich auch ein Verbot, ohne ihre Bestätigung Todesurteile zu vollstrecken. Trotzdem wurde Kapitänleutnant Jepsen, Kommandant des Dönitz-Sonderzuges »Auerhahn«, der auf die Nachricht von den Kapitulationsverhandlungen hin mit seinen Soldaten nach Hause gegangen war, am 6. Mai erschossen. Dönitz hatte das Urteil bestätigt. Ein Mord, für den er nach seiner Entlassung aus Spandau vor ein deutsches Gericht hätte gestellt werden müssen.

Am selben Tag starben drei Hauptgefreite wegen »Beschädigung von Wehrmachtseigentum«. Und noch am 11. Mai richteten sich die Gewehre eines deutschen Hinrichtungskommandos auf den Maschinengefreiten Süß, der wegen »Zersetzung der Wehrkraft« (!) zum Tode verurteilt worden war. Er hatte einen Befehl ausgeführt, aber gehässig kommentiert und einem Obermaat die Ehrenbezeugung verweigert. Sein Vater hatte in diesem Krieg schon vier Söhne verloren. Seine Frau erwartete ein Kind, er selbst war noch ein halbes Kind. Vizeadmiral Bernhard Rogge, der Befehlshaber der Ausbildungsverbände der Flotte, lehnte es ab, ihn zu begnadigen. Zuerst die Marinerichter, dann Rogge hatten sich eines Verbrechens schuldig gemacht, das im restaurativen deutschen Nachkriegsklima ungeahndet blieb. Die Schandtat stand auch Rogges späterem Eintritt als Konteradmiral in die deutsche Bundeswehr und seinem Aufstieg zum NATO-Befehlshaber der Landstreitkräfte in Schleswig-Holstein nicht im Wege.

Die Todesurteile deutscher Marinerichter nach der Kapitulation zeugen von einer ungebrochen unmenschlichen Gesinnung. Karl Dönitz beendete zwar das sinnlose Morden, aber von Einsicht, dass sie einem Verbrecher gedient hatten, oder gar von innerer Umkehr kann in den 23 Tagen seiner Regierung bei ihm und seinen Offizieren keine Rede sein.

Am 11. Mai, an dem der junge Maschinengefreite starb, strahlte der Flensburger Sender einen Befehl des deutschen »Oberbefehlshabers Nord« Generalfeldmarschall Busch aus, der sich wohl bereits für einen Verbündeten der Briten gegen die Russen hielt. Busch ließ die Deutschen wissen, er habe »in Schleswig-Holstein und in dem von Truppen des Feldmarschalls Montgomery besetzten Gebiet« den Befehl übernommen, um für »Ordnung und Disziplin« zu sorgen, »alle militärischen und zivilen Dienststellen« seien ihm unterstellt, er erwarte »unbedingte Pflichterfüllung und Gehorsam«.[6] Buschs Selbstherrlichkeit führte zu einem Entrüstungssturm in England und einer scharfen Zurechtweisung durch Montgomery.

Dönitz selbst forderte noch am 9. Mai seine Offiziere auf, »die eifrigsten Wächter zu sein über das Schönste und Beste, was uns der Nationalsozialismus gegeben hat, die Geschlossenheit unserer Volksgemeinschaft«[7], die, was er noch immer nicht begreifen wollte, jeden ausgestoßen und verfolgt hatte, der anders als befohlen gesprochen und gedacht hatte. Niemand in dieser Regierung, Dönitz schon gar nicht, verschwendete einen Gedanken daran, NS-Gegner zur Mitarbeit heranzuziehen. In einem Memorandum, das die Historikerin Marlis Steinert dem Dunstkreis um Dönitz' Wirtschaftsfachmann und Nachrichtenchef Otto Ohlendorf zuordnet, wurden »Emigranten, die die Lasten der Front oder des Luftkrieges, aber auch die Erlebnisse einer sozialen Gemeinschaft mit dem Volke nicht geteilt haben«[8], im Hinblick auf eine politische Tätigkeit disqualifiziert. Dass Ohlendorf als Kommandeur der Einsatzgruppe D 90.000 Juden ermordet hatte, war nicht nur Dönitz unbekannt, auch Ohlendorf selbst hatte es vergessen oder hielt es für ein unwichtiges Detail seines Lebenslaufes, sonst wäre er nicht nach dem Ende der Regierung Dönitz zu den Briten gegangen und hätte gesagt, sie hätten ihn wohl vergessen, er sei zur Mitarbeit bereit.

Dönitz und Jodl verloren sich bis zuletzt in irrealen Träumen. Jodl glaubte ernsthaft, »dass Deutschland auch im Stadium der kompletten Niederlage bereits wieder ein europäischer Faktor sei«[9], womit dann auch Dönitz am 17. Mai in einer Besprechung mit General Rooks und Robert Murphy, Eisenhowers politischem Berater, herausrückte. Sollten die Alliierten jemals eine politische Rolle für die Regierung Dönitz ins Auge gefasst haben – es scheint eine Phase der Unschlüssigkeit in dieser Frage gegeben zu haben –, hatte sie Dönitz spätestens damit endgültig verspielt.

Zu den Gründen für das Misstrauen der Alliierten gesellte sich allerdings auch noch der wochenlange Verdacht, Dönitz kenne Himmlers Aufenthalt und helfe ihm womöglich, sich zu verbergen. Er wurde zwar nie erhärtet, sehr wohl aber wurden zahlreiche hohe SS-Führer in Mürwik mit falschen Papieren und den entsprechenden Uniformen der Marine ausgestattet. Dönitz' Biograf Peter Padfield hält es wohl mit Recht für unvorstellbar, »dass dies ohne Wissen und Billigung Dönitz' hätte geschehen können«.[10] Der Kommandant des Vernichtungslagers Auschwitz Rudolf Höß verwandelte sich in Mürwik in den Bootsmannsmaat Franz Lang mit einem Marschbefehl zur Marine-Nachrichtenschule auf Sylt in der Tasche.

Die Enklave Mürwik war auch eine Enklave nationalsozialistischer Hybris. Umso tiefer war der Fall. Für den 23. Mai, 9.45 Uhr, wurden Dönitz, Jodl und Generaladmiral Friedeburg auf den deutschen Passagierdampfer »Patria« beordert, auf dem sich die Überwachungskommission der westlichen Alliierten eingerichtet hatte. Statt der Posten, die bisher vor Dönitz das Gewehr präsentiert hatten, präsentierte ein Großaufgebot alliierter Pressefotografen die Kameras. In der Schiffsbar saßen der amerikanische Generalmajor Rooks, der britische Brigadier Foord und der sowjetische Generalmajor Truskow an einem Tisch.

Rooks teilte ihnen im Auftrag Eisenhowers mit, die Angehörigen der geschäftsführenden Reichsregierung und des Oberkommandos der Wehrmacht seien als Kriegsgefangene festzunehmen, damit seien Regierung und OKW aufgelöst. Sie hätten zu packen, eine Mahlzeit einzunehmen und ihre Angelegenheiten zu regeln. Alliierte Offiziere würden sie dabei begleiten. Alle mussten sich nackt ausziehen und mit hinter dem Kopf verschränkten Armen und dem Gesicht zur Wand aufstellen, worauf die hochnotpeinliche und für Generäle und Admiräle zweifellos schockierende Suche nach Zyankaliampullen begann. Dabei haben die Soldaten offensichtlich doch nicht genau genug gesucht. Generaladmiral von Friedeburg bat, vor dem Abtransport den Waschraum aufsuchen zu dürfen. Da er bereits durchsucht worden war, wurde es ihm gestattet. Er hatte sein Zyankali noch und benützte es draußen.

Die Übrigen wurden (wieder angekleidet) in den Hof und den beim Alliierten Oberkommando akkreditierten, mit Foto- und Filmkameras, Zeichenstiften und Notizblöcken wartenden Journalisten vorgeführt. Die Gefangenen wurden noch am selben Tag in das Lager »Ashcan« (deutsch: Aschenkübel) verlegt. Dort, im Grandhotel in Bad Mondorf in Luxemburg, erwarteten sie keine Luxussuiten, sondern jeden eine Pritsche, ein Tisch, ein Stuhl und Verhöre. Sie durften sich aber frei bewegen, im streng bewachten Park spazieren gehen und miteinander reden. Sie wussten nicht, was man mit ihnen vorhatte, aber auch die Briten hatten erst eine sehr vage Vorstellung von einem Prozess. Nur die Amerikaner wussten, was sie wollten.

Das Gastmahl von Teheran

Eine lange Zeit vorherrschende Legende besagt, dass Stalin die deutschen Hauptkriegsverbrecher ohne Umstände an die Wand stellen wollte, ein darob zutiefst empörter Churchill habe dieses Vorhaben während der Konferenz von Teheran durchkreuzt. »Wie sich Stalin die Bestrafung vorstellt, ist den Westmächten seit der Konferenz von Teheran bekannt«[11], schrieben Heydecker und Leeb, die Verfasser der populärsten, mehrmals neu aufgelegten Darstellung des Nürnberger Prozesses. Auch der Historiker Werner Maser meinte, der Prozess gegen die Hauptkriegsverbrecher sei »Churchills Entschiedenheit in Teheran«[12] zu verdanken, mit dem einschränkenden Zusatz, auch in London habe es »prominente und maßgebliche Stimmen« gegeben, »die eine standrechtliche Erschießung einiger namhaft gemachter deutscher Kriegsverbrecher ohne Justiz für die beste Lösung hielten«.[13]

Nun passt das Erschießenwollen freilich besser zum Image Stalins und das Durchkreuzen einer solchen Absicht besser zu unseren Vorstellungen von England, weshalb die Legende ein zähes Leben entwickelte. Dabei verhielt es sich genau umgekehrt. Die Konferenz von Teheran dauerte vom 28. November bis 1. Dezember 1943 und brachte die großen drei, Englands Premierminister Winston Churchill, Amerikas Präsidenten Franklin D. Roosevelt und Russlands Diktator Josef Stalin, zum ersten Mal an einen Tisch. Die 1946 erschienenen Erinnerungen von Roosevelts Sohn Elliott bieten nicht zuletzt deshalb so aufschlussreiche Einblicke in die politische und menschliche Atmosphäre der Konferenz, weil sie noch frei von allen Konzessionen an den Kalten Krieg geschrieben wurden.[14]

Vor dem historischen Gastmahl mit dem zum Mythos gewordenen Zusammenstoß zwischen Churchill und Stalin und einem etwas hilflosen Roosevelt dazwischen schildert Elliott Roosevelt auch, wie Churchill das für Stalin bestimmte kostbare Geschenk des Königs, ein mächtiges, zweihändiges Schwert mit der in die Klinge eingravierten

Widmung an die »unerschütterlichen Bürger von Stalingrad«, durch die Luft schwang – es muss ein Anblick für Götter gewesen sein –, bevor er es ihm feierlich überreichte, und wie Stalin es ergriff und die Klinge küsste.

Beim historischen Abendessen wurde die Standfestigkeit der westlichen Teilnehmer nach russischer Sitte auf eine harte Probe gestellt. Stalin soll Churchill auf den Arm genommen und vorgeworfen haben, er empfinde eine geheime Zuneigung zu den Deutschen. Möglicherweise wollte der gewiefte Taktiker damit einen seiner Coups vorbereiten. Unzählige Toasts wurden ausgebracht, jeder unweigerlich mit einem Schluck aus einem Glas verbunden. Man trank auf gutes Flugwetter für die Piloten, auf die glückliche Ankunft der amerikanischen Geleitzüge in Murmansk und alles, worauf man damals auf alliierter Seite trinken konnte. Immer wieder führte man das Glas an die Lippen.

Doch Churchill war auch in dieser Hinsicht jedem Gegner gewachsen. Wieder einmal erhob sich Stalin. Roosevelt und Churchill folgten den Dolmetschern längst nicht mehr mit der gleichen Aufmerksamkeit wie zu Beginn. Er sagte nur wenige Sätze, doch diese Sätze machten Churchill schlagartig nüchtern und gingen in die Geschichte ein: »Ich trinke auf eine möglichst rasche Justiz für alle deutschen Kriegsverbrecher. Ich trinke auf die Justiz einer Erschießungsabteilung. Ich trinke auf unsere Entschlossenheit, sie sofort nach der Gefangennahme zu erledigen, und zwar alle, und es müssen ihrer mindestens fünfzigtausend sein.«

Man soll einige Sekunden lang jeden Atemzug gehört haben. Churchill sprang auf, starrte vorgebeugt, mit rotem Kopf, Stalin an und rief aus: »Ein solches Vorgehen steht in schroffem Widerspruch zu den britischen Auffassungen von Recht. Das britische Volk wird nie und nimmer einen solchen Massenmord billigen.«[15]

Stalin soll was er gesagt hatte durch seinen Gesichtsausdruck relativiert haben. Charles Bohlen, der als Roosevelts Dolmetscher fungierte, gewann den Eindruck, Stalin habe seine Äußerungen halb im Scherz gemacht. Ernst, dabei aber verschmitzt mit den Augen zwinkernd, offensichtlich von den humanitären Bedenken des britischen Premiers belustigt, habe er darauf beharrt, die Schlagkraft der deutschen Armeen hänge von rund 50.000 Offizieren und Sachverständigen ab. Mit ihrer Liquidierung sei Deutschlands Rückgrat gebrochen. Und deshalb müsse der deutsche Generalstab nebst einem Großteil des Offizierskorps an die Wand gestellt werden.

Churchill nahm den Trinkspruch ernst: »Das britische Parlament und die britische Öffentlichkeit werden Massenexekutionen niemals gutheißen. Selbst wenn sie es unter dem Einfluss der Kriegsleidenschaft zuließen, dass damit begonnen würde, würden sie sich nach der ersten Schlächterei mit größter Heftigkeit gegen die dafür Verantwortlichen wenden. Die Sowjets dürfen sich in diesem Punkt keiner Täuschung hingeben.«[16] Er betonte, er ergreife die Gelegenheit, um zu erklären, dass seiner Meinung nach niemand, Nazi oder nicht, in einem summarischen Verfahren von einer Erschießungsabteilung erledigt werden solle, also ohne gesetzliches Verfahren und ohne Berücksichtigung der vorhandenen Beweise und Tatsachen. Lieber lasse er sich an Ort und Stelle in den Garten hinausführen und erschießen, als seine Ehre und die seines Volkes durch eine solche Niedertracht zu beschmutzen.

Auch die Worte, mit denen Präsident Roosevelt scherzhaft, aber nicht sehr glücklich den Streit zu schlichten versuchte, gingen in die Geschichte ein: »Es ist klar, dass ein Kompromiss zwischen Ihrer Auffassung, Herr Stalin, und derjenigen des Premierministers, meines guten Freundes, gefunden werden muss. Wir könnten vielleicht sagen, dass wir uns nicht auf 50.000, sondern auf eine kleinere Zahl, sagen wir rund 49.500, von Kriegsverbrechern einigen, die summarisch hingerichtet werden sollen.«[17] Die Amerikaner und die Russen hätten gelacht, berichtet Elliott Roosevelt, die Briten hingegen hätten sich zurückgehalten, da ihnen der wachsende Zorn ihres Premierministers nicht entgangen sei.

Churchill hatte Stalin schon richtig verstanden. Er verließ den Tisch, lesen wir in seinem Monumentalwerk »Der Zweite Weltkrieg«, für das er den Nobelpreis für Literatur (!) bekam, »um ins Nebenzimmer zu gehen, das nur halb beleuchtet war. Ich befand mich noch keine Minute dort, als mir jemand von hinten die Hände auf die Schultern legte. Es war Stalin, und neben ihm stand Molotow. Beide lachten herzlich und erklärten eifrig, sie hätten nur gescherzt, und der Gedanke sei nie ernsthaft in ihren Köpfen aufgetaucht. Stalin hat eine sehr einnehmende Art, wenn er will, und nie habe ich ihn so liebenswürdig wie in diesem Moment gesehen. Obwohl ich weder damals völlig überzeugt war, noch es heute bin, dass keine ernsthafte Absicht dahintersteckte, ging ich ins andere Zimmer zurück, und der Rest des Abends verlief angenehm.«[18] Churchill spielte die Episode mit der nicht sehr plausiblen Behauptung herunter, die Empörung, die ihn dazu veranlasste, den Raum zu verlassen, habe nicht Stalins Äußerungen, sondern solchen von Elliott Roosevelt gegolten, der von seinem Stuhl am Tischende aufgestanden sei und gesagt habe, »er begrüße Marschall Stalins Absicht aufs Wärmste und sei sich nicht im Zweifel, dass die amerikanische Armee ihr ihre Unterstützung leihen würde«.[19]

Elliott Roosevelt allerdings behauptet, sich keineswegs spontan geäußert zu haben, vielmehr habe Stalin die Anwesenden der Reihe nach aufgefordert, »weitere Kompromissvorschläge zu unterbreiten«, und er habe gehofft, »dass Stalin das Thema wechseln würde, bevor ich an die Reihe käme. Aber er ist hartnäckig. Ich kam schließlich an die Reihe. Etwas unsicher erhob ich mich. ›Also …‹, begann ich und holte tief Atem, wobei ich mich bemühte, durch den Champagnernebel hindurchzusehen, ›wenn unsere Armeen von Westen hervorstoßen und eure Armeen aus dem Osten heranrücken – wird sich dann die Frage nicht von selber erledigen? Die russischen, amerikanischen und britischen Soldaten werden den Streit um diese Fünfzigtausend regeln, nämlich in der Schlacht, und ich hoffe, dass sie sich nicht nur dieser 50.000 Kriegsverbrecher, sondern auch vieler Hunderttausender anderer Nazis annehmen.‹ Ich wollte mich setzen. Stalin strahlte vor Vergnügen. Er kam um den Tisch herum zu mir und fasste mich um die Schultern. Das sei eine ausgezeichnete Antwort. Ein Toast auf meine Gesundheit. Ich setzte zum Trinken an – nach russischer Sitte muss nämlich der, auf den die Gesundheit ausgebracht wird, auch selber trinken –, als plötzlich eine Hand zornig vor meinem Gesicht herumfuchtelte. ›Haben Sie ein Interesse daran, die Beziehungen zwischen den Alliierten zu stören? Wissen Sie, was Sie sagen? Wie können Sie es wagen, so etwas zu sagen?‹ Es war Churchill, und er war wirklich wütend, er spaßte nicht. Es war mir ziemlich unbehaglich zumute, als ich sah, dass der Premierminister und Stalin gerade über meinem Kopf aneinandergerieten. Ich setzte mich und saß in steifer Haltung da.«[20]

Elliott Roosevelt hatte Stalins Trinkspruch etwas geschickter abgebogen als sein Vater, gut möglich, dass Churchills Ärger eigentlich dem Vater galt und der Sohn zum Blitzableiter wurde. Eine sichere Rekonstruktion des Teheraner Gastmahls dürfte so schwierig sein wie die Beantwortung der Frage, ob Ludwig Wittgenstein am 25. Oktober 1946 in Cambridge seinem Kontrahenten Karl Popper wirklich mit dem Schürhaken gedroht hat. Doch wie auch immer – Stalin hatte vom deutschen Generalstab und von 50.000 oder mehr Offizieren gesprochen. Trotzdem geriet der Zwischenfall als grundsätzliche Absage Churchills an die Erschießung der Hauptkriegsverbrecher in die Literatur, obwohl Hitler, Göring & Co. mit keinem Wort erwähnt worden waren. Ein klassisches Beispiel für Mythenbildung.

Tatsächlich bildete die Schnelljustiz schon lange vor Teheran den Kern der britischen Pläne für die Behandlung der deutschen Hauptschuldigen. Bereits im November 1942 »fühlte der englische

Gesandte in Moskau bei Molotow vor, wie die Russen sich zu summarischen Hinrichtungen stellten. Molotow antwortete sehr vorsichtig und legte die Betonung dabei auf ›angemessene Formalitäten‹«.[21] Erst vier Wochen vor seiner empörten Reaktion auf Stalins Trinkspruch hatte sich Churchill in einem Schreiben vom 1. November 1943 – nicht zum ersten Mal – dafür ausgesprochen, »das Wirrwarr eines rechtlichen Verfahrens« zu vermeiden, und bekräftigt, dass eine Anzahl von deutschen Haupträdelsführern zu Outlaws erklärt und »ohne Überweisung an eine höhere Gewalt … erschossen werden«[22] sollten. Spätestens seit der Eröffnung des Nürnberger Prozesses dürfte in London allerdings kein Interesse daran bestanden haben, die Mystifikation aufzuklären. Dass in Churchill Zweifel an seinen eigenen Absichten aufstiegen, als sie, zum Massenmord gesteigert, plötzlich von außen aus dem Mund des Moskauer Menschenfreunds auf ihn zukamen, darf man annehmen.

Fünf an die Wand stellen – aber wen noch?

Die erste grundsätzliche Erklärung darüber, was mit den deutschen Kriegsverbrechern geschehen sollte, war die Erklärung von St. James vom 13. Jänner 1942, in der die Vertreter von neun europäischen Exilregierungen erklärten, der Gerechtigkeitssinn der zivilisierten Welt verlange die gerichtliche Bestrafung der an den deutschen Kriegsverbrechen Schuldigen. Die Londoner Regierung hatte jedoch völlig andere Vorstellungen. Außenminister Eden wies eine sowjetische Note vom 12. November 1942, worin die Errichtung eines internationalen Gerichtshofes vorgeschlagen wurde, als verfrüht zurück. Bereits am 22. Juni 1942 hatte er in einem Memorandum erklärt, die Schuld solcher Leute sei so abgrundtief, dass kein Gerichtsverfahren ihr gerecht werden könne. Unbedeutendere Kriegsverbrecher könnten im Rahmen der bestehenden Gesetze vor Gericht gestellt werden, aber ein Hitler-Prozess »würde neue, seinen Verbrechen entsprechende Gesetze erfordern«, und das sei nicht nur rechtlich zweifelhaft, »sondern würde der Verteidigung auch unentwegt Gelegenheiten bieten, genau in diesem Sinne zu argumentieren«.[23]

Am 1. November 1943 erklärten die Außenminister Großbritanniens, der USA und der Sowjetunion während der Moskauer Konferenz, dass die Bestrafung der Hauptverbrecher, deren Verbrechen nicht mit einem bestimmten geografischen Ort verbunden waren und die daher nicht in das betreffende Land ausgeliefert werden konnten, durch ein »gemeinsames Urteil der Regierungen der Verbündeten« erfolgen werde. Jene, die in Großbritannien wirklich etwas zu reden hatten, hielten bis zum Kriegsende und darüber hinaus daran fest, dass die Alliierten mit einem »politischen Akt« über das Schicksal der »Nazi-Bande« entscheiden sollten. »Politischer Akt« war eine euphemistische Umschreibung für Erschießen. »Es mag«, schreibt Richard Overy, »heute unerhört erscheinen, dass die Führer einer liberalen, in der Achtung vor dem Gesetz verwurzelten Demokratie darüber diskutierten, wie man Gefangene am besten ohne Gerichtsverfahren umbringt. Doch die Idee entsprang einer echten Ratlosigkeit darüber, wie Hitler und seine Komplizen zur Rechenschaft zu ziehen seien.«[24]

Die »Unerhörtheit« führt uns vor Augen, dass Churchill und seine Mitarbeiter sehr genau wussten, wie schwer man Hitler, so man ihn fing, mit dem herkömmlichen Recht würde beikommen können. Auch lagen den Briten die nach dem Ersten Weltkrieg gemachten Erfahrungen noch im Magen. Damals hatte Premierminister Lloyd George den Kaiser und andere führende Deutsche vor ein internationales Gericht stellen wollen, doch hatten die USA diese Absicht durchkreuzt. Die »Leipziger Prozesse«, von den Alliierten geforderte deutsche Verfahren gegen deutsche Kriegsverbrecher, waren im Sand verlaufen. Diesmal war, anders als im Ersten Weltkrieg, die deutsche Alleinschuld am Krieg sonnenklar. Nicht nur die Alliierten, sondern die ganze nichtnazistische Welt war sich seit 1939 über die verbrecherische Natur von Hitlers Regime einig. Lordkanzler Simon hielt zwar die Justiz einer Erschießungsabteilung für alles andere als optimal, schwenkte aber ebenfalls bald auf die Linie Churchills und Edens ein. Im März 1945 (!) sprach sich sogar der Erzbischof von York, der zweite Mann in der Hierarchie der anglikanischen Kirche, für Churchills Standpunkt aus.

Auf der ersten Liste des Foreign Office vom Juni 1944 standen 33 Deutsche und acht Italiener. Unter den Deutschen figurierte sogar die Führerin der NS-Frauenschaft Gertrud Scholtz-Klink – vielleicht, weil sie vor dem Krieg an einem Bankett der Englisch-Deutschen Gesellschaft teilgenommen hatte. Die Italiener verschwanden von der Liste, die der Deutschen aber wurde aufgebläht und wieder geschrumpft, im September 1944 hatte sie der Lordkanzler wieder auf fünf Personen reduziert: Hitler, Himmler, Göring, Goebbels und Ribbentrop, wobei die Alliierten die Liste ergänzen konnten. Die Idee, dass die Verbündeten ausgerechnet von Josef Stalin eine Liste der zu erschießenden Personen überreicht bekamen, hatte etwas Albtraumhaftes an sich, aber eine britische Exekutionsliste, auf der fünf Personen standen, von denen dann drei Selbstmord begingen, war auch keine Alternative.

Churchill, Eden und Simon hatten sich mit ihrer »politischen Lösung« in eine Sackgasse manövriert. Trotzdem gab sich selbst ein sonst meistens so kluger Kopf wie George F. Kennan noch 1967 von der Richtigkeit der unterbliebenen Erschießungsaktion überzeugt: »Die Naziführer … hatten sich in eine Lage gebracht, wo ihre Weiterexistenz auf Erden weder für sie selbst noch für irgendjemand anderen eine positive Bedeutung haben konnte. Ich persönlich hätte es für das Beste gehalten, die alliierten Befehlshaber anzuweisen, jeden dieser Männer, der ihnen in die Hände fiel, nach zweifelsfreier Identifikation sofort zu exekutieren.«[25] Welche moralische Empörung hätte die Exekution von Männern wie Keitel, Jodl oder Dönitz nach sich gezogen – ohne Zeugenaussagen, ohne die in Nürnberg vorgelegten

Beweise? Und hatten sich nun Papen, Fritzsche oder Neurath tatsächlich »in eine Lage gebracht, wo ihre Weiterexistenz auf Erden weder für sie selbst noch für irgendjemand anderen eine positive Bedeutung haben konnte«? Oder hätte es nach der »politischen Lösung« für die Handvoll der Hauptschuldigen doch noch einen Nürnberger Prozess für die zweite Garnitur geben sollen? Kennans Sätze sind mit ihrem unmenschlichen Ton ein trauriges Zeugnis der vom Krieg in den Köpfen angerichteten Schäden.

UJ – Uncle Joe, dies war das Kürzel für Stalin in der persönlichen Korrespondenz zwischen Churchill und Roosevelt – habe in der Frage der Hauptkriegsverbrecher »eine unerwartet ultraanständige Haltung eingenommen«, schrieb Churchill an Roosevelt, nachdem er bei einem Besuch in Moskau im Oktober 1944 Stalin wieder auf die Hauptkriegsverbrecher angesprochen hatte. Uncle Joe meine, »sonst würde die Welt sagen, wir fürchteten uns, die Verbrecher vor Gericht zu stellen«.[26] Selbstverständlich schwebte Stalin kein Verfahren nach westlichem Muster vor, sondern ein Schauprozess, wie er sie in den dreißiger Jahren gegen echte und eingebildete Feinde hatte durchführen lassen. Stalins Haltung stärkte aber in den USA jene, die ein Gerichtsverfahren für die einzige Möglichkeit hielten.

Die Schnelljustiz hatte auch in den USA mächtige Fürsprecher, allen voran Finanzminister Henry Morgenthau. Der Prozess-Lobby war die Moskauer Forderung nach einem »internationalen Sondertribunal« (Außenminister Molotow) daher höchst willkommen, und sie behielt schließlich spät, aber doch die Oberhand. Roosevelt hatte die von Churchill favorisierte »politische Lösung« bei einer Konferenz mit dem Premier am 15. September 1944 in Quebec gemeinsam mit Morgenthau bereits paraphiert, und sie sollte nun Stalin unterbreitet werden. Doch nachdem sich Kriegs-, Außen- und Justizministerium auf ein Verfahren auf der Grundlage »fest in unserem Rechtssystem verankerter Rechtsbegriffe«[27] geeinigt hatten, legten sie Präsident Roosevelt das Konzept eines internationalen Tribunals vor.

Der Präsident nahm daraufhin seine Zustimmung zur Erschießung der deutschen Hauptrádelsführer ausdrücklich zurück.

Nachdem sich die drei Minister und ihre Berater durchgesetzt hatten, konnte man der Frage, welcher Verbrechen man »Hitler, Göring, Himmler und andere Ungeheuer« (Churchill)[28] anklagen sollte, nicht mehr ausweichen. Ohne verlässliche Informationen über die Machtverteilung im Nazistaat, ohne mehr als nebulose Vermutungen, welche weiteren Ungeheuer neben Hitler, Göring und Himmler auf der Anklagebank sitzen sollten, ohne die geringste Ahnung vom Beweismaterial, das man vorfinden würde, und ohne Kenntnis der ganzen Palette der von den Nazis begangenen Verbrechen musste nun eine brauchbare Alternative zur Justiz eines Erschießungskommandos, aber auch zum Schauprozess mit feststehenden Urteilen, auf den sich Uncle Joes Juristen so gut verstanden, gefunden werden. Und das so schnell wie möglich.

Der Strohhalm als Pfeiler

Am 6. Juni 1944 waren die Alliierten in der Normandie gelandet. Nun war es Herbst, und die Amerikaner und die Russen trieben die Deutschen im Osten wie im Westen vor sich her. Die Fortsetzung des Krieges war nur noch nackter Wahnsinn. Für die angelsächsischen Militärs, denen jedes Verständnis für den mörderischen Durchhaltewillen Hitlers und seiner Generäle fehlte, rückte ein Kriegsende noch im Jahre 1944 in den Bereich des Möglichen. Es war also höchste Zeit, ernsthaft nachzudenken. Die größte Gefahr war ein Beweisnotstand. Dabei spielten die Morddelikte, die später für die Todesurteile maßgebend waren, in den amerikanischen Planungen eine erstaunlich geringe Rolle. Fern vom Schuss wurde das Verfahren als jener »Griff nach den Sternen eines neuen Völkerrechts« konzipiert, der Robert Jackson vorschwebte. Hitler hatte die ganze Welt in Tod und

Verderben gestürzt, und wenn es bisher nicht strafbar gewesen war, einen Krieg vom Zaun zu brechen, dann sollte es dies von nun an eben sein.

Auch die amerikanischen Juristen stellten sich unter einem Verfahren auf der Grundlage westlicher Rechtsbegriffe zunächst noch keines vor, das auch mit Freisprüchen enden konnte. Die Frage war ja nicht, ob Hitler und seine Mittäter schuldig seien oder nicht. Die Frage war lediglich, in welches juristische Korsett ihre Schuld passte. Wenn es kein Verbrechen war, einen Kontinent ins Verderben zu stürzen und Millionen Menschenleben zu vernichten – was war dann ein Verbrechen, was war dann jemals eines gewesen? Aber wo stand der passende Paragraph? Und wie sollte man jedem einzelnen von Hitlers Satrapen seine Mitwirkung an diesem Verbrechen beweisen?

In dieser Situation waren praktikable Ideen gefragt. Eine solche lag seit dem 15. September in Form eines Memorandums auf dem Tisch, verfasst von Oberst Murray Bernays. Es gebe, schrieb er, »viele Tausende von Kriegsverbrechern, die für Verbrechen verurteilt werden sollten, die in ganz Europa begangen worden sind«, wies aber auf die Schwierigkeit hin, so viele Täter einzeln zu überführen. Er griff daher »auf die angloamerikanische Rechtsprechung zum Straftatbestand einer kriminellen Verschwörung zurück, indem er vorschlug, die Naziorganisationen und ihre führenden Mitglieder sollten vor einem internationalen Gerichtshof nicht nur wegen der grausamen Verletzung des Kriegsrechts angeklagt werden, sondern auch, weil sie (mutmaßlich seit Beginn der Nazizeit im Jahre 1933 oder noch früher) sich verschworen hatten, derartige Verletzungen zu begehen. Im angloamerikanischen Recht besteht eine Verschwörung oder strafbare Verabredung in einer Vereinbarung zwischen zwei oder mehreren Personen, sich gesetzwidrig zu verhalten«.[29]

Diese Bestimmung konnte als Fangnetz dienen. Dass die Nazis gesetzwidrige Ziele verfolgt hatten, stand außer Zweifel. Bernays schlug vor, die NS-Organisationen selbst unter Anklage zu stellen.

Wurde eine von ihnen überführt, war jedes Mitglied schuldig. Die Strafe konnte sich danach richten, wie sich der Einzelne an den Straftaten beteiligt hatte oder was er davon wusste. Gegen Bernays' Vorschläge wurden massive Einwände laut, doch hatte niemand einen brauchbareren. Er durfte sein Konzept im Büro von Kriegsminister Stimson vorstellen, der es an das Außen- und an das Marineministerium weiterreichte und am 21. November dem Präsidenten vorlegte, der, so Stimson in seinem Tagebuch, »seine ganz offene Zustimmung gab, als ich sagte … so bekämen wir gleichzeitig Prozessakten und eine Verfahrensprozedur an die Hand, mit denen wir gewiss jeden Beobachter der Übeltaten des Nazisystems überzeugen könnten«.[30] Als im Dezember das während der Ardennenoffensive von einem SS-Panzerregiment in Malmédy an mindestens 82 amerikanischen Gefangenen begangene Massaker bekannt wurde, war auch die amerikanische Öffentlichkeit für die Idee kollektiver Schuldsprüche gewonnen.

Aus schwer begreiflichen Gründen spielte der Holocaust in der Konzeption des Nürnberger Prozesses keine Rolle. Bradley F. Smith zitiert einen Brief von Bernays aus dem Jahr 1949 (!), in dem er schrieb: »Die meisten Untaten an Juden wurden vor dem Krieg verübt.« Offenbar war er von einer geradezu atemberaubenden Blindheit geschlagen. Er müsse »1944 die Berichte über die Ausrottung der Juden gekannt haben, und doch sind sie offenbar nicht in sein Bewusstsein gedrungen, was auch für viele andere damalige Beamte in Washington zutrifft. Dabei spielte die tiefsitzende Skepsis gegenüber aller Gräuelpropaganda mit, ferner die Unfähigkeit, sich so etwas wie Auschwitz auch nur vorzustellen«.[31]

Die zweite tragende Idee kam von Oberst William C. Chanler. Als Oberster Militäranwalt der Alliierten Militärregierung in Italien hatte er darüber nachgedacht, ob sich eine Anklage gegen Mussolini, rechtswidrig Krieg gegen friedliebende Nachbarn geführt zu haben, mit dem Briand-Kellogg-Pakt aus dem Jahre 1928 untermauern ließ.

Mit diesem Pakt hatten 63 Staaten, darunter Deutschland, feierlich auf den Krieg als Mittel nationaler Politik verzichtet. Aber in diesem Pakt waren keine Strafsanktionen gegen Staaten und schon gar keine gegen einzelne Personen vorgesehen. Deshalb konnte man – vor dem Zweiten Weltkrieg – auch die Schuldigen am italienischen Überfall auf Abessinien nicht vor Gericht stellen, oder am Japanisch-Chinesischen, am Russisch-Finnischen, am Russisch-Polnischen oder am Japanisch-Mandschurischen Krieg, und niemand hatte so etwas gefordert. Der Briand-Kellogg-Pakt war also nur ein juristischer Strohhalm, aber Roosevelt griff danach. So wurde der Strohhalm zum Stützpfeiler des zweiten Nürnberger Anklagepunktes: Planung und Führung eines Angriffskrieges. Dank Bernays und Chanler konnten die USA ihren Verbündeten nicht nur mit der nebulosen Idee, die Ungeheuer auf die Anklagebank zu setzen, sondern mit einem konkreten Konzept entgegentreten.

Trotzdem kam es auch in Jalta, wo Churchill, Roosevelt und Stalin vom 4. bis 11. Februar 1945 zum zweiten und letzten Mal zusammentrafen, noch zu keiner Einigung der großen drei über die Bestrafung der Missetäter. Die Konferenz wurde von der Kriegslage und von der europäischen Nachkriegsordnung dominiert. Stalin wollte lieber über die Offensive im Westen reden, und auch Roosevelt, eineinviertel Jahre nach Teheran ein vom Tod gezeichneter Mann, hatte keine Lust, das Thema zu diskutieren. Churchill erinnerte Stalin daran, dass die Hauptkriegsverbrecher gemäß den Moskauer Abmachungen nur nach einem gemeinsamen Beschluss bestraft werden konnten, dieses Ei habe er selbst gelegt. Er sei ursprünglich dafür gewesen, eine Liste von Hauptkriegsverbrechern aufzustellen und diese nach ihrer Festnahme und Identifizierung einfach zu erschießen. Inzwischen sei er aber zu der Meinung gelangt, dass man ihnen einen Prozess machen sollte.

Genaueres blieb ebenso in Schwebe wie die Frage, wie ernst es Churchill mit seinem verbalen Einlenken zu diesem Zeitpunkt wirklich war. Tatsächlich war die Idee, die Naziführer einfach zu erschießen, in London auch nach der Konferenz von Jalta noch längst nicht begraben. Präsident Roosevelt schickte seinen persönlichen Berater Samuel Rosenman nach London, am 8. April besuchte er Lordkanzler Simon im Oberhaus. Dieser konfrontierte ihn mit der kategorischen Ablehnung eines gerichtlichen Verfahrens. Der Erste Kronanwalt Sir David Maxwell-Fyfe, der spätere stellvertretende britische Hauptankläger in Nürnberg, deckte ihn mit einer Flut von Gegenargumenten ein. Rosenman konnte nur wiederholen, die Amerikaner seien für einen Prozess nach akzeptierten Rechtsnormen, und darauf hinweisen, dass sich auch General de Gaulle, mit dem er unterwegs zusammengetroffen war, gegen eine Hinrichtung im Schnellverfahren und für einen Prozess ausgesprochen hatte.

»Fälle richten auch Gerichte«

Nach Roosevelts Tod am 12. April ergriff Harry S. Truman die Zügel mit festerer Hand, als irgendjemand erwartet hatte. Er lehnte die Justiz einer Erschießungsabteilung vehement ab. Auf der Suche nach einem amerikanischen Chefankläger fiel seine Wahl auf Robert Jackson vom Obersten Bundesgericht. Jackson hatte nur ein Jahr lang die Albany Law School besucht, hatte seinen Beruf in einer Anwaltskanzlei erlernt und war einer der letzten berühmten Juristen Amerikas ohne akademische Ausbildung. Seine Erfolge beruhten auf seiner Rednergabe, seiner Formulierungskunst und seinem Rechtsgefühl. Er war ehrgeizig, hart bei der Durchsetzung seiner Ziele, selbst aber empfindlich und alles andere als frei von Pathos.

Zwei Wochen bevor Samuel Rosenman das Büro des Bundesrichters betrat, um ihm zu eröffnen, wofür er vom Präsidenten ausersehen war, hatte Jackson in einem Vortrag vor der American Society for International Law erklärt, wenn man sich zu einem

Gerichtsverfahren entschließe, müsse es auch fair sein: »Gerichte sprechen Recht über Fälle, aber Fälle richten auch Gerichte. Man soll keinen Menschen vor einer Institution, die sich Gericht nennt, unter Anklage stellen … und das Ganze ein rechtsstaatliches Gerichtsverfahren nennen, wenn man nicht gewillt ist, ihn freizusprechen, wenn seine Schuld nicht erwiesen ist«.[32]

Außenminister Anthony Eden fuhr zur am 25. April 1945 beginnenden Gründungskonferenz der Vereinten Nationen noch mit der Anweisung nach San Francisco, den Amerikanern und Russen klarzumachen, dass ein Prozess unangemessen und unnötig sei. Er sollte vorschlagen, die Hauptfiguren von den Nationen vor Gericht stellen zu lassen, die Ansprüche auf sie erhoben. Hermann Göring zum Beispiel wurde von den Tschechen beansprucht, daher solle er sich vor einem Prager Gericht verantworten. Am 26. April lag der britischen Regierung eine Botschaft Trumans vor, der auf einem Prozess bestand. Churchills Kriegskabinett beharrte noch immer auf der »politischen Entscheidung«. Am 2. Mai wurde Robert Jackson offiziell berufen und Amerikas Entscheidung bekanntgegeben. Am 3. Mai vollzog London die Kehrtwende. Vier Tage später hatte Deutschland kapituliert.

Die Briten hatten klein beigegeben, blieben aber skeptisch. Den Russen schwebte noch immer ein Schauprozess vor. Die offizielle sowjetische Nachrichtenagentur TASS veröffentlichte im Lauf des Sommers Kurzbiografien der Angeklagten, die durchwegs mit der Aufforderung »Schuldig, an den Galgen mit dem Erzmörder!« oder »Daher muss der Hitler'sche Henker mit dem Tode bestraft werden!« endeten. Die Franzosen wurden Anfang Mai zur Mitwirkung eingeladen. Ein Viermächtetribunal wirkte respektabler als ein Dreimächtetribunal, ganz abgesehen davon, dass man damit das westliche Übergewicht stärkte. Sie mussten allerdings ihre staatlichen Strukturen neu aufbauen und stellten in Nürnberg das kleinste Team. Die Amerikaner gingen davon aus, dass der Prozess Anfang September beginnen und das Gericht seine Urteile noch vor Jahresende verkünden werde.

Am 26. Juni[33] traten Delegierte der vier Mächte zur Londoner Konferenz zusammen, um die Einzelheiten zu regeln. Churchill war am 15. Juni zurückgetreten und amtierte bis zu den Neuwahlen vom 26. Juli als Chef einer Interimsregierung, deren Delegierter bei der Londoner Konferenz Sir David Maxwell-Fyfe nach der Wahl durch Hartley Shawcross abgelöst wurde. Shawcross fungierte sodann in Nürnberg als britischer Hauptankläger, der von den Konservativen vorgesehene Maxwell-Fyfe als sein Stellvertreter. Die Briten dachten noch immer an einen Prozess mit konventionellen Anklagen und Verfahrensweisen, der innerhalb von zwei Wochen mit den Urteilen enden sollte, und fügten sich widerstrebend Jacksons Vorstellungen von den Sternen eines neuen Völkerrechts. Sir David: »Dass Ihr Amerikaner es aber auch immer eine Nummer zu groß haben müsst!«[34]

Jackson war von einem tiefen Misstrauen gegenüber den Sowjets erfüllt und agierte auf der Londoner Konferenz anmaßend, selbstherrlich und kaum zu Kompromissen bereit, wobei alle problematischen Seiten seines Charakters zum Vorschein kamen. Er ergriff gerne die Gelegenheit zu einer Machtdemonstration und drohte den Russen mehrmals damit, bei so unterschiedlichen Standpunkten wäre es vielleicht am einfachsten, wenn jede Nation ihre Gefangenen in eigenen Prozessen verurteilte. Die Drohung war nicht ungefährlich. Von den späteren Angeklagten befanden sich zehn, darunter Göring, in amerikanischer und drei in gemeinsamer angloamerikanischer Haft. Die Briten hatten fünf (darunter Heß und Ribbentrop), die Russen drei (Raeder, Funk und Fritzsche) und die Franzosen einen (Neurath) in der Hand. Die Briten, die sich bis Anfang Mai so gegen den Prozess gesperrt hatten, erwiesen sich nun als besonders engagierte Verteidiger des gemeinsamen Projekts.

Zur ersten Konfrontation kam es, als die Sowjets erklärten, sowohl die Hauptkriegsverbrecher als auch die NS-Organisationen seien bereits von den großen drei verurteilt worden, daher könne ein Organ von geringerer Autorität, wie der Internationale Gerichtshof, zu keinem anderen Ergebnis kommen. Da die Staatsoberhäupter bereits die Verurteilung der Hauptkriegsverbrecher verkündet hätten, könne das Gericht nur noch über das Ausmaß der Schuld jedes Einzelnen entscheiden und die Strafe festsetzen. Zur entscheidenden Hürde wurde jedoch die Strafbarkeit des Angriffskrieges. Jackson hatte es für das oberste Ziel des Prozesses erklärt, sie aufgrund des Völkerrechts nachzuweisen. Der sowjetische Delegierte Nikitschenko widersprach nicht ausdrücklich, meinte aber, dass es ohnehin genügend Beweismaterial für die Schuld der Nazis an Gräueltaten gebe. Professor André Gros, der Stellvertreter des französischen Delegierten Falco, erklärte rundheraus, dass die Franzosen die Einleitung eines Angriffskrieges nicht für ein strafbares Vergehen hielten, rückwirkende Paragraphen seien schockierend.

Ein Signal aus Potsdam, wo am 17. Juli die Berliner Konferenz begonnen hatte, beendete alle Meinungsverschiedenheiten. Die britischen Vertreter bei der Londoner Konferenz sorgten dafür, dass ein solches Signal eintraf. Die großen drei verhandelten in neuer Zusammensetzung über die deutsche Nachkriegsordnung. Die USA waren nun durch den neuen Präsidenten Harry S. Truman und Außenminister Byrnes vertreten, und nach dem Wahlsieg der Labour Party vom 26. Juli wurde Churchill während der Konferenz vom neuen britischen Premier Clement Attlee abgelöst, der vom neuen Außenminister Bevin begleitet wurde. Der Prozess war eher ein Randproblem. Stalin wollte, dass endlich die Namen der künftigen Angeklagten genannt würden, wenigstens einige, am selben Tag erschien ein von den Briten entworfenes Kommuniqué, in dem die drei Regierungen ihre Absicht bekräftigten, die Verbrecher, deren Taten nicht an einen bestimmten geografischen Ort gebunden seien, einer schnellen Verurteilung zuzuführen. Sie gaben ihrer Hoffnung Ausdruck, die Verhandlungen in London würden schnell zu einer Vereinbarung führen, die diesem Zwecke diene. Sie sähen es als eine Angelegenheit von größter Wichtigkeit an, dass der Prozess zum frühestmöglichen Zeitpunkt beginne.

Daraufhin benötigte die Londoner Konferenz nur noch eine einzige Sitzung. Blitzartig brachte sie das Vier-Mächte-Abkommen über die Verfolgung und Bestrafung der Hauptkriegsverbrecher sowie das Statut über die Zuständigkeit, die Verfahrensgrundsätze und die Zusammensetzung des Internationalen Militär-Tribunals (IMT) unter Dach. Auf sowjetischen Wunsch wurde Berlin als offizieller Sitz des Gerichts und Ort einer Eröffnungsverhandlung unter sowjetischem Vorsitz akzeptiert, die an einem symbolträchtigen Schauplatz stattfinden sollte: Im selben Saal hatte der Volksgerichtshof unter Roland Freisler die Verschwörer des 20. Juli 1944 zum Tode verurteilt. Die Russen erhoben keinen Einwand dagegen, dass alle Verhandlungen in Nürnberg stattfanden. Die Bezeichnung des Gerichts als Militärtribunal entsprach ebenfalls sowjetischem Wunsch. Sie wurde später zur psychologischen Belastung.[35]

»Bitte, was ist ein Kreuzverhör?«

Weder die Amerikaner noch die Briten hatten vor der Londoner Konferenz einen Gedanken an die unterschiedlichen Rechtssysteme verschwendet. Erst in London kam ihnen zu Bewusstsein, dass den Franzosen und Russen das angelsächsische Recht nicht weniger fremd war als ihnen die kontinentalen Strafprozessordnungen. Noch bei der letzten Konferenz kam von Nikitschenko plötzlich die Frage, was das englische Wort *cross-examine* eigentlich bedeute? Auch den deutschen Verteidigern wurde die Bedeutung des Kreuzverhörs erst im Laufe des Verfahrens langsam klar.

Amerikaner und Briten wiederum waren derart auf die prozessuale Bedeutung des Überraschungsmoments fixiert, dass Jackson klagte, er hätte keine Ahnung, wie er bei einem Prozess ohne diese Möglichkeit vorgehen sollte. Der französische Delegierte Falco, ein Richter des Kassationshofes, war hingegen von der Aussicht entsetzt, dass Angeklagte »mit der Öffnung einer wahren Pandorabüchse voller unseliger Überraschungen«[36] zu rechnen hätten, auf die sie und ihre Verteidiger sich nicht vorbereiten konnten.

Das Verfahren folgte schließlich im Wesentlichen den angelsächsischen Regeln, doch wurden einige Elemente der kontinentaleuropäischen Prozessordnungen eingearbeitet. Die Angeklagten durften nach der angelsächsischen Prozessordnung als Zeugen in eigener Sache unter Eid aussagen, aber auch, entsprechend den europäischen Regeln, zuletzt eine nichteidliche Erklärung abgeben. Die Anklageschrift musste alle Einzelheiten der Tatbestände enthalten, die den Beschuldigten zur Last gelegt wurden, nicht aber das gesamte Beweismaterial. Da während des Prozesses immer mehr davon aufgefunden wurde, war diese Bestimmung besonders wichtig.

Die Anklage wegen Verschwörung und Verbrechen gegen den Frieden wurde von den Amerikanern durchgesetzt, doch der ausgehandelte Kompromiss enthielt Abstriche von dem, was Jackson vorgeschwebt hatte. Man einigte sich auf eine Formulierung, die offenließ, ob der gemeinsame Plan der Angeklagten lediglich der Vorbereitung und Führung von Angriffskriegen gegolten hatte, während Kriegsverbrechen und Verbrechen gegen die Menschlichkeit von der Anklage nicht mehr als Teil ihrer gemeinsamen Absichten betrachtet wurden, oder ob auch Kriegsverbrechen und Verbrechen gegen die Menschlichkeit Teil des gemeinsamen Plans gewesen waren. Die Beweisführung nach dem Verschwörungsparagraphen überließen die anderen Ankläger völlig ihren amerikanischen Kollegen.

Verbrechen, welche die Nazis vor dem Krieg in Deutschland begangen hatten, fielen nicht in die Zuständigkeit des Nürnberger Gerichts. Obwohl sich Jackson sogar am letzten Tag der Londoner Konferenz so gebärdet haben soll, als hätte er es noch immer auf ein

Scheitern abgesehen, war sie für ihn ein voller Erfolg. Zur Stunde, als in London die Texte des Übereinkommens und der Charta in den drei Sprachen überprüft und korrigiert wurden, fiel in Japan die Atombombe auf Hiroshima.

Hätte es Alternativen zur »Justiz der Sieger« gegeben? Die Idee eines Gerichtshofes der neutralen Länder wäre schon deshalb nicht in Frage gekommen, weil es in diesem Krieg zu wenige Neutrale gegeben hatte, viel zu wenige für ein repräsentatives Gericht. 55 Staaten hatten sich im Krieg mit Deutschland befunden und waren somit Sieger des Zweiten Weltkrieges[37], 19 von ihnen schlossen sich dem Londoner Vier-Mächte-Abkommen über den Nürnberger Prozess an. Sie spielten zwar im Prozessgeschehen keine Rolle, verbreiterten aber die Basis des Nürnberger Gerichts. In diesem Sinne vertrat das Tribunal der vier Mächte, welche die Hauptlast des Krieges getragen hatten, tatsächlich fast die ganze Welt. Eine Tatsache, die bei den Debatten über dessen Legitimität gerne vergessen wird.

Die ebenfalls mitunter geäußerte Option eines Kriegsverbrecherprozesses vor einem deutschen Gericht hatte Generalmajor William J. Donovan, der Leiter des Office of Strategic Services (OSS), der sich nach einer zunächst engen Zusammenarbeit mit Jackson zerstritt und Nürnberg Ende November 1945 verließ, noch Anfang April 1945 vertreten. Deutschland wurde aber von den Besatzungsmächten regiert, sodass nur ein Prozess von Gnaden der Sieger möglich gewesen wäre. Anders als in Österreich[38] hatte sich die deutsche Richterschaft nahezu geschlossen den Nazis ergeben. Ein Gericht der Emigranten – man kann sich ausmalen, welchen Albtraum dies in der bald einsetzenden restaurativen Atmosphäre der Nachkriegszeit in Deutschland bedeutet hätte. An eine zeitgeschichtlich bedeutsame Protokollierung, wie sie die Amerikaner in Nürnberg möglich machten, wäre nicht zu denken gewesen. Die »Schönheitsfehler« einer solchen Justiz hätten jene des Nürnberger Prozesses weit in den Schatten gestellt. Wenn es eine vernünftige Alternative zum

Nürnberger Vier-Mächte-Tribunal gab, dann eines mit besser fundierten Anklagen. Diese Möglichkeit verspielten die Briten, indem sie mit dem Beharren auf der Justiz eines Erschießungskommandos die entscheidenden juristischen Weichenstellungen den Amerikanern überließen. Die drei westlichen Richter sorgten aber dafür, dass sich das Verfahren anders entwickelte, als Jackson es geplant hatte, und bewirkten mit den Urteilen, dass für die Sache der Gerechtigkeit am Ende nicht allzu viel verloren war.

Die Londoner Konferenz war vorbei, der Prozess war auf Schienen. Doch nachdem der für die Verfolgung von Kriegsverbrechen zuständige Leiter der militärischen Anklagebehörde im US-Kriegsministerium Myron C. Cramer Mitte Mai erklärt hatte, er habe gegen die Hauptangeklagten nichts in der Hand, schrieb noch am 9. Juli Murray Bernays aus Nürnberg nach Washington, was bisher an Beweisen vorliege, lasse sich auf einigen einseitig beschriebenen Karteikarten unterbringen. Der Beweisnotstand hing bis zum Hochsommer über den Köpfen aller an der Vorbereitung des Prozesses Beteiligten. Das Prestige der USA stand auf dem Spiel. Man darf annehmen, dass die Durchsuchung der ungezählten Tonnen der Vernichtung entgangener deutscher Akten durch die Amerikaner im Sommer 1945 vor allem im Hinblick auf den Nürnberger Prozess derart intensiv betrieben wurde, wie es der Fall war, und dass ohne diese frühe forcierte Suche so manches zeitgeschichtlich bedeutsame Beweisstück verlorengegangen oder vernichtet worden wäre.

Das dünne Rinnsal handfester Beweise wurde zum Bächlein, zum Fluss, brach schließlich als Katarakt über die Ankläger herein. Sie waren nun mit Verbrechen konfrontiert, von deren Art und Ausmaß sie keine Vorstellung gehabt hatten, und angesichts der Dokumente und Zeugenaussagen, über die sie in den Wochen vor dem Prozess verfügten, lösten sich ihre Sorgen in Luft auf. Aber auch ihr Entsetzen und ihre Empörung angesichts dessen, was sie erfuhren, wuchs.

Einen Monat vor Eröffnung des Verfahrens wurde allen Angeklagten die gleiche Anklageschrift übergeben. Das war in diesem Stadium auch nicht anders möglich, denn die Sammlung des Beweismaterials war noch längst nicht abgeschlossen und niemand konnte wissen, welchem Angeklagten man schließlich die Verantwortung für welche Handlungen würde zuordnen können. Zugleich erhielt jeder Angeklagte eine Liste deutscher Rechtsanwälte, aus der er einen Verteidiger wählen konnte.

Die Nürnberger Richter vor den vier Landesfahnen: V. L. n. r.: Oberstleutnant A. F. Wolchkow, stellvertretender Richter UdSSR; Generalmajor I. T. Nikitschenko, Richter UdSSR; Richter N. Birkett, stellvertretender Richter GB; Lordrichter G. Lawrence, Vorsitzender des Gerichts und Richter GB; Ex-Justizminister F. Biddle, Richter USA; Richter J. J. Parker, stellvertretender Richter USA; H. Donnedieu de Vabres, Richter Frankreich; Generalstaatsanwalt R. Falco, stellvertretender Richter Frankreich.

2.

JEDER NAME EINE TOTENGLOCKE

Der größte Strafprozess aller Zeiten

Bereits die erste von drei vorbereitenden Verhandlungen wurde zur Kraftprobe zwischen dem Vorsitzenden des Tribunals Sir Geoffrey Lawrence und dem amerikanischen Hauptankläger Robert Jackson, der den Richtern seinen Willen aufzwingen wollte. Anwesend waren am 14. November 1945, eine Woche vor der Eröffnung des Prozesses, das Gericht, die vier Anklageteams und die Verteidiger. Noch waren die Fenster nicht verhängt. Die Anklagebank war leer. Es ging um Baron Gustav Krupp von Bohlen und Halbach. Er sollte nach dem Willen Jacksons als Repräsentant der deutschen Rüstungsindustrie auf der Anklagebank sitzen. Er war zwar erst 76 Jahre alt, verstand aber nicht mehr, was um ihn vorging und wurde von Krankenschwestern gepäppelt.

Jackson hatte beantragt, gegen ihn in Abwesenheit zu verhandeln oder seinen Sohn Alfried anzuklagen: »Das öffentliche Interesse, das allen privaten Erwägungen vorangeht«, erfordere, dass ein Krupp angeklagt werde. Krupps Verteidiger Theodor Klefisch beantragte die endgültige oder vorläufige Einstellung, weil kein gerechtes Urteil garantiert werden könne, wenn in Abwesenheit gegen einen Angeklagten verhandelt werde, der sich nicht einmal schuldig oder unschuldig bekennen könne. Jackson holte weit aus und argumentierte politisch statt juristisch. Er hatte mit seinem Antrag, »die Anklageschrift unverzüglich derart abzuändern, dass der Name

Alfried Krupp von Bohlen und Halbach jedes Mal in der Anklageschrift hinter dem Namen Gustav Krupp von Bohlen erscheine, und … dass der Gerichtshof die Anklageschrift sofort Alfried zustellen lassen möge«, die russischen und die französischen Ankläger auf seine Seite gebracht. Ursprünglich waren sie dagegen gewesen.

Lawrence wollte von Jackson wissen, ob Alfried Krupp nicht nach Statut und Verfahrensordnung eine dreißigtägige Frist von der Zustellung der Anklageschrift bis zur Eröffnung des Verfahrens zustehe? Ob Jackson vorschlage, dass Alfried Krupp eine kürzere Frist gewährt werde als den anderen Angeklagten? Jackson meinte sinngemäß, den Krupps stünden sowieso genug Mittel zur Verfügung.

Lawrence: »Ich möchte eine letzte Frage an Sie richten: Glauben Sie, dass es dem Interesse der Gerechtigkeit dient, einen Mann zu verurteilen, der wegen Krankheit nicht in der Lage ist, seine Verteidigung ordnungsgemäß durchzuführen?«

Jackson redete noch immer herum. Er merkte wohl gar nicht, wie weit er sich von der Position, die er vor der American Society for International Law eingenommen hatte, entfernte: Wenn man sich zu einem Gerichtsverfahren entschließe, müsse es auch fair sein. Als der stellvertretende französische Hauptankläger Charles Dubost meinte, dass »die Anwesenheit Alfried Krupps … unumgänglich notwendig« sei, überließ es Lawrence dem französischen Richter Henri Donnedieu de Vabres, seinen Landsmann zu fragen, ob er tatsächlich glaube, »dass Sie den Gerichtshof auffordern können, einen Namen in der Anklageschrift durch einen anderen zu ersetzen«.[39] Die Abfuhr war unmissverständlich.

Daran, dass es dem Angeklagten Hermann Göring genau vier Monate später gelingen könnte, den Hauptankläger der USA in eine noch viel schlimmere, weil öffentliche Blamage hineinzuhetzen, dachte Jackson wohl nicht einmal in seinen schlechtesten Träumen.

»Nero muss so ein Gesicht gehabt haben«

20. November. Der Nürnberger Prozess beginnt. Der größte Strafprozess der Weltgeschichte. Die Mutter aller Kriegsverbrecherprozesse, die noch kommen mögen. Alle Turbulenzen im Vorfeld sind ausgestanden, auch Zwischenfälle der lächerlichsten Sorte. Ein neunmalkluger Bürohengst hat für die stellvertretenden Richter niedrigere Stühle aufs Podium gestellt. Der Richtertisch steht auf der einen Seite des Saales, die Anklagebank auf der anderen, beide erhöht. Hinter den Richtern, selbstverständlich sind ihre Stühle nun gleich hoch, die Fenster, lichtdicht verhängt. Die Flaggen der vier Nationen.

Am Richtertisch sitzen acht Männer. Von links nach rechts, vom Saal aus gesehen, zuerst zwei in Uniform und dann sechs in schwarzen Talaren. Stimmberechtigt sind nur die Richter, die Stellvertreter reden aber in allen Beratungen mit. Ganz links außen Oberstleutnant A. F. Wolchkow, neben ihm Generalmajor I. T. Nikitschenko, der stellvertretende Richter und der Richter für die Sowjetunion; Norman Birkett und Lordrichter Geoffrey Lawrence, der stellvertretende Richter und der Richter für Großbritannien und Vorsitzende des Gerichts; neben Lawrence der amerikanische Richter Francis Biddle und sein Stellvertreter John J. Parker; schließlich die französischen Richter Henri Donnedieu de Vabres und sein Stellvertreter Robert Falco.

Hinter den Angeklagten und neben der Anklagebank amerikanische Militärpolizisten. Weißes Riemenzeug und weiße Helme. Man kann ihnen ansehen, wie wichtig sie sich fühlen. Die Angeklagten sitzen in zwei Reihen hintereinander. Es sei schon etwas, schrieb Alfred Döblin, »da auf der Anklagebank in Nürnberg nebeneinander als arme Sünder die Träger der bis dahin gewaltigsten Namen des Landes zu sehen, der gefürchtetsten Namen, jeder Name eine Totenglocke«.[40]

Auch John Dos Passos, dessen Roman »Manhattan Transfer« oft in Verbindung mit Döblins »Berlin Alexanderplatz« genannt wird, beschrieb in seinem »Nürnberger Tagebuch« die Szene: »Und da, wie zusammengeschrumpelt und von der Niederlage entstellt, sind all die Gesichter, die einen jahrelang von den Titelseiten der Weltpresse anblitzten. Da sitzt Göring in einer perlgrauen, doppelreihigen Uniform mit Messingknöpfen und dem verhutzelten, an einen halbleeren Luftballon erinnernden Aussehen des fetten Mannes, der zu schnell und zu viel Gewicht verloren hat. … Sein Gesichtsausdruck ist zugleich durchtrieben, genialisch, extrovertiert und auf schlaue Art von sich selbst eingenommen – es ist das Gesicht eines Schauspielers. Es entbehrt nicht eines gewissen Charmes. Nero muss so ein Gesicht gehabt haben.«

Schreikrämpfe in der Zelle

Göring sitzt vorne am linken Eckplatz. Der gewesene Reichsmarschall und »erste Paladin des Führers« ist nach einer Entziehungskur so präsent wie seit Jahren nicht mehr. Neben ihm der als selbsternannter Friedensstifter nach England geflogene einstige Hitler-Stellvertreter Rudolf Heß, Außenminister Joachim von Ribbentrop und Generalfeldmarschall Wilhelm Keitel. Der Platz zwischen Keitel und Rosenberg bleibt leer. Der ehemalige Chef der deutschen Konzentrations- und Vernichtungslager Ernst Kaltenbrunner liegt mit einer leichten Gehirnblutung in einem Armeespital. John Dos Passos überliefert die Mitteilung des Gefängniskommandanten Oberst Andrus an die Journalisten, Kaltenbrunner habe in den letzten Wochen »Schreikrämpfe in seiner Zelle« gehabt. Er holte sein »Nicht schuldig« am 10. Dezember nach. Auf seine Gesundheit wurde fortan gut aufgepasst, der Chef der Gestapo, des SD und der Lager war schließlich einer der wichtigsten Angeklagten.

Neben Kaltenbrunners leerem Platz sitzt der »Parteiphilosoph« Alfred Rosenberg, dann Polens Generalgouverneur Hans Frank, Ex-Innenminister Wilhelm Frick, der einstige Gauleiter von Franken und Herausgeber der antisemitischen Hetzschrift »Der Stürmer« Julius Streicher, der Reichswirtschaftsminister und Reichsbankpräsident Walther Funk und »Hitlers Finanzgenie« Hjalmar Schacht. Er wird am Ende einer der drei Freigesprochenen sein, zusammen mit Franz von Papen und Hans Fritzsche. Sie haben keine Verbrechen gegen andere Völker begangen. Die Deutschen haben mit ihnen aber noch eine Rechnung offen.

Die zweite Reihe beginnt mit dem Befehlshaber der U-Boote, späteren Chef der Kriegsmarine und letzten Reichspräsidenten Karl Dönitz, der genau hinter Göring sitzt. Es folgen Großadmiral a. D. Erich Raeder, Reichsjugendführer und Gauleiter von Wien Baldur von Schirach, Fritz Sauckel, der »Generalbevollmächtigte für den Arbeitseinsatz«, neben ihm Generaloberst Alfred Jodl, neben Jodl der letzte Reichskanzler vor Hitler und dessen »Steigbügelhalter« Franz von Papen, Österreichs »Anschlussbundeskanzler« Arthur Seyß-Inquart, dann Hitlers Leibarchitekt und späterer Rüstungsminister Albert Speer, Ribbentrops Vorgänger als Reichsaußenminister Konstantin von Neurath und schließlich der Rundfunkkommentator Hans Fritzsche.

Man legt ihnen gemeinsam begangene Verbrechen zur Last, doch Welten trennen den primitiven und vulgären Streicher, von dem sich die übrigen Angeklagten demonstrativ fernhalten, und den korrekten Großadmiral Dönitz. Welcher Gegensatz zwischen dem aristokratischen Papen, der so aussieht, als wäre er zufällig nach dem Sektfrühstück hier hereingeschneit, und Kaltenbrunner mit seinem Gesicht voll von Schmissen. Einer, Göring, gebärdet sich noch immer als ihr Vorgesetzter und verteidigt eifersüchtig seine Stellung als Angeklagter Nummer eins. Einer, Schacht, zeigt mit jeder Handbewegung und jeder Drehung des Kopfes, dass er nicht hierhergehört.

Schließlich war er nicht nur »Hitlers Finanzgenie«, sondern auch sein Gefangener.

Heß starrt aus tief liegenden Augen mit verkniffenem Mund vor sich hin, ein für verhandlungsfähig erklärter Angeklagter, dessen Gedächtnis einmal besser, dann wieder schlechter funktioniert und zeitweise ganz ausfällt. Viele Beobachter meinen, dass er eher in eine Heilanstalt gehört hätte. Doch er hat nicht die geringste Lust, sich für unzurechnungsfähig erklären zu lassen, und die Ankläger denken nicht daran, auf einen wichtigen Angeklagten zu verzichten, der das selbst gar nicht will.

Zwei fehlen nicht nur heute. Hitlers Sekretär Martin Bormann ist in Abwesenheit angeklagt. Der Führer der »Deutschen Arbeitsfront« Robert Ley hat in der Haft phantastische Pläne entwickelt, Deutschland solle ein Teil der Vereinigten Staaten werden, er hat sich allen Ernstes bei Henry Ford um einen Job beworben, erst die Anklageschrift hat ihm seine Illusionen geraubt. Trotz aller Sicherheitsmaßnahmen hat er einen Weg gefunden, sich an den Rändern eines Militärhandtuchs, andere Quellen sprechen von den Säumen seiner Wäsche oder vom Reißverschluss einer Jacke, zu erhängen. Alle Angeklagten außer Streicher zeigten sich erleichtert.

Vor den Angeklagten sitzen etwas tiefer die Verteidiger. Sie sind so verschieden wie ihre Mandanten. Stars sind unter ihnen und Anfänger, ausgewiesene Demokraten, aber auch ehemalige Nazis mit nicht sehr überzeugender Ehemaligkeit.

Vor den Richtern stehen die Tische der Gerichtssekretäre und vor diesen die der Protokollführer. Zwischen dem Bereich des Gerichts und dem der Angeklagten ist ein schmaler Streifen Platz. Der mittelgroße Saal ist gerammelt voll. Wo ein Tisch Platz hat, steht ein Tisch, wo jemand sitzen kann, sitzt jemand. Die alliierten Ankläger und ihre Assistenten drängen sich seitlich an vier langen, dicht besetzten Tischen, die Dolmetscher in ihrer gläsernen Kabine am Ende der Anklagebank. Monteure mit Werkzeugtaschen stehen bereit, um sich bei jedem der vielen Defekte auf die Übersetzungsanlage zu stürzen. Auch technisch ist dieser Prozess ein Meilenstein. Jedes Wort wird simultan in die anderen der vier Verhandlungssprachen Englisch, Französisch, Russisch und Deutsch übersetzt und auf Band gespeichert.

Bei den Umbauarbeiten wurde eine Seitenwand niedergelegt und ein großer Vorraum in den Saal einbezogen. Hier hat die Öffentlichkeit Platz gefunden. Sie hat 250 Plätze. Erich Kästner ist einer der zugelassenen deutschen Berichterstatter. Die Rundfunkleute hocken in einer Kabine auf der Galerie, aus der sie sich weit hinausbeugen müssen, um einen Blick auf die Angeklagten zu werfen. Trotz der vielen Menschen wird es ein Prozess der halblauten Töne. An den 218 Verhandlungstagen wird nur selten ein lautes Wort fallen, schon aus Rücksicht auf die Dolmetscher niemand dem anderen ins Wort fallen. Oft genug wird im Zeugenstand die gelbe Lampe aufleuchten, der Zeuge möge langsamer reden, oder das rote Stopplicht. Das konnte bedeuten: technische Störung, konnte aber auch eine Beratungspause der Richter signalisieren, die nie vergessen durften, dass sie das rote Licht einschalten mussten, wenn nicht der ganze Saal ihr Gespräch mithören sollte. Die Verteidiger mussten sich erst daran gewöhnen, von Lawrence nur mit einem leichten Klopfen seines Bleistifts unterbrochen zu werden.

Das Nürnberger Gericht ist Deutschlands bestbewachtes Haus. Alle Zugänge sind abgesperrt, an allen vier Ecken stehen amerikanische Panzer, jeder Ausweis wird mehrfach kontrolliert. Die »Stadt der Reichsparteitage« ist eine von Deutschlands am grässlichsten verwüsteten Städten, doch der Justizpalast wurde nur leicht beschädigt und dem großen Verhandlungssaal blieb das Schicksal des Großen Schwurgerichtssaales in Wiens »Grauem Haus« erspart, der wenige Monate vor Kriegsende ausgeräumt und in eine Gasmaskenfabrik umgebaut wurde. Dennoch begann hier bereits am 14. August Österreichs erster Kriegsverbrecherprozess.

Vergessene Schauplätze vergessener Untaten

Um 10.03 Uhr ertönt der Ruf des amerikanischen Gerichtsmarschalls. Alles erhebt sich. Die Richter nehmen ihre Plätze ein. Lordrichter Lawrence eröffnet das Verfahren mit einer kurzen Erklärung, verweist auf die Vorgeschichte und das Statut des Gerichtshofs und sagt, dieser Prozess stehe einzig in der Geschichte der Rechtspflege da und sei von größter Bedeutung für Millionen Menschen auf der ganzen Welt. Dann verlesen Stellvertreter der Hauptankläger für jede der vier Mächte einen Teil der Anklage. Im Londoner Statut bildeten die in den Punkten 1 und 2 angeführten Handlungen noch ein einziges Delikt: Verbrechen gegen den Frieden. Wahrscheinlich dient die Aufspaltung in zwei Anklagepunkte nicht zuletzt der besseren Rollenverteilung. Vier Mächte, vier Delikte.

Die Spannung der Angeklagten lässt nach, sobald sie erkennen, dass an diesem Tag lediglich verlesen wird, was sie seit einem Monat kennen. Heß liest ostentativ in einem Buch mit dem Titel »Der Loisl«, lacht an einer Stelle laut auf, klagt später über Magenschmerzen und darf in seine Zelle zurückkehren. Der Amerikaner Sidney S. Alderman trägt vor, was die juristisch heikelste Materie des gesamten Verfahrens darstellt. Alle Angeklagten hätten, gemeinsam mit anderen, als Führer, Organisatoren, Anstifter und Mittäter an der Ausarbeitung oder Ausführung eines gemeinsamen Planes beziehungsweise einer Verschwörung teilgenommen, die auf die Begehung von Verbrechen gegen den Frieden abzielte oder solche mit sich brachte. Jeder sei für seine eigenen Handlungen, aber auch für die der anderen verantwortlich. Sie planten und entfesselten Angriffskriege unter Verletzung internationaler Verträge, Vereinbarungen und Zusicherungen.

Alderman zitiert Rosenberg, der Antisemitismus sei »das einigende Element des deutschen Wiederaufbaus«, und er zitiert Ley: »Wir schwören, wir werden den Kampf nicht aufgeben, bis der letzte

Jude in Europa ausgerottet und wirklich tot ist.« Er zitiert Streicher: »Die Sonne wird den Völkern der Erde nicht scheinen, bis der letzte Jude tot ist.« Sir David Maxwell-Fyfe setzt, unmittelbar anschließend an Alderman, nahtlos fort. Er hat zu Punkt 2 allerdings nicht viel zu sagen. Er hat noch im April Roosevelts Berater Rosenman mit Argumenten gegen den Prozess eingedeckt und spricht geradezu provozierend kurz.

Nach einer Pause tragen die französischen Hilfsankläger Pierre Mounier und Charles Gerthoffer eine erste Bilanz der deutschen Kriegsverbrechen vor. Die Aufzählung reicht von Mord und Folterung in den besetzten Gebieten bis zu Deportationen und Geiselerschießungen, über die teilweise Zerstörung der Lofoteninseln und der Stadt Telerag in Norwegen bis zu den Verwüstungen und Morden in Oradour-sur-Glane, Saint-Nizier in der Gascogne, Lamure, Vassieux, La Chapelle-en-Vercors und bis zum vernichteten alten Hafenbezirk von Marseille. Vergessene Schauplätze vergessener Untaten, deren bloße Nennung einst Angst und Schrecken verbreitete.

Am Nachmittag ist der sowjetische Ankläger Oberstleutnant I. A. Ozol am Wort, um die Anklage wegen Verbrechen gegen die Menschlichkeit vorzutragen. Er erwähnt eine große Zahl einzelner Untaten, darunter den Massenmord an 11.000 polnischen Offizieren im Wald von Katyn. Dass sie die Erwähnung von Katyn in die Anklage hineinreklamiert hat, wird der Sowjetunion noch einen schweren Prestigeverlust bescheren. Dem Verteidiger Viktor von der Lippe hingegen, der dem Verteidiger von Großadmiral Raeder assistiert, macht der wahrhaft ungeheuerliche Text einer wörtlich zitierten Urkunde zu Recht große Sorgen. Es handelt sich um ein streng geheimes Schreiben des Chefs des Stabes der Seekriegsleitung vom 29. September 1941:

»Der Führer ist entschlossen, die Stadt Petersburg vom Erdboden verschwinden zu lassen. Es besteht nach der Niederwerfung Sowjetrußlands keinerlei Interesse an dem Fortbestand dieser Großsiedlung. …

Die ursprüngliche Forderung der Marine auf Schonung der Werft-, Hafen- oder sonstigen marinewichtigen Anlagen sind dem OKW bekannt, ihre Erfüllung jedoch angesichts der Grundlinie des Vorgehens gegen Petersburg nicht möglich. Es ist beabsichtigt, die Stadt erst einzuschließen und durch Beschuss mit Artillerie aller Kaliber und laufendem Lufteinsatz dem Erdboden gleichzumachen. Das Problem des Verbleibens und der Ernährung der Bevölkerung kann und soll von uns nicht gelöst werden. Ein Interesse an der Erhaltung auch nur eines Teiles der Bevölkerung besteht in diesem Existenzkrieg unsererseits nicht.«

Mit den Worten »Bevor ich die Frage des Hohen Gerichtshofs beantworte, ob ich mich schuldig oder nicht schuldig bekenne …« setzt Göring zu einer weitläufigen Erklärung an, aber er kommt nicht weit. Lawrence erklärt, dass die Angeklagten jetzt nicht das Recht haben, eine Erklärung abzugeben. Sie müssen sich schuldig oder nicht schuldig bekennen.

Göring: »Ich bekenne mich im Sinne der Anklage nicht schuldig.«

Er wird noch genug Redezeit bekommen – neun Tage insgesamt.

Der Nächste: »Rudolf Heß!«

Heß ruft laut in den Saal: »Nein!«

Lawrence trocken: »Dies wird als nicht schuldig protokolliert.«

Gelächter.

Lawrence: »Wer die Gerichtsverhandlung stört, hat den Gerichtssaal zu verlassen. Joachim von Ribbentrop!«

Schacht sieht sich »in keiner Weise«, Papen »keinesfalls«, Sauckel »vor Gott und der Welt und vor allem vor meinem Volke« nicht schuldig. Jodl kann alles, was er getan hat, »reinen Gewissens vor Gott, vor der Geschichte und meinem Volke verantworten«. Alle anderen erklären sich »nicht schuldig« oder »nicht schuldig im Sinne der Anklage«. Hermann Göring erhebt sich und versucht, von der Anklagebank aus das Gericht anzureden. Ruhig erklärt ihm Lordrichter Lawrence: »Sie können jetzt nicht zum Gericht sprechen, außer durch Ihren Verteidiger. Ich wende mich nun an den Hauptanklagevertreter der Vereinigten Staaten von Amerika Justice Jackson.«

Die Ankläger prägen das Bild

Vier Nationen werden ihre Anklagen vorbringen, ihre Zeugen nominieren und ihre Beweise vorlegen. Allein dadurch, dass die USA als Erste an der Reihe sind, wird die Anklagerede des amerikanischen Hauptanklägers zwangsläufig zur Eröffnungsansprache des gesamten Verfahrens und Robert Jackson weiß seine Startposition zu nutzen. Die Rede, mit der er das Beweisverfahren der USA einleitet, ist nur eine von vieren, aber sie findet weltweit die größte Beachtung. Die anderen werden erst im Lauf der Zeit folgen und finden viel weniger Aufmerksamkeit. Doch von Jacksons Rede bringen die Zeitungen rund um den Globus umfangreiche Auszüge in prominenter Aufmachung, sie geht in die Geschichte ein. Sie ist auch ganz dazu angetan.

Die Richter haben gezeigt, dass sie keine Marionetten der Ankläger sind – aber jetzt schweigen sie. Jackson, der Vertrauensmann von Präsident Truman, der Mann, der den Prozess durchgesetzt hat, der herausragende Kopf der Londoner Konferenz, er, der bei der Vorbereitung des Verfahrens das große Wort führte, hat jetzt das Ohr der Welt. Im Bewusstsein seiner historischen Rolle setzt er seine rhetorischen Fähigkeiten ein, um das Bild des Prozesses, der ihm vorschwebt, in der öffentlichen Meinung zu verankern, und da er das Hauptgewicht auf die Verbrechen gegen den Frieden legt, setzt sich dies als Kern der Anklage weltweit in den Köpfen fest.

Die Vernunft der Menschheit verlange, dass das Gesetz auch die Männer erreiche, »die eine große Macht an sich reißen und sich ihrer mit Vorsatz und in gemeinsamem Ratschlag bedienen, um ein Unheil hervorzurufen, das kein Heim in der Welt unberührt lässt«. Die Angeklagten seien »lebende Sinnbilder des Rassenhasses, der

Herrschaft des Schreckens und der Gewalttätigkeit, der Vermessenheit und Grausamkeit der Macht … Sind diese Männer die ersten, die als Kriegsführer einer besiegten Nation sich vor dem Gesetz zu verantworten haben, so sind sie auch die ersten, denen Gelegenheit gegeben wird, im Namen des Rechts ihr Leben zu verteidigen«.

Jackson stellt klar, »dass wir nicht … das ganze deutsche Volk … beschuldigen … Wenn die breite Masse des deutschen Volkes das nationalsozialistische Parteiprogramm willig angenommen hätte, wäre in den früheren Zeiten der Partei die SA nicht nötig gewesen, und man hätte auch keine Konzentrationslager und keine Gestapo gebraucht, beides Einrichtungen, die sofort geschaffen wurden, nachdem die Nazis sich des Staates bemächtigt hatten.«

In Jacksons Eröffnungsansprache fielen jene programmatischen Sätze, die weit über den Nürnberger Prozess hinauswiesen und ihn später auch in den Siegerländern zum Ärgernis machten, zum Stachel im Fleisch, jene Sätze, an die man auch in den USA bald nicht mehr gerne erinnert wurde: »Denn wir dürfen niemals vergessen, dass nach dem gleichen Maß, mit dem wir die Angeklagten heute messen, auch wir morgen von der Geschichte gemessen werden.«

Und später, fast am Ende: »Und lassen Sie es mich deutlich aussprechen: Dieses Gesetz wird hier zwar zunächst auf deutsche Angreifer angewandt, es schließt aber ein und muss, wenn es von Nutzen sein soll, den Angriff jeder anderen Nation verdammen, nicht ausgenommen die, die jetzt hier zu Gericht sitzen«. Diese Sätze gingen um die Welt. Etliche der »einigen zwanzig gebrochenen Männer auf der Anklagebank« hatten Taten zu verantworten, denen nichts, was seither geschehen ist, in die Nähe kam. Andererseits – ein Alfred Jodl mag sein Todesurteil, ein Karl Dönitz seine zehn Jahre verdient haben. Dann grüßt aber Vietnam von nicht sehr ferne, fällt uns der getürkte Zwischenfall im Golf von Tongking ein, der diesen Krieg auslöste. Doch am Tisch der amerikanischen Ankläger saß auch der beigeordnete US-Ankläger Telford Taylor, auf dessen Zeugnis in diesem Buch noch oft zurückgegriffen wird. Derselbe Telford Taylor schrieb 1970 »Nuremberg and Vietnam« (deutsch: »Nürnberg und Vietnam – Eine amerikanische Tragödie«), in dem er der Forderung Jacksons entsprach und das Nürnberger Maß an die Handlungen seines eigenen Landes anlegte, als der Vietnamkrieg noch im vollen Gange war.

Am Abend nach Jacksons Rede ging der Gefängnispsychologe Gustave M. Gilbert zu Streicher in die Zelle.

»›Jetzt kreuzigen sie mich‹, vertraute er mir an. ›Ich merke es. Drei der Richter sind Juden.‹

›Wie erkennen Sie das?‹

›Ich kann Blut erkennen. Dreien von ihnen ist es unangenehm, wenn ich sie anblicke. Ich merke es. Ich habe seit 20 Jahren Rassenlehre studiert. Der Körperbau zeigt den Charakter. Ich bin ein Experte auf diesem Gebiet. Himmler bildete sich ein, er sei einer, aber er hatte keinen Schimmer davon. Er hatte selber Negerblut.‹

›Tatsächlich?‹

›Oh ja‹, grinste er triumphierend, ›ich sah es an seiner Kopfform und dem Haar. Ich kann Blut erkennen.‹«[41]

»Wer ist der Reichsmarschall?«

Die Richter benötigten einige Zeit, um Überblick und Sicherheit zu gewinnen. Der Amerikaner Francis Biddle hatte noch im Jänner als Justizminister Bedenken gegen die Strafbarkeit des Angriffskrieges geäußert. Er hatte noch nicht verwunden, dass er nicht zum Vorsitzenden gewählt worden war, doch er hatte sich dem Argument fügen müssen, dass ein amerikanischer Hauptankläger und ein amerikanischer Vorsitzender doch etwas zu viel amerikanische Dominanz wären. Geoffrey Lawrence sollte bald gewaltige Lorbeeren und alles denkbare Lob für seine Leistung als souveräner Verhandlungsführer ernten. Er wirkte warmherzig, hatte Charme, ließ es dabei nie an der gebotenen Strenge fehlen, er war eine überzeugende Verkörperung der Gerechtigkeit. Aber ohne Biddles Kompetenz wäre er etwas hilflos gewesen.

Sein Stellvertreter Sir Norman Birkett war der Formulierer. Seine Sprache war die Sprache des Gerichts. Er war ein erfolgreicher Strafverteidiger gewesen, bevor er in den Richterstand erhoben worden war. Verbittert darüber, dass den Vorsitz, der ihm zugesichert worden war, Lawrence übernommen hatte, wurde er in Nürnberg ein Opfer seiner stilistischen Fähigkeiten. Am Beginn des Prozesses wurde daran gedacht, dass die Richter reihum als Sprecher des Tribunals auftreten sollten, doch der Gedanke, einen sowjetischen Richter für sich sprechen zu lassen, machte den westlichen Richtern wenig Freude. Daher übernahm Lawrence als Vorsitzender auch diese Funktion, die damit verbundene Arbeit fiel seinem Stellvertreter zu. Am Ende sollten auch noch die Urteilsbegründungen aus einem Guss sein, also von ihm geschrieben werden.

Der herrische, ungeduldige und etwas überhebliche Biddle wäre als Vorsitzender eine Katastrophe gewesen. Aber er und Birkett waren die Köpfe. John Parker, Biddles Stellvertreter, kam aus der amerikanischen Provinz. Er war ein kaum bekannter Bundesrichter aus North Carolina und leckte auch noch seine Wunden, aber etwas ältere als Biddle und Birkett. Er war Republikaner und seine Berufung in den Obersten Gerichtshof war an den Demokraten gescheitert. Parker sei geschwätzig gewesen und habe zu viele Südstaatenwitze erzählt, sich aber bei internen Besprechungen als sehr klug erwiesen, meinte Telford Taylor, eine der kompetentesten Auskunftspersonen in allen den Nürnberger Prozess betreffenden Fragen. Beim Prozess gegen die Hauptkriegsverbrecher war Taylor als beigeordneter US-Ankläger vor allem ein wacher Beobachter am Tisch der amerikanischen Ankläger, doch seine Mitarbeiter zählten zu den rührigsten Leuten im Gericht. Sie bereiteten bereits die nur noch von den Amerikanern durchgeführten sogenannten Nachfolgeprozesse vor, bei denen Taylor dann als Hauptankläger auftrat.

Biddle verfügte über eine manchmal gepflegte, manchmal grobe Bosheit, mit der er sich in seinen privaten Briefen über jedermann ausließ, besonders gern über Lawrence. Den französischen Richter Henri Donnedieu de Vabres beschrieb er als einen etwas pedantischen, sehr höflichen Herrn mit altmodischen Umgangsformen und einem ausladenden Schnurrbart, den er nach dem Essen oder nach seinen Reden gerne »mit Duftwasser aufzwirbelte. … Er konnte gut Deutsch, kannte aber nur drei oder vier Wörter Englisch, die er gerne bei Gelegenheit ohne Zusammenhang gebrauchte.«[42]

Wie die westlichen und die sowjetischen Richter zusammenarbeiten und miteinander auskommen würden, war am Anfang das große Fragezeichen, doch Generalmajor I. T. Nikitschenko war zwar ein kühl wirkender, aber umgänglicher Mann, der sich im Rahmen seiner Möglichkeiten als kompromissbereit erwies. Obwohl ihm ein eisiger Wind voranwehte, er hatte nämlich bei den berüchtigten Moskauer Schauprozessen als Richter fungiert, gewann er im Lauf der Zeit bei den anderen immer mehr Sympathie. Sein Stellvertreter Oberstleutnant A. F. Wolchkow war ein hölzerner Apparatschik.

Nur zwei Vollmitglieder des Tribunals, der Vorsitzende Lawrence und Nikitschenko, waren erfahrene Richter. Biddle hatte wenige Monate Erfahrung, Donnedieu de Vabres war Professor für internationales Recht und hatte noch nie eine Gerichtsverhandlung geleitet. Was die acht Männer, die fünf, oft aber auch sechs Mal pro Woche sechs Stunden am Richtertisch verbrachten und dazu auch noch drei bis vier Besprechungen abhielten, einigte, war die Entschlossenheit, den Nürnberger Prozess unbedingt zu einem erfolgreichen Abschluss zu bringen. Bald kannte sich der Vorsitzende auch in den Interna des Nazistaates aus und es kam zu keinen erheiternden Szenen mehr wie am 10. Dezember 1945, als Lawrence den Ankläger mitten im Vortrag unterbrach:

»Herr Alderman, können Sie uns nicht die Namen dieser Leute nennen? Wer ist der Reichsmarschall?

Alderman: Der Reichsmarschall ist der Angeklagte Göring.

Lawrence: Und wer war Reichsführer der SS zu der Zeit?

Alderman: Himmler.

Lawrence: Himmler?

Alderman: Ja.«

Das Hoßbach-Protokoll

Bereits am 26. November legte der amerikanische Ankläger Alderman eines der wichtigsten Beweisstücke der politischen Anklage vor. Beim »Hoßbach-Protokoll« handelte es sich um ein von Hitlers Adjutanten Oberst Friedrich Hoßbach mehrere Tage nach einer über vierstündigen Besprechung in der Reichskanzlei angefertigtes Gedächtnisprotokoll. Hitler hatte am 5. November 1937 dem Reichskriegsminister von Blomberg, dem Oberbefehlshaber des Heeres von Fritsch, dem Oberbefehlshaber der Kriegsmarine Raeder, dem Oberbefehlshaber der Luftwaffe Göring und dem Reichsaußenminister von Neurath seine Pläne dargelegt, Hoßbach hatte stichwortartige Notizen gemacht.

Kernsätze: »Zur Lösung der deutschen Frage könne es nur den Weg der Gewalt geben, dieser könne niemals risikolos sein … Stelle man an die Spitze der nachfolgenden Ausführungen den Entschluss zur Anwendung von Gewalt unter Risiko, dann bleibe noch die Beantwortung der Frage ›wann‹ und ›wie‹ … Sollte der Führer noch am Leben sein, so sei es sein unabänderlicher Entschluss, spätestens 1943/45 die deutsche Raumfrage zu lösen.«

Die Anklage betrachtete das »Hoßbach-Protokoll« als Beweis für die Mitschuld der Angeklagten Göring, Neurath und Raeder an Hitlers Angriffsplänen und damit für die Verschwörung nach

Anklagepunkt 1, ohne zwischen Mitwisserschaft und Mittäterschaft zu unterscheiden. Hoßbach selbst schrieb in seinem Buch »Zwischen Wehrmacht und Hitler 1934–1938«, er habe die Niederschrift auf eigene Initiative handschriftlich vorgenommen und sie Hitler zur Durchsicht angeboten, »was er zu meiner Überraschung aber mit der Begründung ablehnte, er habe vorderhand keine Zeit«, und sie dann mit Hitlers Einverständnis Blomberg zur Aufbewahrung übergeben. »Das ablehnende Verhalten Hitlers fiel mir sofort auf, hatte er doch noch kurze Zeit zuvor ... seinen Ausführungen die bedeutsame Bezeichnung eines ›politischen Testaments‹ beigelegt, und nun schien ihm die Abfassung und der Verbleib des ›Testaments‹ gleichgültig zu sein.«

Es sei damals zu einer Auseinandersetzung »vor allem ... zwischen Blomberg und Fritsch einerseits und Göring andererseits« gekommen, die zeitweilig »sehr scharfe Formen« angenommen habe, »an der Hitler sich vorwiegend als aufmerksamer Zuhörer beteiligte«.[43] Die Vermutung, Hitler habe damals die Reaktionen auf seine Angriffspläne testen wollen und die Einwände Blombergs und Fritschs könnten der Auslöser für ihre wenige Monate später erfolgte Abservierung gewesen sein, ist gewiss nicht abwegig. Blomberg beförderte sich allerdings selbst ins Out. (Siehe S. 164)

Schirach beim Mittagessen der Angeklagten: »Konzentrierter politischer Wahnsinn!« Seyß-Inquart: »Ich hätte mir ganz bestimmt zweimal überlegt, mitzumachen, wenn ich 1937 gewusst hätte, dass er derartige Äußerungen gemacht hatte!« Frank: »Wartet nur, bis das deutsche Volk das gelesen hat und den Dilettantismus erkennt, mit dem der Führer sein Schicksal besiegelte!«[44] Fritzsche meinte, das Dokument werfe ein neues Licht auf den Prozess, jetzt verstehe er, warum von einer Verschwörung die Rede sei.

Überhaupt diese Mittagsgespräche! Diese Mischung von Rang-Gerangel, das sie auch noch in Nürnberg austrugen, und Botschaften an die Adresse der Ankläger und des Gerichts. Sie konnten sich ausrechnen, dass zumindest ein Teil der Wachen Deutsch verstand. Tatsächlich schrieben sie täglich nieder, was sie gehört hatten. Der Gefängnispsychologe Gilbert saß meistens in einem der drei Zimmer, in denen sie ihre Mahlzeiten einnahmen, und verarbeitete seine Notizen in seinem »Nürnberger Tagebuch«. Im August 1952 kam es auch dem in Spandau inhaftierten Albert Speer zu Gesicht: »Ich muss gestehen, er gibt die Atmosphäre erstaunlich objektiv wieder. Die Beurteilungen sind im Ganzen korrekt und fair, ich hätte mich nicht viel anders geäußert. Dennoch bleibt es ein merkwürdiges Erlebnis, die Augenblicke höchster Lebensangst so wissenschaftlich rekonstruiert zu sehen. Das ist eine neue Erfahrung: Man liest über sich, als sei man ein längst Gestorbener.«[45]

Ein schwarzer Tag für die Angeklagten

Der 29. November war erst der achte Verhandlungstag und wurde zu einem wirklich schwarzen Tag für die Angeklagten. Der Großteil der Zeit war der Beweisführung über die Annexion Österreichs gewidmet, doch nach der Nachmittagspause wurde der Gerichtssaal abgedunkelt und eine Zusammenstellung sichergestellter Filme der SS sowie nach Kriegsende entstandener Dokumentarfilme von alliierten Kameramännern gezeigt. Der Psychiater Douglas M. Kelley[46] stand am einen, der Psychologe Gilbert am anderen Ende der Anklagebank. Sie beobachteten die Reaktionen der Angeklagten und machten hastig Notizen.

Der Film begann mit der Verbrennung lebender Menschen in einer Scheune. Nur die kleinen Notlampen in der Anklagebank beleuchteten die Gesichter. Schacht protestierte dagegen, den Film ansehen zu müssen, kreuzte dann die Arme und blickte zur Galerie hinauf. Keitel setzte sich die Kopfhörer auf und blickte nur aus den Augenwinkeln hin. Neurath senkte den Kopf, um nichts zu sehen.

Ribbentrop schloss die Augen und wandte sich ab. Göring gab sich gelassen und blickte nur gelegentlich zur Leinwand. Heß starrte geradeaus. Funk bedeckte die Augen mit den Händen und litt offensichtlich Qualen. Frank schluckte krampfhaft und kämpfte offenbar mit den Tränen. Streicher verharrte regungslos und blinzelte nur manchmal. Rosenberg war unruhig, senkte den Kopf, starrte dann und wann auf die Leinwand und riskierte den einen oder anderen Seitenblick auf die Reaktionen der anderen.

Die in Belsen vorgefundenen Berge von Leichen wurden gezeigt. Die von SS-Männern unter britischer Bewachung in die Massengräber geworfenen, nahezu fleischlos schlenkernden Körper vollführten beim Hinunterrollen einen letzten grausigen Totentanz. Papen starrte auf den Boden, hielt den Kopf in den Händen und hatte noch nicht hingeschaut. Raeder und Seyß-Inquart folgten bewegungslos. Schirach atmete schwer und flüsterte mit Sauckel. Funk weinte nun. Speer schluckte. Göring starrte trübsinnig vor sich hin. Frank kaute an seinen Nägeln. Von den Plätzen der Verteidiger waren gedämpfte Bemerkungen zu hören: »Schrecklich!« und »Um Gottes willen!«

Der Film zeigte die Krematoriumsöfen. Experimente mit lebenden Menschen wurden beschrieben. Streicher erklärte: »Ich glaube das nicht.« Schacht schaute weiterhin zur Galerie hinauf. Frank nickte und murmelte: »Schrecklich!« Streicher zeigte zum ersten Mal Unruhe. Dönitz warf keinen Blick mehr auf die Leinwand. Der Lagerkommandant Kramer von Bergen-Belsen erschien im Bild. Funk, mit erstickter Stimme: »Das dreckige Schwein!« An einer besonders krassen Stelle schlug er sich mit der Hand auf den Mund. Keitel ließ den Kopf hängen. Frick schüttelte ihn ungläubig.

Es wurde wieder hell im Saal. Noch hatten sich diese Filme nicht abgebraucht, noch hatte niemand wohlfeile Ausflüchte zur Hand. Das gesamte Auditorium wirkte erschüttert. Heß meinte: »Ich glaube es nicht!« Göring flüsterte ihm zu, zu schweigen. All seine Lässigkeit war verschwunden. Streicher äußerte die Vermutung, all dies könne vielleicht in den Tagen des Zusammenbruches geschehen sein. Fritzsche antwortete ihm zornig: »Millionen? In den letzten Tagen? Nein!« Niemand sonst sprach, während die Angeklagten den Saal verließen.

Anschließend gingen Kelley und Gilbert von Zelle zu Zelle. Frank, der einst in seinen Tagebüchern völlig offen und zynisch über die Ausrottung der Juden berichtet und sich seiner führenden Rolle dabei gebrüstet hatte, begann sofort zu weinen: »Wenn man bedenkt, dass wir wie Könige lebten und an diese Bestien glaubten! Lassen Sie sich von niemandem erzählen, dass sie nichts gewusst hätten! Jeder ahnte, dass etwas ganz und gar nicht in Ordnung war mit diesem System, auch wenn wir nicht alle Einzelheiten wussten.«[47] Ganz so, als wäre er nicht selbst eine der Oberbestien gewesen und hätte nie gesagt: »Freilich, in einem Jahre konnte ich weder sämtliche Läuse noch sämtliche Juden beseitigen. Aber im Laufe der Zeit, und vor allem dann, wenn Ihr mir helft, wird sich das schon erreichen lassen.«

Dönitz »zitterte noch vor Erregung und sagte halb auf Englisch: ›Wie können Sie mich beschuldigen, von diesen Dingen etwas gewusst zu haben? Sie fragen, warum ich nicht zu Himmler ging und die Konzentrationslager überprüfte? Das ist wahrhaftig absurd! Er hätte mich genauso hinausgeworfen wie ich ihn, wenn er angekommen wäre, um die Marine zu kontrollieren! Was hatte ich in Gottes Namen mit diesen Dingen zu tun? Ich bin nur zufällig in eine so führende Stellung gekommen und hatte niemals etwas mit der Partei zu tun.‹«[48] Sie hatten den verbrecherischen Wahnsinn mitgetragen und taten nun so, als wären sie aus einem bösen Traum erwacht.

Intelligenz, Adel, Geistlichkeit und selbstverständlich die Juden

Der erste Zeugenauftritt des Nürnberger Prozesses war perfekt getimt. Man darf annehmen, dass die Angeklagten, Gericht und Publikum noch unter dem Eindruck der Filmaufnahmen standen, die sie am Vortag gesehen oder zu sehen vermieden hatten. Und nun trat der ehemalige Generalmajor Erwin Lahousen in den Zeugenstand. Er hatte dem österreichischen Generalstab angehört, als er nach der Okkupation Österreichs aufgrund seiner politischen Einstellung vom Abwehrchef und NS-Gegner Admiral Canaris in die deutsche Abwehr geholt wurde, und hatte gemeinsam mit Canaris an einer Besprechung teilgenommen, die »im Führerzug unmittelbar vor dem Falle Warschaus stattfand«.

Ganz auf die im amerikanischen Strafprozess üblichen Überraschungseffekte fixiert, hatten die amerikanischen Ankläger die Verteidiger zwar effektvoll, aber unfair überspielt. Sie redeten sich auf Sicherheitsbestimmungen aus, die einer rechtzeitigen Information der Anwälte entgegengestanden seien, hatten aber die Presse über das Erscheinen dieses Zeugen bereits am Vortag informiert.

»Oberst Amen: Wer war bei dieser Gelegenheit anwesend?

Lahousen: Bei dieser Gelegenheit waren anwesend, und zwar räumlich und zeitlich unabhängig: der damalige Außenminister von Ribbentrop, der Chef des OKW, Keitel, der damalige Chef des Wehrmachtführungsstabes, Jodl, Canaris und ich …

Amen: Wollen Sie nun bitte Ihrem besten Wissen und Ihrer Erinnerung nach dem Gerichtshof, soweit wie möglich, in Einzelheiten genau erklären, was bei dieser Besprechung im Führerzuge gesagt wurde und was geschah?«

Die deutschen Anwälte erlebten zum ersten Mal, wie ein amerikanischer Ankläger seinen Zeugen vernimmt. Dass er seine Aussage sorgfältig mit ihm abgesprochen hat, ist nicht nur kein Geheimnis, sondern entspricht den Spielregeln. Der Zeuge hat aber dem Vorsitzenden die Eidesformel nachgesprochen, dass er »bei Gott dem Allmächtigen und Allwissenden« die reine Wahrheit sagen, nichts verschweigen und nichts hinzufügen wird. Dass diese Wahrheit dem Vernehmenden bereits bekannt ist und bekannt sein muss – daran müssen sich die Verteidiger erst gewöhnen.

Ebenso wird es ihre Sache sein, Entlastungszeugen zu finden. Sie werden sich vergewissern, dass die in Aussicht genommenen Zeugen tatsächlich Entlastendes vorzubringen haben, und ihre Aussagen mit ihnen absprechen. Während bei uns der Angeklagte lügen darf, muss im angelsächsischen Verfahren auch er den Zeugeneid ablegen, wenn er sich dazu entschließt, sich von seinem Verteidiger in eigener Sache befragen zu lassen. Allerdings muss er sich dann auch dem Kreuzverhör des Anklägers stellen. Bereits der morgige Tag wird für die deutschen Anwälte eine Art Feuertaufe bedeuten. Sobald die Ankläger fertig sind, wird ihnen Erwin Lahousen für die Kreuzverhöre zur Verfügung stehen. Es wird ihnen aber nicht gelingen, seine Glaubwürdigkeit zu erschüttern.

Im Arbeitswagen Wilhelm Keitels, berichtete Lahousen, habe Canaris schwere Bedenken wegen des geplanten Bombardements von Warschau geäußert und »in sehr eindringlicher Form« vor den »bevorstehenden Erschießungen und Ausrottungsmaßnahmen, die sich insbesondere gegen die polnische Intelligenz, den Adel, die Geistlichkeit, wie überhaupt alle Elemente, die als Träger des nationalen Widerstandes angesehen werden konnten, richten sollten«, gewarnt: Dafür werde einmal die Welt auch die Wehrmacht, unter deren Augen diese Dinge stattfanden, verantwortlich machen.

Keitel habe darauf erwidert, dass diese Dinge bereits vom Führer entschieden seien, und »der Führer, der Oberbefehlshaber des Heeres, habe wissen lassen, dass, wenn die Wehrmacht diese Dinge nicht durchführen wolle, beziehungsweise damit nicht einverstanden sei, sie es sich auch gefallen lassen müsse, wenn neben ihr SS,

Sicherheitspolizei und dergleichen Organisationen in Erscheinung träten und diese Maßnahmen ausführen würden«. Offensichtlich war Keitel über die bevorstehende Tätigkeit der Einsatzgruppen bereits informiert und trug sie mit. Wenn er sich von diesem Vorwurf nicht reinigen konnte, stand sein Todesurteil bereits fest. US-Oberst Amen wollte noch einmal hören, wer erschossen werden sollte. Lahousen antwortete: »Ja, das waren vor allem die polnische Intelligenz, Adel, Geistlichkeit und selbstverständlich die Juden.«

In der Mittagspause, berichtete Gilbert, habe Göring vor Wut gekocht. Keitel war beunruhigt. Jodl nahm es gelassener, meinte, Lahousen habe seine Offiziersehre verraten, ein Offizier müsse entweder gehorchen oder seinen Abschied nehmen. Auch der Helfer von Raeders Verteidiger Viktor von der Lippe vertraute seinem Tagebuch an, wie so oft könne »auch hier die Frage gestellt werden: Warum hat auch er ›mitgemacht‹? Warum behielt er seine exponierte Stellung, obwohl er seinen Angaben nach schon 1939 hundertprozentiger Gegner des Regimes war?«[49]

Dass sich Widerstand gegen Hitler nicht in der damals so oft zitierten »inneren Emigration« hatte erschöpfen können, hat von der Lippe offenbar nicht begriffen. Dass gegen Hitler aktiver Widerstand notwendig war und dass er gerade in den hohen Wehrmachtpositionen ein Gebot der politischen Moral gewesen war, das wollte in diese Köpfe nicht hinein.

Die Angelegenheit, auf die Oberst Amen und Erwin Lahousen sodann zu sprechen kamen, war auch für Joachim von Ribbentrop bereits ein Baustein für das spätere Todesurteil.

»Amen: Was, wenn überhaupt etwas, wurde über eine mögliche Zusammenarbeit mit einer ukrainischen Gruppe gesagt?

Lahousen: Ja, es wurde – und zwar vom damaligen Chef OKW als Weitergabe einer Richtlinie, die er offenbar von Ribbentrop empfangen hatte, weil er sie im Zusammenhang mit dem politischen Vorhaben des Reichsaußenministers Ribbentrop bekannt gegeben hat – es wurde Canaris aufgetragen, in der galizischen Ukraine eine Aufstandsbewegung hervorzurufen, die die Ausrottung der Juden und Polen zum Ziele haben sollte. … Nach diesen Gesprächen im Arbeitswaggon des damaligen Chefs OKW verließ Canaris den Wagen und hatte noch eine kurze Unterredung mit Ribbentrop, der ihm, noch einmal auf das Thema ›Ukraine‹ zurückkommend, sagte, es müsse der Aufstand oder die Aufstandsbewegung derart inszeniert werden, dass alle Gehöfte der Polen in Flammen aufgingen und alle Juden totgeschlagen würden.

Amen: Wer sagte das?

Lahousen: Das hat der damalige Außenminister Ribbentrop zu Canaris gesagt. Ich stand daneben.«

Lahousen konnte auch über den fingierten polnischen Angriff auf den deutschen Sender Gleiwitz, der als Anlass für den deutschen Überfall auf Polen gedient hatte, Auskunft geben. Dafür waren in polnische Uniformen gesteckte KZ-Häftlinge verwendet worden. Die Abwehr hatte »polnische Uniformen und Ausrüstungsgegenstände, wie Feldbücher oder ähnliche polnische Dinge«, herbeischaffen müssen. Wofür sie gedient hatten, erfuhren Canaris und seine Mitarbeiter durch Hitlers Rede vor dem Deutschen Reichstag vom 1. September: »Polen hat heute Nacht zum ersten Mal auf unserem eigenen Territorium auch mit bereits regulären Soldaten geschossen. (Stürmische Pfuirufe.) Seit 5.45 Uhr wird jetzt zurückgeschossen! (Tosender Beifall.) Und von jetzt ab wird Bombe mit Bombe vergolten. (Erneuter brausender Beifall.)«[50]

Konfrontationen im Zeugenhaus

Lahousen wohnte im sogenannten Zeugenhaus, das in der Literatur über den Nürnberger Prozess manchmal beiläufig erwähnt wird. Bekanntlich zählt es zu den bewährten literarischen

Kunstgriffen, eine Anzahl möglichst unterschiedlicher Personen in einem geschlossenen Ambiente aufeinander loszulassen. Gegensätzlichere Typen als im Gästehaus der amerikanischen Anklagevertretung wurden wohl selten in der Enge einer mit 20 Personen voll belegten Vorstadtvilla einander ausgesetzt. Dort schrieb die Wirklichkeit Begegnungen wie jene von fünf Überlebenden aus Majdanek, Treblinka und Mauthausen mit dem Leibfotografen Adolf Hitlers. Gräfin Kalnoky hatte die fünf etwas abseits platziert, doch der aufdringliche Heinrich Hoffmann gesellte sich zu ihnen. Sie wunderten sich, einen wie ihn in Freiheit anzutreffen. Er behauptete, von der Existenz der Konzentrationslager absolut nichts gewusst zu haben. Auch sein Freund Adolf Hitler habe von derlei Dingen keine Ahnung gehabt. Der habe doch keiner Maus etwas zuleide tun können. Einer der ehemaligen Häftlinge zeigte Hoffmann die Narben seiner bei Misshandlungen erlittenen Verletzungen und meinte, er solle lieber das fotografieren. Erstaunlich, aber wahr: Hoffmann wurde nicht verprügelt.

Die aus Thüringen stammende ungarische Gräfin Ingeborg Kalnoky war bei Kriegsende hochschwanger in Nürnberg gestrandet. Die Amerikaner holten sie aus dem Wochenbett und übertrugen ihr die Leitung des Gästehauses, das sie in einer unbeschädigten beschlagnahmten Villa für Zeugen, die sich auf freiem Fuß befanden (einzelne standen unter Hausarrest), eingerichtet hatten. Politisch unbelastet, mit mehreren Fremdsprachen und perfekten Umgangsformen, war sie eine Frau wie nach Maß für diesen Job. Ihr Auftrag lautete, dafür zu sorgen, dass alles ruhig lief. Sie dämpfte Emotionen, verhinderte das Ausufern von Streitigkeiten, hielt Täter von Opfern und Opfer von Tätern fern, soweit sie sich voneinander fernhalten ließen. Die Eigentümerin der Villa wurde als Zimmermädchen und Servierdame angestellt und durfte mit ihrem halbwüchsigen Sohn im Keller wohnen. Ein Privileg, denn ihre Villa wurde plötzlich zu einer Insel des Wohllebens in einem Meer von Hunger. Dass sie dem völlig abgerissenen Lahousen für seine Zeugenaussage einen Anzug ihres im Krieg gebliebenen Mannes zur Verfügung stellte – »der General war äußerst verlegen und zugleich erfreut« –, erzählt Christiane Kohl in ihrem Buch über das Zeugenhaus.[51]

Hitlers ehemaliger Leibfotograf, dessen Laborantin Eva Braun Hitlers Geliebte geworden war, was er beim Abendessen gern auswalzte, ordnete im Keller des Nürnberger Gerichtsgebäudes im amerikanischen Auftrag sein gewaltiges Bildarchiv und verhökerte Nacktfotos an die US-Soldaten, während sein Schwiegersohn Baldur von Schirach auf der Anklagebank saß.

Ins Gästebuch trug sich der Widerstandskämpfer Robert Havemann ebenso ein wie Hitlers Adjutant Wiedemann und Görings Privatsekretärin Limberger. Die Fotografin Irene Seiler logierte hier gleichzeitig mit Heinz Hugo Hoffmann, einem der drei Nazirichter, die Irene Seiler 1942 zu zwei Jahren Zuchthaus wegen Meineid und Leo Katzenberger, den Vorsitzenden der Nürnberger Kultusgemeinde, wegen »Rassenschande« zum Tode verurteilt hatten. Als einziger »Beweis« hatten den Blutrichtern die Aussagen von Denunzianten gedient, sie hätten in Katzenbergers Wohnung Badewasser rauschen gehört. Ingeborg Kalnoky wanderte später in die USA aus. Ihre Erinnerungen an das Gästehaus[52] erschienen in den USA und wurden nicht ins Deutsche übersetzt.

Eine übermächtige amerikanische Dominanz

Die Amerikaner dominierten das gesamte Verfahren auf eine fast schon monströse Weise und drückten ihm zumindest äußerlich völlig ihren Stempel auf. Taylor schätzte die US-Delegation auf zehnmal so groß wie die britische, die mit rund 170 Personen vor den Russen und Franzosen immerhin die zweitstärkste war. Ein großer Teil davon war freilich durch die von den Amerikanern bereitgestellte

Infrastruktur bedingt. So wie er durchgeführt und dokumentiert wurde, wäre der Prozess unmöglich gewesen, hätten nicht die USA die Hauptlast übernommen. Sie adaptierten das leicht beschädigte Neue Justizgebäude. Sie brachten die Zeugen nach Nürnberg. Sie stellten die gewaltige Menge der notwendigen technischen Geräte zur Verfügung: Vervielfältigungs-, Diktier- und viele andere Apparaturen und eine leistungsfähige Telefonanlage. Ein amerikanischer Konzern stellte kostenlos seine Weltneuheit zur Verfügung, jene legendäre Simultan-Dolmetsch-Anlage, die es ermöglichte, jedes im Gerichtssaal gesprochene Wort sofort zu übersetzen und auf Band zu speichern. Die Amerikaner stellten den Fuhrpark, die Fahrer, die militärische Bewachung zur Verfügung und versorgten alle Beteiligten mit allem Lebensnotwendigen. Dafür hatten sie auch die wichtigsten Weichen entsprechend ihren Vorstellungen gestellt und durften das Beweisverfahren zum ersten Anklagepunkt im Alleingang durchziehen, eine Aufgabe, die den anderen drei Mächten wahrlich nicht sehr verlockend erschien.

Die Hilflosigkeit der Verteidiger in den ersten Wochen lag nicht nur an der Wucht der Beweise und am ihnen fremden angelsächsischen Verfahren, sondern auch an der Dampfwalzenmethode der amerikanischen Ankläger. Bradley F. Smith meint, dass sie die Absicht hatten, »die dominierende Rolle zu spielen und den anderen Anklägern nur kärgliche Reste zu lassen«.[53] Sie überfuhren das Gericht und die anderen Ankläger mit Bergen von Dokumenten, hatten aber für die Verteidiger stets zu wenige Kopien. Sie redeten sich darauf aus, die Übersetzer und Vervielfältigungsabteilungen kämen nicht nach, und rissen Beweisthemen an sich, die den Anklägern anderer Nationen vorbehalten worden waren und auf welche sich diese vorbereitet hatten, womit sie sie zu Wiederkäuern bereits vorgelegter Dokumente machten.

Die deutschen Originaltexte der ins Englische übersetzten Papiere standen oft »leider« nicht zur Verfügung, und in manchen

Fällen gab es für die Verteidiger nicht einmal eine englische Kopie. Als das Gericht erfuhr, dass für die Presse stets 250 Exemplare zur Hand waren, stellte es die systematische Behinderung der Verteidigung durch die amerikanischen Ankläger so weit wie möglich ab, stieß dabei aber immer wieder auf Hindernisse.

Zitierte Akten, aufgezählte Akten, erwähnte oder nur unter ihrer Nummer in Erinnerung gebrachte Akten dokumentierten das Akt gewordene, in den Akten des Nazistaates begrabene, von den Alliierten exhumierte oder in den protokollierten Aussagen nicht anwesender Zeugen festgehaltene Entsetzen. Akten und wieder Akten, Dokumente und noch mehr Dokumente, so vergingen viele Tage. Rudolf Heß las tagelang im Roman »Drei Mann in einem Boot« von Jerome K. Jerome. Die Wachen nahmen es ihm weg, doch das Gericht entschied, dass er während der Verhandlung lesen durfte. Lawrence ließ einmal während der Verhandlung durch einen Boten Taylors Sekretärin Betty Stark einen Zettel mit der Botschaft »Wie geht es Ihnen, Teuerste? Langweilen Sie sich auch so wie wir?«[54] zukommen und Bradley F. Smith fand unter den Papieren der Richter Biddle und Birkett »immer wieder Bemerkungen darüber, wie zufrieden die Angeklagten schlummern, und selbst das Sekretariat des Gerichtes war dagegen nicht gefeit«.[55]

Jackson hatte ursprünglich überhaupt nur ein reines Dokumentenverfahren im Sinn und soll sich erst kurz vor dem Prozess entschlossen haben, doch auch einige Zeugen zu benennen, »um die Verteidigung abzuklopfen und die Sache etwas zu beleben«.[56] Zeugen wie Lahousen, Ohlendorf, Wisliceny oder auf der anderen Seite Gisevius haben in der Tat die Sache etwas belebt. Trotzdem bildeten Dokumente den Kern des amerikanischen Beweisverfahrens. Bei einer Besprechung der Hauptankläger konnte sich Jackson damit brüsten, dass sein Team während der ersten vier Stunden des Prozesses 331 Dokumente »untergebracht« habe. Die Richter spielten am Ende auch dabei nicht mit: Bei der Urteilsberatung wurde sämtliches nicht in öffentlicher Verhandlung vorgelegte Material von der Beweiswürdigung ausgeschlossen.

Doch so ausführlich die Klage nach Punkt 1 und 2 auch vorgetragen wurde und so viele Dokumente sie auch stützen sollten – sie blieb erstaunlich unkonkret. Sie führte nicht aus, wann und wie der gemeinsame Plan ausgeheckt worden war, versuchte dem Gericht aber offenbar zu suggerieren, dass dies in den frühen zwanziger Jahren geschehen sein musste. Welche Angeklagten tatsächlich daran teilgenommen hatten, blieb nebulos. Zudem gestaltete Jacksons engster Mitarbeiter Oberst Storey den amerikanischen Beweisvortrag so, als wären die Russen und Franzosen am Richtertisch verpflichtet, Englisch zu können, indem die Amerikaner dem Gerichtshof Schriftsätze und Dokumente in Englisch übergaben, aber keine Übersetzungen bereithielten.

Das Gericht verfügte daraufhin für die Zeit, in der die Übersetzungsabteilungen nicht nachkamen, dass nur noch vor Gericht verlesene Urkundenteile ins Protokoll aufgenommen wurden, sodass sie von den Simultandolmetschern übersetzt und in allen vier Verhandlungssprachen protokolliert wurden. Übersetzungen, Rückübersetzungen – eine klassische Fehlerquelle, die schließlich auch dazu führte, dass Jackson im Verhör mit Göring auf die Nase fiel.

Welten und Zwischenwelten in Nürnberg

Fast ein Jahr lang lebten in Nürnberg zwei jeweils in sich gespaltene Welten nahezu berührungslos nebeneinander, mit der Zwischenwelt der Angeklagten und Verteidiger. In der internationalen Prozessgemeinde bildeten die Anklagevertretungen und die Verwaltungsapparate den weitaus größten Teil und die Richter mit ihren Stäben eine kleine Minderheit. Jackson hatte versucht, die Richter von der Einrichtung eines eigenen Sekretariats abzubringen. Sie sollten aus naheliegenden Gründen die Einrichtungen der Anklagebehörde benützen, hatten sich aber nicht darauf eingelassen.

Dazu kamen die in einer Villa mit zu wenigen Toiletten zusammengepferchten Journalisten und die sporadisch einfallenden sonstigen Prozessbeobachter aus aller Welt. Auf der anderen Seite die Deutschen, die zu einem großen Teil in Ruinen hausten. Die Richter und Hauptankläger hatten beschlagnahmte Villen in den heil gebliebenen Vierteln zur Verfügung, der insgesamt von der Prozessgemeinde beanspruchte Wohnraum war beträchtlich.

Als der Prozess begann, bestand noch das nächtliche Ausgehverbot für Deutsche. Die Hauptstraßen waren notdürftig frei gemacht, viele Nebenstraßen noch vom Schutt der eingestürzten Häuser verlegt. Bei stärkerem Wind wankten die stehen gebliebenen Fassaden, das Passieren vieler Straßen war lebensgefährlich. Bei Windstille machte sich da und dort noch der diskrete Geruch unter den Trümmern liegender Leichen bemerkbar. Außer an Nahrung herrschte an nichts solcher Mangel wie an Wohnraum. Fenster, deren Glas durch Pappe oder Sperrholz ersetzt war, waren die Norm, durch den Prozess wurden die Deutschen noch mehr zusammengedrängt.

Doch auch Deutschland war eine Zweiklassengesellschaft, tief gespalten in die Klasse derer, die es sich immer und überall richten konnten, und die gewaltige Mehrheit der »Normalverbraucher«, deren Los es war, zu hungern, zu frieren, zu arbeiten und auf bessere Zeiten zu hoffen. Einigen bot der Prozess sogar Chancen. Nach der Aufhebung des »Fraternisierungsverbotes« durch die USA ließ die anfängliche Zurückhaltung nach, Deutsche zu Hilfsdiensten beim Prozess bis hin zu Büro- und anspruchsvollen Übersetzungsarbeiten heranzuziehen.

Der alliierten Prozessgemeinde war die heimische Bevölkerung noch gleichgültiger als dieser sie. Die als Missionarstochter in China aufgewachsene Mary Taylor fühlte sich an das Leben in der exterritorialen internationalen Enklave Schanghais erinnert, als sie im Frühjahr 1946 ihren Mann Telford in Nürnberg besuchte. Sie drückte, so Taylor, damit »genau das aus, was ich eine Zeit lang empfunden hatte, ohne es in Worte fassen zu können. Das Gefühl, sich weit weg von der eigenen Heimat zu befinden, von der einheimischen Bevölkerung getrennt zu sein (und ihr gegenüber allzu oft den Überlegenen herauszukehren) und in einer geschlossenen Gesellschaft zu leben – all diese Indizien des Kolonialismus gehörten unabdingbar zum Leben in dieser Gemeinschaft, die sich in Nürnberg zur Verurteilung der Kriegsverbrecher niedergelassen hatte.«[57]

Zwischen der Welt der Deutschen und der Welt der Alliierten, in der die Sowjets eine eigene Enklave bildeten, war die Welt der Verteidiger eine seltsame Zwischenwelt. Lawrence hatte die deutschen Anwälte ihrer großen Bedeutung für ein faires Verfahren versichert. Sie wurden vom Gericht bezahlt und auf dessen Kosten untergebracht, allerdings auf deutschem, nicht auf amerikanischem Niveau. Sie zählten nicht zur Prozessgemeinde, sondern zur fremden, verdächtigen Welt der Deutschen und mussten sich selbst um ihre Unterbringung kümmern. Dönitz' Verteidiger Kranzbühler wohnte, nachdem er einige Zeit den Luxus des Zeugenhauses genossen hatte, in einem bei einem Bombenangriff beschädigten Zimmer, das nur über eine Hühnerleiter erreichbar war.

Anlässlich des Jahreswechsels 1945/46 entflohen Richter, Ankläger und der größte Teil des alliierten Personals der Nürnberger Tristesse. Nur die mit der Materie Befassten wussten bereits von dem Schrecken, der die Richter und alle im Saal Anwesenden gleich am Beginn des neuen Jahres, am 3. Jänner 1946, erwartete.

Stahl in ihre Adern gießen

Es hatte nicht nur »Des Teufels General« gegeben, den von Carl Zuckmayer im Theaterstück gleichen Namens großartig überhöhten Fliegergeneral Ernst Udet, nicht nur »Des Teufels Admiral« (Titel des Buches über Karl Dönitz von Peter Padfield), sondern auch Otto Ohlendorf, des Teufels Meinungsforscher. Er war ein hochqualifizierter Wirtschaftswissenschaftler und Jurist, zugleich aber auch ein geeichter Nationalsozialist und Antisemit und versorgte als Abteilungsleiter im Reichssicherheitshauptamt (RSHA) die Führungsschicht des Dritten Reiches mehrmals in der Woche mit streng geheimen, ungeschminkten Berichten über die Stimmung in der Bevölkerung. Sie blieben zum größten Teil erhalten und gelten heute als zeitgeschichtliches Quellenwerk.[58] Doch dann hatten Himmler und Heydrich die Idee, allen RSHA-Amtsleitern »Stahl in ihre Adern zu gießen«[59], zu welchem Zwecke jeder für einige Zeit die Leitung einer Einsatzgruppe übernehmen sollte. Manche drückten sich davor. Ohlendorf drückte sich nicht.

»Vierzig Jahre alt, schlank, mit feinen Zügen und ordentlich gekämmtem dunkelbraunem Haar sah er aus durchdringenden blaugrauen Augen in die Welt. Seine Rede war ausgezeichnet moduliert, seine Hände waren gut geformt und sorgfältig gepflegt, er bewegte sich elegant und selbstbewusst. Der einzige Makel dieser perfekten Persönlichkeit war, dass er neunzigtausend Menschen getötet hatte«[60], so beschrieb ihn später in seinen Erinnerungen Richter Michael A. Musmanno, der am 10. April 1948 das Todesurteil über ihn ausgesprochen hatte.

Als er verurteilt wurde, war der Gegensatz zwischen dem kühlen, sachlichen Ton, in dem er sprach, und der Grauenhaftigkeit dessen, worüber er sprach, bereits ein vielfach kommentiertes Phänomen. Am 3. Jänner 1946 war der Schrecken neu und unmittelbar. Seine Aussage ließ den Richtern und allen im Saal das Blut gefrieren. Keine löste größeres Entsetzen aus, nur die Aussage von Rudolf Höß kam ihr allenfalls gleich. Ohlendorf wurde von zwei Anklägern verhört, von neun Verteidigern kreuzverhört und drei Richter stellten ihm weitere Fragen.

An der Wand hing ein bei seinen früheren Vernehmungen entstandenes Organisationsschema des RSHA. Beim britischen Historiker Richard Overy, der die in Vergessenheit geratenen Protokolle der im Vorfeld des Nürnberger Prozesses durchgeführten Verhöre erschloss, ist nachzulesen, dass erst die rückhaltlosen Aussagen von Otto Ohlendorf und Eichmanns Mitarbeiter Dieter Wisliceny kurz vor dem Prozess den westlichen Anklägern volle Klarheit über die Massenmorde im Osten verschafft hatten. Diese Geständnisse sind ein wichtiger Grund für den Hass, womit Deutschlands und Österreichs Unbelehrbare nach wie vor auf den Nürnberger Prozess reagieren. Nach Ohlendorfs Aussage konnte an den Massenmorden der Einsatzgruppen genauso wenig gezweifelt werden wie nach dem Geständnis des Auschwitz-Kommandanten Rudolf Höß an den Massenmorden in den Gaskammern. Ohlendorfs Aussage beseitigte auch jeden Zweifel an der Involvierung der Wehrmachtführung, und zwar noch vor dem Überfall auf die Sowjetunion.

»Ohlendorf: Der Begriff der ›Einsatzgruppe‹ wurde zum ersten Male im Polen-Feldzug aufgestellt. Das Abkommen mit dem OKH (Oberkommando des Heeres, Anm. d. A.) und OKW wurde aber erst vor Beginn des Russland-Feldzugs getroffen. In diesem Abkommen wurde bestimmt, dass den Heeresgruppen, beziehungsweise Armeen, ein Beauftragter des Chefs der Sicherheitspolizei und des SD zugeteilt würde, dem gleichzeitig mobile Verbände der Sicherheitspolizei und des SD, in Form einer Einsatzgruppe, unterteilt in Einzelkommandos, unterstellt würden. Die Einsatzkommandos sollten nach Weisung der Heeresgruppe, beziehungsweise der Armee, den Heereseinheiten nach Bedarf zugeteilt werden.

Amen: Erklären Sie bitte, falls Sie es wissen, ob vor dem russischen Feldzug ein Übereinkommen zwischen OKW, OKH und RSHA zustande kam?

Ohlendorf: Jawohl. Der Einsatz der von mir geschilderten Einsatzgruppen und Einsatzkommandos wurde nach einem schriftlichen Abkommen zwischen OKW, OKH und Reichssicherheitshauptamt geregelt.

Amen: Woher wissen Sie, dass ein solches Abkommen schriftlich getroffen wurde?

Ohlendorf: Ich bin wiederholt dabei gewesen, als die Verhandlungen, die Heydrich und Schellenberg mit dem OKW und OKH führten, besprochen wurden und habe außerdem das Ergebnis dieser Verhandlung, das schriftliche Abkommen, selbst in die Hände bekommen, als ich die Einsatzgruppe übernahm.«

Schon am nächsten Tag wird Walter Schellenberg Ohlendorfs Aussagen über die Verzahnung der Einsatzgruppen mit der Wehrmacht bestätigen. Auch dieser Zeuge wird seinem einstigen obersten Chef Kaltenbrunner nicht die Mauer machen, er selbst wird glimpflich davonkommen.

»Amen: Welche Stellung hatten Sie auf Grund dieses Abkommens inne?

Ohlendorf: Ich habe vom Juni 1941 bis zum Tode Heydrichs im Juni 1942 die Einsatzgruppe D geführt und war Beauftragter des Chefs der Sicherheitspolizei und des SD bei der 11. Armee …

Amen: Wie viel Einsatzgruppen gab es, und wer waren ihre Führer?

Ohlendorf: Es gab vier Einsatzgruppen. … Chef der Einsatzgruppe A war Stahlecker; Chef der Einsatzgruppe B Nebe; Chef der Einsatzgruppe C Dr. Rasche und später Dr. Thomas; Chef der Einsatzgruppe D Ohlendorf und später Bierkamp …

Amen: Wo operierte die Gruppe D?

Ohlendorf: Gruppe D operierte in der südlichen Ukraine. …

Amen: Welches war die offizielle Aufgabe der Einsatzgruppen im Hinblick auf Juden und kommunistische Kommissare?

Ohlendorf: Über die Frage von Juden und Kommunisten war den Einsatzgruppen und den Einsatzkommandoführern vor dem Abmarsch mündliche Weisung erteilt.

Amen: Welches waren ihre Weisungen im Hinblick auf die Juden und die kommunistischen Funktionäre?

Ohlendorf: Es war die Weisung erteilt, dass in dem Arbeitsraum der Einsatzgruppen im russischen Territorium die Juden zu liquidieren seien, ebenso wie die politischen Kommissare der Sowjets.

Amen: Wenn Sie das Wort ›liquidieren‹ verwenden, meinen Sie ›töten‹?

Ohlendorf: Damit meine ich ›töten‹. …

Amen: Wissen Sie, ob diese Mission der Einsatzgruppe den Befehlshabern der Armeegruppen bekannt war?

Ohlendorf: Dieser Befehl und die Durchführung dieser Befehle war dem Oberbefehlshaber der Armee bekannt. …

Amen: Wollen Sie bitte dem Gerichtshof mitteilen, in welcher Art und Weise der Befehlshaber der 11. Armee die Einsatzgruppe D bei ihrer Liquidierungstätigkeit leitete und überwachte?

Ohlendorf: In Nikolajew kam ein Befehl der 11. Armee, dass die Liquidationen nur in einer Entfernung von 200 km vom Quartier der Oberbefehlshaber entfernt durchgeführt werden dürften.

Amen: Können Sie sich noch an irgendeine andere Gelegenheit erinnern?

Ohlendorf: In Simferopol wurde vom Armeeoberkommando an die zuständigen Einsatzkommandos die Bitte herangetragen, die Liquidationen zu beschleunigen, und zwar mit der Begründung, dass in diesem Gebiet Hungersnot drohe und ein großer Wohnungsmangel sei.

Amen: Wissen Sie, wie viele Personen durch die Einsatzgruppe D liquidiert wurden, und zwar unter Ihrer Führung?

Ohlendorf: In dem Jahre von Juni 1941 bis Juni 1942 sind von den Einsatzkommandos etwa 90.000 als liquidiert gemeldet worden.

Amen: Schließt diese Zahl Männer, Frauen und Kinder ein?

Ohlendorf: Jawohl. …

Amen: Haben Sie persönlich Massenhinrichtungen dieser Leute überwacht?

Ohlendorf: Ich bin bei zwei Massenhinrichtungen inspektionsweise dabei gewesen.

Amen: Wollen Sie dem Gerichtshof Einzelheiten beschreiben, wie eine bestimmte Massenhinrichtung durchgeführt wurde?

Ohlendorf: Ein örtliches Einsatzkommando versuchte eine vollständige Erfassung der Juden herbeizuführen durch Registrierung. Die Registrierung wurde den Juden selbst aufgegeben.

Amen: Unter welchem Vorwand wurden sie zusammengetrieben?

Ohlendorf: Die Zusammenfassung erfolgte unter dem Vorwand der Umsiedlung. … Nach der Registrierung wurden die Juden an einem Ort zusammengefasst. Von da aus wurden sie dann später an den Hinrichtungsort gefahren. Der Hinrichtungsort war in der Regel ein Panzer-Abwehrgraben oder eine natürliche Gruft. Die Hinrichtungen wurden militärisch durchgeführt, durch Pelotons mit entsprechenden Kommandos.

Amen: Wie wurden sie zum Hinrichtungsort hinbefördert?

Ohlendorf: Sie wurden mit LKWs an die Hinrichtungsstätte gefahren, und zwar immer nur so viel, wie unmittelbar hingerichtet werden konnten; auf diese Weise wurde versucht, die Zeitspanne so kurz wie möglich zu halten, in der die Opfer von dem ihnen Bevorstehenden Kenntnis bekamen, bis zu dem Zeitpunkt der tatsächlichen Hinrichtung.

Amen: War das Ihre Idee?

Ohlendorf: Jawohl. …

Amen: In welcher Stellung wurden die Opfer erschossen?

Ohlendorf: Stehend oder kniend.«

Die Uhren der Toten bekam die Wehrmacht

»Amen: Was geschah mit dem Eigentum und den Kleidern der erschossenen Leute?

Ohlendorf: Wertgegenstände wurden bei der Registrierung beziehungsweise der Zusammenfassung beschlagnahmt, waren abzugeben und wurden über das Reichssicherheitshauptamt oder direkt dem Finanzministerium übergeben. Die Kleider wurden zuerst an die Bevölkerung verteilt und im Winter 1941/42 von der NSV (»Nationalsozialistische Volkswohlfahrt«, Anm. d. A.) unmittelbar erfasst und disponiert.

Amen: Wurde zur gleichen Zeit alles persönliche Eigentum registriert?

Ohlendorf: Im Einzelnen nicht; registriert wurden nur Wertgegenstände.

Amen: Was geschah mit den Kleidern, die die Opfer anhatten, als sie zum Hinrichtungsort kamen?

Ohlendorf: Sie hatten lediglich die Oberkleidung abzulegen, unmittelbar vor der Hinrichtung.

Amen: Alle?

Ohlendorf: Die Oberkleidung; jawohl.

Amen: Und was geschah mit dem Rest der Kleidungsstücke, die sie anhatten?

Ohlendorf: Die behielten die Leute an. …

Amen: Was ist zum Beispiel mit Uhren geschehen, die den Opfern abgenommen wurden?

Ohlendorf: Die Uhren wurden auf Anforderung der Armee der Front zur Verfügung gestellt.

Amen: Wurden alle diese Opfer: Frauen, Männer und Kinder, auf die gleiche Art und Weise hingerichtet?

Ohlendorf: Bis zum Frühjahr 1942, jawohl. Dann folgte ein Befehl von Himmler, dass in der Zukunft Frauen und Kinder nur noch durch Gaswagen zur Tötung kommen sollten.

Amen: Wie sind die Frauen und Kinder vorher getötet worden?

Ohlendorf: Genau wie die Männer durch Erschießen. …

Amen: Können Sie dem Gerichtshof die Konstruktion dieser Gaswagen und ihr Aussehen erklären?

Ohlendorf: Dem Gaswagen sah man außen den Verwendungszweck nicht an. Es waren praktisch geschlossene Lastwagen. Sie waren so eingerichtet, dass nach Anlaufen der Motore Gas in den Wagen geleitet wurde und den Tod in etwa zehn bis fünfzehn Minuten herbeiführte. … Die Wagen wurden mit den dafür bestimmten Opfern beladen und dann zur Beerdigungsstätte gefahren, die gewöhnlich dieselbe war, wie die für die Massenhinrichtungen verwandte. Der Transport genügte zur Tötung der Insassen. …

Amen: Wie lange dauerte gewöhnlich die Herbeiführung des Todes?

Ohlendorf: Etwa zehn bis fünfzehn Minuten, ohne dass die Opfer davon etwas merkten.

Amen: Wie viele Personen konnten zu gleicher Zeit in einem solchen Wagen getötet werden?

Ohlendorf: Die Wagen waren von verschiedener Größe – etwa fünfzehn bis fünfundzwanzig.

Amen: Haben Sie manchmal Meldungen von den Leuten erhalten, die diese Wagen bedienten? …

Ohlendorf: Ich habe die Meldung erhalten, dass die Einsatzkommandos die Wagen nur ungern benutzten.

Amen: Warum?

Ohlendorf: Weil die Beerdigung der Insassen für die Angehörigen der Einsatzkommandos eine starke Belastung war.«

Taylor erinnerte sich daran, dass die Richter während dieser Aussage »zusehends aufmerksamer« wurden. »Einige äußerten ihre Verblüffung auch durch Gesten, die für sich sprachen. Ohlendorf war zierlich und sah jung und ziemlich gut aus – niemand hätte weniger wie ein brutaler SS-Schlägertyp à la Kaltenbrunner wirken können. Er sprach leise, mit großer Genauigkeit, Objektivität und offenkundiger Intelligenz. Wie konnte er getan haben, was er nun so ruhig beschrieb? Biddle dachte an Dr. Jekyll und Mr. Hyde; Dr. von der Lippe nannte ihn ›eiskalt‹.«[61] Für Ohlendorf, meint Taylor, sei seine Aussage kein Geständnis gewesen, sondern eine Erklärung.

Hermann Göring hat von diesen Verbrechen angeblich nichts gewusst, und er ist über sie angeblich zutiefst empört. Aber er ist auch weit davon entfernt, ihre Aufdeckung zu wollen. Ohlendorf sei noch so einer, der seine Seele dem Feind verkaufe, meinte er in der Mittagspause, was das Schwein denn dadurch gewinnen wolle. Er werde sowieso hängen. Aber die Angeklagten zweifeln nicht an der Verlässlichkeit der Aussage. Frank äußert Bewunderung für den Mann, der um der Wahrheit willen sein eigenes Todesurteil unterschreibt.

Am Nachmittag will der Verteidiger der SS und des SD, Ludwig Babel, im Kreuzverhör unter anderem von Ohlendorf wissen, ob nicht »aus den Kreisen der Männer, die diese Befehle ausführen mussten«, das Ansinnen gestellt worden sei, »sie von solchen Aufgaben zu entbinden?«

»Ohlendorf: Da kann ich mich keines konkreten Falles erinnern. Ich habe einige ausgeschlossen, die mir nervenmäßig für die Aufgabe nicht geeignet erschienen, und habe sie auch zum Teil nach Haus geschickt.

Babel: Wurde den Leuten die Rechtmäßigkeit dieser Befehle vorgetäuscht?

Ohlendorf: Ich verstehe Ihre Frage nicht, denn der Befehl war von dem Vorgesetzten gegeben, so dass für die einzelnen Personen die Frage der Rechtmäßigkeit gar nicht kommen konnte; denn sie hatten ja denjenigen, die diesen Befehl gaben, den Eid des Gehorsams geleistet.

Babel: Konnte sich der einzelne Mann der Ausführung dieser Befehle mit Aussicht auf Erfolg widersetzen?

Ohlendorf: Nein, denn der Erfolg wäre Kriegsgericht mit entsprechendem Urteil gewesen.«

Es gab bekanntlich mehrere Fälle, in denen die Ausführung verbrecherischer Befehle mit Erfolg verweigert wurde. Am 3. Jänner 1946 waren sie vielleicht noch nicht bekannt, doch hat sich Ohlendorf auch selbst widersprochen, indem er erklärte, einige, die ihm nervenmäßig nicht geeignet erschienen, »auch zum Teil nach Haus geschickt« zu haben. Wer es nicht wagte, sich offen zu widersetzen, hatte also immer noch die Möglichkeit, »nervenmäßig nicht geeignet« zu sein. Wer ausgeschlossen, aber nicht wirklich nach Hause geschickt wurde, wurde dann allerdings wohl an die Front geschickt. Da war man schon lieber »nervenmäßig geeignet«.

Ohlendorf verkörperte den Typus des intelligenten, akademisch gebildeten, oft sogar kultivierten, dabei antisemitisch, antidemokratisch und antihuman denkenden Nationalsozialisten. Dieser Typus war ein zentraler Teil der Schichten, auf die sich das NS-Regime stützte. Viele junge Deutsche und Österreicher aus dem national und antisemitisch denkenden bürgerlichen Milieu radikalisierten sich unter dem Einfluss der Nazis und ließen dabei die »gemäßigten« Ansichten ihrer Eltern weit hinter sich. Ohlendorf selbst behauptete, er habe versucht, sich dem Auftrag zu entziehen. Seine Witwe erzählte dem Autor David Kitterman, »ihr Gatte habe den Posten angenommen, um dem Vorwurf der Feigheit zu entgehen«.[62] Wahrscheinlich war das auch der Grund dafür, dass Ohlendorf, der unter einem Buckel litt, seinen Dienst bei der Einsatzgruppe D freiwillig verlängerte.

Lachend in die Grube springen

Noch am selben Tag wie Ohlendorf trat auch der ehemalige SS-Hauptsturmführer Dieter Wisliceny in den Zeugenstand. Am Ende dieses Verhörs fiel einer jener Sätze, die bis heute nachhallen. Wisliceny berichtete von seinem letzten Zusammentreffen mit Adolf Eichmann, von dessen damals geäußerter Absicht, Selbstmord zu begehen, wenn der Krieg verlorenginge, und von Eichmanns Ausspruch, »er würde lachend in die Grube springen, denn das Gefühl, dass er fünf Millionen Menschen auf dem Gewissen hätte, wäre für ihn außerordentlich befriedigend«.[63]

Wislicenys Aussage steuerte viele Einzelheiten zur Geschichte der Deportationen aus der Slowakei, Griechenland, Ungarn, Bulgarien und Kroatien, aber auch zum persönlichen Verhältnis der am Massenmord Beteiligten untereinander bei. Wisliceny drückte sich etwas weitschweifig aus, und Sir Geoffrey Lawrence wurde immer ungeduldiger und mahnte den Ankläger, der den Zeugen vernahm und dessen einziger Auftritt dieses Verhör war, zur Eile: »Oberstleutnant Brookhart, Sie brauchen auf solche Einzelheiten nicht einzugehen … Sie haben ziemlich viel Zeit verwendet, um zu beschreiben, wie viele zusammengetrieben wurden, ob es 60.000 waren, oder wie viele, diese Einzelheiten sind wirklich unnötig … Können Sie nicht zum Ende der Sache kommen?«

Im Protokoll dieses Verhörs, in der Ungeduld von Lawrence, wird geradezu greifbar, wie fremd dem Tribunal der Gedanke war, das Protokoll könnte eines Tages zu den herausragenden Quellen der Zeitgeschichte zählen. Was von den Aussagen Wislicenys nichts zur Frage nach der Schuld Kaltenbrunners oder der angeklagten Organisationen beitrug, war unerheblich, mochte es später der Wissenschaft noch so erheblich erscheinen.[64] Der stellvertretende britische Richter Sir Norman Birkett schrieb am 28. Jänner ungeduldig in sein Tagebuch: »Aus der Beweisführung ergibt sich ein überaus schreckliches und überzeugendes Bild des absoluten Grauens und der Unmenschlichkeit in ihren Konzentrationslagern. Aber aus der Sicht dieses Prozesses ist das eine völlige Verschwendung wertvoller Zeit. Die Klage ist inzwischen immer wieder bewiesen worden.«[65] Taylor beobachtete, dass die französischen und die sowjetischen Richter die historische Bedeutung des Protokolls sehr wohl erkannten und einander bei ihren Bemühungen unterstützten, zeitgeschichtlich wichtiges Material hineinzubekommen, auch wenn die anderen darin nur unnötige Wiederholungen sahen.

Immerhin beschloss das Gericht Anfang Jänner, die gesamten Protokolle zu veröffentlichen. Die deutsche Fassung sollte den Verteidigern zur Korrektur übergeben werden. Görings Verteidiger Otto Stahmer sagte die Mitarbeit der Verteidiger zu, »vermutlich ohne sich ganz darüber im Klaren zu sein, wie umfangreich, und daher wie undurchführbar für uns diese Arbeit sein dürfte«[66], wie von der Lippe meinte. Die vollständigen Protokolle wurden auf Englisch, Deutsch und Französisch, nicht aber auf Russisch publiziert.

Wisliceny berichtete unter anderem, wie er Eichmann 1940 zufällig traf und von ihm als Berater der slowakischen Regierung für die Judenfrage nach Bratislava geschickt wurde. Er blieb dort bis zum Frühjahr 1943, war dann fast ein Jahr in Griechenland und von März bis Dezember 1944 unter Eichmann in Ungarn tätig. Eichmann selbst gab im Mai 1942 in Bratislava die Versicherung ab, dass die Juden in den polnischen Ghettos menschlich und anständig behandelt würden. Dies war ein besonderer Wunsch der slowakischen Regierung; für die Juden, die den christlichen Glauben angenommen hatten, setzte sie sich besonders ein. Aufgrund von Eichmanns Zusicherung wurden etwa 35.000 Juden aus der Slowakei nach Polen abtransportiert.

»Ministerpräsident Tuka hat mich wiederholt zu sich kommen lassen und den Wunsch ausgesprochen, dass eine slowakische Delegation in die Gebiete reisen durfte, in denen sich die slowakischen

Juden angeblich befanden … nach einer längeren Diskussion erklärte mir Eichmann, er könnte einen solchen Besuch in den polnischen Ghettos unter gar keinen Umständen genehmigen. Auf meine Frage, warum, sagte er, dass diese Juden zum größten Teil nicht mehr am Leben seien.« Das Gespräch fand in Eichmanns Amtsräumen in Berlin statt. Eichmann holte aus seinem Panzerschrank einen schmalen Akt und zeigte Wisliceny ein Schreiben Himmlers an den Chef der Sicherheitspolizei und des SD vom April 1942, in dem es sinngemäß hieß, der »Führer« hätte die Endlösung der Judenfrage befohlen. Ausgenommen von der Endlösung seien alle arbeitsfähigen Juden in den Konzentrationslagern. Auf dem Schreiben, erklärte Wisliceny, habe er die ihm bekannte Unterschrift Himmlers gesehen.

»Brookhart: Wurde von Ihnen wegen der Bedeutung des in dem Befehl gebrauchten Wortes ›Endlösung‹ eine Frage gestellt?

Wisliceny: Eichmann erklärte mir anschließend diesen Begriff. Er sagte mir, dass in diesem Begriff und in dem Worte ›Endlösung‹ sich die planmäßige biologische Vernichtung des Judentums in den Ostgebieten verbarg. Auch in späteren Diskussionen über das gleiche Thema tauchte dieses Wort ›Endlösung‹ immer wieder auf.«

Wisliceny will zu Eichmann gesagt haben: »Gott gebe es, dass unsere Feinde niemals Gelegenheit hätten, Gleiches dem deutschen Volke zuzufügen«, darauf habe Eichmann gesagt, »ich sollte nicht sentimental werden; es wäre ein Führerbefehl, und der müsste durchgeführt werden.«

Im August oder Anfang September 1942 wurden die Verschickungen eingestellt, weil »ein großer Teil der Juden, die noch in der Slowakei vorhanden waren, Ausnahmebewilligungen des Staatspräsidenten oder verschiedener Ministerien zum Verbleiben im Lande hatten«. Dies sei wohl auch auf die ungenügende Antwort, die er der slowakischen Regierung auf ihre Bitte um Besichtigung der Lager in Polen geben konnte, zurückzuführen. Aus dieser Aussage geht hervor, dass von Deutschland abhängige Regierungen sehr wohl eine Chance hatten, die Deportation der Juden vorübergehend zu verhindern oder wenigstens zu behindern. Von einer Bitte der Vichy-Regierung, sich vom Wohlergehen der deportierten französischen Juden überzeugen zu dürfen, wurde bisher nichts bekannt. Im Herbst 1944 wurde allerdings Hauptsturmführer Brunner (Alois Brunner, »Brunner I«[67]) in die Slowakei geschickt, der mit deutschen Polizei- und slowakischen Gendarmeriekräften weitere rund 14.000 Juden in Lagern konzentrierte und nach Auschwitz abtransportierte.

Wisliceny sagte auch aus, das »Joint Distribution Committee on Jewish Affairs« habe Eichmann »Vorschläge gemacht und als Gegenleistung gefordert, dass die Juden in Ungarn verbleiben sollten. Diese Vorschläge waren besonders finanzieller Natur. … Eichmann … aber hat sich von Anfang an bemüht, diese Verhandlungen zum Scheitern zu bringen. Noch ehe ein konkretes Resultat herauskam, wollte er fertige Tatsachen schaffen, das heißt möglichst viele Juden nach Auschwitz abbefördern.« Mit dem Versuch, Juden »freizukaufen«, wurde ein zeitgeschichtlich wichtiges Thema angesprochen. Aber Lawrence unterbrach wieder, offensichtlich war er jetzt schon sehr ungeduldig: »Müssen wir auf all diese Verhandlungen eingehen? Können Sie nicht zum Ende der Sache kommen?«

Am nächsten Tag trat der ehemalige Unterscharführer in Mauthausen Alois Höllriegl in den Zeugenstand, um seine bereits verlesene schriftliche Aussage zu bekräftigen, dass Kaltenbrunner die Gaskammern von Mauthausen gesehen hatte und dass ihm deren Betrieb bekannt war: »Zusammen mit dem Kommandanten des Lagers, Ziereis, ging er in die Gaskammer hinunter zu einem Zeitpunkt, da Gefangene vergast wurden. Das den Vorgang der Vergasung begleitende Geräusch war mir wohl bekannt. Ich hörte, dass die Vergasung während der Anwesenheit Kaltenbrunners vor sich ging. Ich sah Kaltenbrunner von dem Gaskeller heraufkommen, nachdem die Vergasung beendet worden war.« Höllriegl bestätigte auch, dass Prominente, unter ihnen der Angeklagte Schirach, das Lager besucht hatten. Von einem der Wachtürme aus konnte er beobachten, wie sich zwei SS-Männer – »einer war Hauptscharführer Spatzenöcker[68], und der andere war Unterscharführer Edenhofer« – mit sechs bis acht Gefangenen der Felskante des Steinbruchs Wiener Graben näherten. Er sah, dass die zwei »auf die Gefangenen einschlugen, und ich konnte gleich bemerken, dass es den Zweck haben sollte, die Gefangenen zu zwingen, sich herunterzuwerfen oder sie herabzustoßen. Ich bemerkte, wie einer der Gefangenen am Boden lag und mit Füßen getreten wurde und die Gebärde zeigte, er sollte sich hier beim Steinbruch herunterstürzen. Der Gefangene tat das unter den ausgestandenen Hieben, wahrscheinlich in der Verzweiflung, sofort.

Amen: Wie hoch war dieser Steinbruch?

Höllriegel: Ich schätze dreißig bis vierzig Meter.

Amen: Gab es unter Euch Wachmannschaften einen Ausdruck dafür, wenn Gefangene vom Felsen heruntergestürzt wurden?

Höllriegel: Jawohl. Sie wurden im Lagermund bezeichnet als Fallschirmspringer.«[69]

Göring rast vor Wut

Wenige Tage nach Ohlendorf, am 7. Jänner, sagte der ehemalige SS-Obergruppenführer, General der Waffen-SS und der Polizei Erich von dem Bach-Zelewski als Zeuge aus. Er bestätigte die Involvierung der Wehrmacht in die Tätigkeit der Einsatzgruppen, sprach über die bei der »Bandenbekämpfung« (für die er zuständig gewesen war) begangenen Verbrechen und nannte die Namen hoher Offiziere. Er sprach deutlich aus, dass zwischen Partisanen und als Partisanen Verdächtigten meistens kein Unterschied gemacht wurde und dass ganze Dörfer ausgerottet wurden.

In der Nachmittagspause raste Göring »dermaßen vor Wut, dass es ihn kaum auf seinem Platz in der Anklagebank hielt: ›Wahrhaftig, dies dreckige, verfluchte Verräterschwein! Dieser gemeine Schuft! Herrgott, verflucht nochmal! Donnerwetter, der dreckige, hohlköpfige Hundesohn! Er war der verruchteste Mörder in dem ganzen verfluchten Verein! Der widerliche, stinkende Schweinehund! Verkauft seine Seele, um seinen dreckigen Hals zu retten!‹«[70]

»Göring saß, eine Decke über den Knien, in seiner verblichenen, ohne Orden schlotternden hellgrauen Reichsmarschallsuniform, die er selbst für sich entworfen hatte, an der Ecke der Anklagebank, so dass alle Zeugen an ihm vorbei mussten, wenn sie den Saal verließen. … Als Bach-Zelewsky (sic!) seine Aussage beendet hatte, war Göring blitzschnell auf den Beinen, spuckte dem Zeugen ins Gesicht und rief: Schweinehund! Er setzte sich, glättete seinen Uniformrock und strahlte den herbeistürzenden Militärpolizisten fröhlich an.«[71]

Die Stunde der Verteidiger

Der 4. März ist der Tag der großen Zäsur. In der Vormittagssitzung kommt noch einmal der Mord an fünfzig kriegsgefangenen Offizieren der Royal Air Force zur Sprache. (Siehe S. 188) Keitels Verteidiger fehlt in der Sache noch ein Dokument. Der Vorsitzende verfügt, es ihm auszuhändigen, und wendet sich an den britischen stellvertretenden Hauptankläger Sir David Maxwell-Fyfe.

»Lawrence: Gut, Sir David, wollen Sie dem Gerichtshof mitteilen, ob die Anklagevertretung ihren Vortrag nunmehr beendet hat?

Maxwell-Fyfe: Ja, Euer Lordschaft! Für die Anklagebehörde ist der Fall abgeschlossen.

Lawrence: Sehr gut. Dann werden wir uns jetzt mit den Zeugenanträgen, den Dokumenten der zweiten Gruppe von vier Angeklagten, nämlich Kaltenbrunner, Rosenberg, Frank und Frick befassen.«

Mit diesem völlig unspektakulären Satz ist die erste Phase des Nürnberger Prozesses beendet. Die Ankläger haben ihre Beweise vorgelegt. Damit ist die Stunde der Verteidiger gekommen. Ab sofort werden sie mit ihren Beweisanträgen das Verfahren dominieren. Bisher konnten sie die Beweiskraft der von der Anklage vorgelegten Dokumente anfechten, die Aussagen der Belastungszeugen in den Kreuzverhören zu erschüttern suchen, angesichts der Wucht des Beweismaterials meistens eine Aufgabe zum Verzweifeln. Von nun an läuft alles umgekehrt ab. Das Gericht wendet sich nun den Dokumentenbüchern und Zeugen der Verteidiger zu. Sie werden ihre Zeugen verhören und die Ankläger werden sie ins Kreuzverhör nehmen. In den Rückverhören werden die Verteidiger zu korrigieren versuchen, was in den Kreuzverhören der Ankläger gefährlich werden konnte – falls sie nicht lieber dazu schweigen.

Schon vor Wochen hatten die Anwälte für diesen Übergang eine dreiwöchige Verhandlungspause beantragt. Doch das Gericht pausierte keine Minute. Es war im Grunde auch unnötig, denn sie hatten sich auf diesen Übergang vorbereitet und keine noch so lange Pause konnte etwas daran ändern, dass jeder zweite Verteidiger von Anfang an auf verlorenem Posten stand. Tonnen um Tonnen von Papier bewiesen die Naziverbrechen. Den Todeskandidaten konnte nur der Beweis, dass der Inhalt dieser Tonnen von Papier falsch und dass nie geschehen war, was sie bezeugten, wirklich helfen. Was konnten ihre Verteidiger also mehr tun, als sie in den Zeugenstand zu rufen, sie ihr Leben erzählen zu lassen, sie mit ihren Fragen in ein möglichst günstiges Licht zu rücken und auf ein Wunder zu hoffen? Einige Verteidiger erlebten dabei ihre blauen Wunder. In den Kreuzverhören wurde das Beweisverfahren der Verteidiger oft genug zu einem neuen Beweisverfahren der Anklage.

Dazu gesellten sich Schwierigkeiten anderer Art. In Nürnberg entstand ein erhebliches Gleichgewichtsproblem dadurch, dass Robert Jackson als amerikanischer Hauptankläger und zugleich als faktischer Herr über die Ressourcen des Gerichts fungierte und seine Schuldvermutung als Ankläger offenbar in einem solchen Maß verinnerlicht hatte, dass er nicht bereit war, seine beiden Funktionen mit der gebotenen Konsequenz zu trennen.

»Hunderte von Mitarbeitern der Anklage«, lesen wir bei Hans Fritzsche, der kein unbefangener, aber ein wacher Beobachter war, »besaßen je ein Zimmer für sich. Für die deutschen Verteidiger fand man anfangs nur einen einzigen kleinen Raum. Erst als die Anwälte ihre Assistenten und Sekretärinnen heranholten, gab man ihnen ein großes und schließlich ein zweites Zimmer, in dem *die* (!) Schreibmaschine aufgestellt wurde.«[72]

Robert Jackson zehrte nicht nur von seinem Ruhm als »Vater des Prozesses«, sondern genoss auch Unabhängigkeit in einem Ausmaß, worum ihn die anderen Hauptankläger nur beneiden konnten. Präsident Truman ließ ihn völlig frei gewähren, und alle, die Jackson noch unter Präsident Roosevelt geholfen hatten, die Idee eines internationalen Gerichtshofes durchzuziehen, waren mittlerweile aus der Regierung ausgeschieden oder seine von ihm abhängigen Mitarbeiter. Sein Hang zur Selbstherrlichkeit fand das einzige Korrektiv in Geoffrey Lawrence, der ihn aber nicht daran hindern konnte, die Verteidiger wo immer möglich bei ihrer Arbeit zu behindern oder zu übergehen. Als Machtmensch oder von der Macht berauscht, ließ er es zu, dass seine Herrschsucht sein Gerechtigkeitsgefühl und seinen Intellekt überfuhr.

Die Ankläger schmiedeten seit Monaten Pläne, den zweiten Teil des Verfahrens abzukürzen. Von Jackson stammte die Idee, dafür Artikel 20 des Statuts heranzuziehen: »Der Gerichtshof kann vor der Beweisantretung Auskunft über die Natur des Beweismittels verlangen, um über seine Erheblichkeit entscheiden zu können.« Er schlug vor, die Verteidiger sollten zu einer Erklärung verpflichtet werden, was sie sowohl generell als auch mit jedem einzelnen Zeugen beweisen wollten, worauf die Anklage entweder die zu beweisenden Tatsachen zugeben (oder sich bereits darauf einstellen) oder aber eine Verfügung beantragen konnte, dass die zu beweisende Tatsache unerheblich sei.

Otto Kranzbühler hatte eine vernünftigere Idee, und das Gericht entschied für den Vorschlag der Verteidiger gegen den der Ankläger, allerdings mit einem Wermutstropfen für die Verteidiger. Es beschloss, über jeden von der Verteidigung beantragten Zeugen einzeln zu verhandeln. Der Vertreter der Anklage konnte gegen die Zulassung des Zeugen argumentieren. Diese Bestimmung war natürlich weit entfernt von Waffengleichheit, denn niemand, lesen wir bei Taylor, »hatte jemals vorgeschlagen, dass die Angeklagten die Gelegenheit haben sollten, vor dem Auftreten eines Belastungszeugen Einspruch dagegen zu erheben, weil diese Aussage irrelevant sei oder aus anderen Gründen«.[73]

Die Ankläger hatten sich auf Dokumente und Zeugen gestützt, aber noch keine Möglichkeit gehabt, die Angeklagten zu befragen. Sie konnten dies erst nach der Vernehmung durch die Verteidiger. Die Verteidiger wiederum hatten außer ihren eigenen unbeholfenen Versuchen noch kein Kreuzverhör erlebt. Görings Verteidiger Otto Stahmer war der Pinguin, der als Erster ins Wasser gestoßen wurde. Der Hai, der dort lauerte, hörte auf den Namen Robert Jackson.

Stahmers Verhör mit Generalfeldmarschall Erhard Milch brachte wenig Entlastendes und dauerte nur 15 Minuten. Anschließend nahm ihn Jackson vier Stunden lang in die Zange. Er hielt ihm unter anderem eine Äußerung in einer Sitzung der Zentralen Planung vom 16. Februar 1944 im Luftfahrtministerium vor, dass er zwei sowjetische Offiziere nach einem Fluchtversuch in einem Flugzeug hatte hinrichten lassen: »Ich habe sofortiges Aufhängen der Leute befohlen. Sie sind gestern gehängt oder erschossen worden. Das habe ich der SS überlassen. Ich wollte sie im Betrieb gehängt haben, damit die anderen es sehen.«[74]

Allein die Vernehmungen der ersten zwei Zeugen nahmen zur gelinden Verzweiflung der Richter zwei volle Tage in Anspruch. Nach zwei weiteren, für beide Seiten unergiebigen Zeugen war Generalfeldmarschall Albert Kesselring[75] an der Reihe. Unter seinem

Kommando waren im September 1939 Warschau, im Mai 1940 Rotterdam und im November 1940 Coventry bombardiert worden; er behauptete, alle drei Angriffe seien gegen wichtige militärische Ziele gerichtet gewesen, und Stahmer konzentrierte sich mit seinen Fragen auf den Luftkrieg, obwohl dieser in der Anklage nicht vorkam.

Am Nachmittag des 13. März trat Göring in eigener Sache in den Zeugenstand. Seit dem »Nicht schuldig« der Angeklagten vom 21. November hatte außer Heß für ein kurzes Statement über seine Verhandlungsfähigkeit keiner von ihnen mehr vor dem Gericht den Mund aufgetan. Stahmer gab Stichworte und ließ Göring zweieinhalb Tage lang von seiner Herkunft, seiner Jugend, seiner Offizierslaufbahn, seiner Begegnung mit Hitler, seiner Karriere als Politiker und schließlich vom Zweiten Weltkrieg erzählen. Göring stand unter Hochspannung und brachte am ersten Tag seine zitternde Hand nicht zur Ruhe, worüber er sich noch am Abend ärgerte.

Jackson unterbrach Görings Ausführungen über Anschläge auf Deutsche im besetzten Frankreich. Seiner Meinung nach waren diese nicht für Görings Schuld, sondern lediglich für das Ausmaß der Strafe erheblich. Argumente für Strafmilderung seien aber erst nach Ausspruch der Schuld einzubringen. Obwohl er bei der Ausarbeitung des Statuts das große Wort geführt hatte, musste er sich nun von der Verteidigung sagen lassen, dass nach ebendiesem Statut nach dem Ausspruch der Schuld für die Verteidigung keine Möglichkeit mehr vorgesehen war, noch etwas vorzubringen. Damit war ihm ein schwerer juristischer Lapsus unterlaufen.

18. März. Der Erwartungsdruck auf Jacksons Kreuzverhör mit Göring war gewaltig. Die englischen und amerikanischen Kommentatoren hatten nicht den geringsten Zweifel an Görings Schuld, sahen aber seinem Duell mit dem amerikanischen Hauptankläger wie einem sportlichen Ereignis entgegen. Göring hatte nichts mehr zu verlieren, Jackson sehr viel. Er hätte erkennen müssen, wie gut dieser Mann in Form war, und es hätte ihm klar sein müssen, dass

er sich nicht einmal einen kleinen Bruchteil dessen hatte aneignen können, was Göring über den Nazistaat wusste, und dass dieser sein überlegenes Wissen gnadenlos ausspielen würde. Auch die Abweisung seines Einspruchs wird wohl noch an ihm genagt haben. Er war hart im Austeilen, aber ein Vergissmeinnicht im Nehmen. Er neigte dazu, auf einem Standpunkt zu beharren, auch wenn dieser längst unhaltbar geworden war. Vor allem aber – er unterschätzte Göring.

Er scheint erwartet zu haben, dass die Angeklagten als Dank dafür, dass man sie nicht einfach an die Wand gestellt hatte, ihren Anklägern gegenüber zumindest etwas Demut an den Tag legten. Auf einen selbstbewussten Angeklagten im Zeugenstand war er überhaupt nicht vorbereitet. Voll Selbstvertrauen ging er zum Mikrofon. Seine erste Frage dürfte Göring geschmeichelt und seiner Vorstellung von einem Verhör, in dem sein Platz in der Geschichte gewürdigt wurde, entsprochen haben: »Sie sind sich vielleicht darüber im Klaren, dass Sie der einzige lebende Mensch sind, der uns die wahren Ziele der Nationalsozialistischen Partei und das Funktionieren seiner Führerschaft erklären kann.

Göring: Darüber bin ich mir im Klaren.

Jackson: Sie haben von Anfang an zusammen mit den Leuten, die mit Ihnen im Bunde waren, die Absicht gehabt, die Weimarer Republik umzustürzen und haben dies später ausgeführt?

Göring: Das war, soweit es meine Person betrifft, mein fester Entschluss.«

Göring dachte an seinen Platz in der Geschichte. Man werde sie aufhängen, hatte er am Beginn des Prozesses zu den anderen Angeklagten gesagt, aber in fünfzig Jahren in Marmorsärge betten. Jackson dachte an sein oberstes Ziel, die Verschwörung der Angeklagten gegen den Frieden zu beweisen.

Göring gab unumwunden die Absicht zu, »unsere Macht so zu befestigen, dass sie nicht den Zufälligkeiten des politischen Spieles« (sprich: Wahlergebnissen) ausgesetzt blieb, nahm ohne Umschweife auch die Verantwortung für die Konzentrationslager auf sich und wurde sehr ausführlich. Jackson wollte aber offenbar auf einen bestimmten Punkt hinsteuern und ihm Umwege verbauen. Statt ihn aufzufordern, sich kürzer zu fassen, fuhr er ihn an: »Lassen wir das. Ich habe Sie das nicht gefragt. Wenn Sie nur Antwort auf meine Fragen geben, werden wir Zeit sparen. Ihr Verteidiger wird die Möglichkeit haben, Sie alle Erklärungen vortragen zu lassen, die Sie zu geben wünschen. Sie haben alle gerichtlichen Überprüfungen verboten und hielten es für notwendig, diese gerichtlichen Überprüfungen auszuschalten, wenn Personen in so genannte ›Schutzhaft‹ genommen wurden?

Göring: Das habe ich ganz klar beantwortet, aber ich bitte, dass ich zur Beantwortung des eben Gehörten eine Ausführung …

Jackson: Das ist Sache Ihres Verteidigers. Nun, was die Konzentrationslager und die Schutzhaft betrifft …«

Hier mischte sich der Vorsitzende ein: »Der Gerichtshof ist der Ansicht, dass dem Zeugen gestattet werden soll, alle Erklärungen abzugeben, die er zur Beantwortung dieser Frage für notwendig hält.

Jackson: Der Gerichtshof ist der Ansicht, dass Sie jetzt Ihre Erklärungen hierzu geben können, und wird Ihre Antworten entgegennehmen.

Lawrence: Ich meine das nicht allgemein, sondern nur, soweit es sich auf diese spezielle Frage bezieht.«

Jackson hatte versucht, Görings Antworten auf ein einfaches Ja oder Nein zu beschränken, und sich damit schon nach wenigen Minuten einen deutlichen Verweis des Vorsitzenden eingehandelt. Er dürfte innerlich gekocht haben, während er Göring eine lange Reihe vorbereiteter Fragen stellte. Was er nun bot, war eher ein Interview über die NS-Politik als ein Versuch, den Angeklagten in die Enge zu treiben. Göring bekannte sich ohne Umschweife zum Polizeistaat der Nazis und zu seiner Treue zum »Führer«. Er gab alles zu, was ihn in den Augen des Gerichts belasten mochte, aber sein Image des starken, niemals zimperlichen, unbedingt loyalen, dabei insgesamt vernünftigen zweiten Mannes hinter Hitler stärkte.

Was Jackson bot, war Hybris pur

Göring war Jackson im Urteil der Prozessbeobachter sowohl emotional als auch intellektuell überlegen. Im »Daily Express« las man, »Nazi Nr. 2« habe gewonnen, Jackson sei vom Gong gerettet worden. Die in Chicago erscheinenden »Daily News« beriefen sich auf Briten, Franzosen und Russen, die gesagt hätten, Göring habe Jackson lächerlich gemacht. Wer in späteren Jahren Jackson noch lächerlicher und vielleicht auch gleich den ganzen Prozess madig machen wollte, setzte, wie der revisionistische Historiker Werner Maser, noch eins drauf, indem er »lächerlich machen« etwas eigenwillig übersetzte und behauptete, »dass ausländische Journalisten … von einer Deklassierung Jacksons ›zum Affen‹ sprachen«.[76]

Am nächsten Morgen wurde Stahmers Verhör mit Birger Dahlerus eingeschoben, der über Görings echte oder vorgebliche Friedensbemühungen aussagen sollte. Der Zeuge erwies sich zwar für Görings Verteidigung eher als nachteilig, aber durch die Unterbrechung wurde Jacksons ohnehin bescheidene Dramaturgie noch weiter geschwächt. Er versuchte Göring darauf festzulegen, dass er am 18. November 1938 eine Sitzung des Reichsverteidigungsrates geleitet habe, obwohl er behauptet hatte, dass dieser nie getagt habe.

Jackson will auf seinen Punkt hin und wünscht kurze Antworten. Die bekommt er aber nur, wenn Göring will. Der muss sich zuerst das Dokument ansehen. Er erklärt, der Reichsverteidigungsrat habe aus wenigen Personen bestanden, am 18. November 1938 seien aber alle Reichsminister und Staatssekretäre, die Oberbefehlshaber von Heer und Kriegsmarine, die Generalstabschefs der drei Wehrmachtteile, SS-Gruppenführer Heydrich und andere anwesend gewesen und es habe sich um eine Sitzung in einem viel größeren Gremium gehandelt: »Als ich meine Aussage machte, habe ich nur an den Reichsverteidigungsrat als solchen gedacht.«

Nun erhebt sich aber Walter Siemers, der Verteidiger von Großadmiral Raeder, und beschwert sich darüber, dass er keine Abschrift des Dokuments besitzt, das Jackson soeben Göring vorgelegt hat. Es kommt zu einer längeren Auseinandersetzung über das Überraschungsmoment im Kreuzverhör und über die Kopiermöglichkeiten der Anklagebehörde, die immer dann auslassen, wenn Jackson den Verteidigern gerade nichts herausrücken will. Göring hat längst erkannt, womit er Jackson aus der Ruhe bringen kann. Also erläutert er noch einmal recht genau den Unterschied zwischen Reichsverteidigungsrat und Reichsverteidigungsrat.

»Jackson: Ich richte jetzt Ihre Aufmerksamkeit auf das Protokoll der 10. Sitzung des Arbeitsausschusses des Reichsverteidigungsrates, Dokument EC-405, gegen Ende des Dokuments, die Besprechung vom 26. Juni 1935, die wie folgt lautet …

Göring: Darf ich bitten, welche Seite? Es ist sehr groß, dies Dokument, und ist mir neu. … Bitte, welche Seite, sonst müsste ich das ganze Dokument erst durchlesen. …

Jackson: Finden Sie es: ›Besondere Behandlung erfordert die entmilitarisierte Zone.‹ …

Göring: Jawohl.

Jackson: Ja. Finden Sie im nächsten Abschnitt: ›Da zur Zeit außenpolitische Verwicklungen unter allen Umständen vermieden werden müssen‹ … Finden Sie das?

Göring: Jawohl.

Jackson: Weiterhin können Sie finden: ›Unter diese Vorarbeiten fallen im Besonderen‹ – a) und b) sind für diese Frage ohne Bedeutung – ›c) Vorbereitung der Befreiung des Rheins.‹

Göring: O nein, hier irren Sie sich außerordentlich. Das Originalwort in Deutsch, und um das allein handelt es sich hier, ist: ›c)

Vorbereitung der Freimachung des Rheins.‹ Es ist eine rein technische Vorbereitung; es hat mit der Befreiung des Rheinlandes nicht das Allergeringste zu tun. Hier heißt es zuerst Mobilmachungsmaßnahmen im Transport- und Nachrichtenwesen, dann ›c) Vorbereitung der Freimachung des Rheins‹, das heißt also, der Rhein darf bei mobilmachungsmäßigen Vorbereitungen nicht mit zu viel Frachtkähnen, Schleppern und so weiter überlastet sein, sondern der Fluss muss frei sein für die militärischen Maßnahmen. Es geht dann weiter unter ›d) Vorbereitung des Ortsschutzes‹ und so weiter. Sie sehen also unter kleinen, ganz allgemeinen, gewöhnlichen, üblichen Mobilmachungsvorbereitungen. Das Wort von der Anklagebehörde ›Freimachung des Rheins‹ …

Jackson: Mobilisierung, eben!

Göring: Das habe ich in meiner Aussage, wenn Sie sich erinnern, deutlich unterstrichen, dass in der entmilitarisierten Zone allgemeine vorbereitende Mobilmachungsvorbereitungen … getroffen worden sind. Ich wollte nur auf den Irrtum ›Freimachung des Rheins‹ hinweisen, der nichts mit dem Rheinland, sondern nur mit dem Strom zu tun hat.

Jackson: Nun, dies waren Vorbereitungen für eine bewaffnete Besetzung des Rheinlandes, nicht wahr?

Göring: Nein, das ist durchaus falsch; sondern, wenn Deutschland in einen Krieg gekommen wäre, ganz gleichgültig von welcher Seite, nehmen wir an im Osten, so mussten im Gesamtreich Mobilmachungsmaßnahmen zur Sicherheit durchgeführt werden, also auch in diesem Fall in der entmilitarisierten Rheinlandzone; aber nicht zum Zwecke der Besetzung hier … der Befreiung des Rheinlandes.

Jackson: Sie meinen, diese Vorbereitungen waren nicht militärische Vorbereitungen?

Göring: Das waren allgemeine Mobilmachungsvorbereitungen, wie sie jedes Land trifft, und nicht zum Zwecke der Besetzung des Rheinlandes.

Jackson: Aber sie waren solcher Art, dass sie absolut dem Auslande gegenüber geheim gehalten werden mussten.

Göring: Ich glaube mich nicht zu erinnern, die Veröffentlichung der Mobilmachungsvorbereitungen der Vereinigten Staaten jemals vorher gelesen zu haben.«

Jackson wusste wohl, dass er mit seiner Weigerung, den Verteidigern Kopien zu überlassen, bei den angelsächsischen Journalisten Zweifel an seiner Fairness geweckt hatte. Mit seinem »Darf ich bitten, welche Seite?« und »Wo soll ich nachlesen, bitte?« hatte ihn Göring noch nervöser gemacht. Jacksons Übersetzer hatten einen schweren Schnitzer begangen, indem sie »Freimachung« mit »liberation« statt »clearing« übersetzt hatten. Hermann Göring hatte Jackson eine schlagfertige Antwort gegeben, die ein Ankläger, der bei klarem Verstand war, nur wortlos oder mit einer knappen Zurechtweisung einstecken konnte. Aber Jackson war aus dem Gleichgewicht geraten. Er explodierte.

Görings Antwort sei allerdings »mit greller, schneidender Stimme« gekommen, erinnerte sich Carl Haensel, Hilfsverteidiger der SS, »›Sie können diese Dinge aus dem Protokoll streichen lassen‹, rief er noch höhnend hinterdrein«.[77]

Jackson sprang wütend auf: »Ich möchte den Gerichtshof ergebenst darauf aufmerksam machen, dass dieser Zeuge wenig guten Willen zeigt und es auch während seines ganzen Verhörs nicht getan hat. Es ist völlig überflüssig, unsere Zeit zu opfern, wenn wir keine richtigen Antworten auf unsere Fragen bekommen. Ich will keine Zeit damit verschwenden, aber ich habe den Eindruck, dass dieser Zeuge auf dem Zeugenstand und auch auf der Anklagebank ein arrogantes und hochmütiges Benehmen dem Gerichtshof gegenüber an den Tag legt, welcher ihm einen Prozess ermöglicht, den er niemals weder einem Lebenden noch einem Toten gestattet hätte. Ich bitte ergebenst, den Zeugen anzuweisen, dass er sich für seine Erläuterungen Notizen macht, wenn er will, und ihn aufzufordern, auf meine Fragen zu antworten, und sich seine Erläuterungen, die durch seinen Verteidiger zur Sprache gebracht werden können, aufzusparen.«

Lawrence bewies seine Erfahrung und Klugheit, indem er Jackson nicht nur die richtige Antwort gab, sondern auch jedes weitere Wort abschnitt, womit er ihm Gelegenheit gab, die Angelegenheit zu überschlafen: »Ich habe schon einmal die allgemeine Regel dargelegt, die sowohl für diesen wie auch für jeden anderen Zeugen bindend ist. Es wäre vielleicht besser, wenn wir uns jetzt vertagen würden.« Das Gericht erhob sich. Die Sitzung war geschlossen.

Mit den Ausdrücken »ungeschickt, albern, streckenweise grob« charakterisierten die »Daily News« in Chicago am folgenden Tag Jacksons Verhör. Doch dieser hatte sich versteift. Fest entschlossen, Görings schlagfertige Antwort keinesfalls auf sich beruhen zu lassen, stürzte er sich am nächsten Morgen neuerlich in die Auseinandersetzung mit dem Gericht. Hatte er gestern aus der Mücke schon einen Elefanten gemacht, musste heute ein Mammut daraus werden. Vielleicht rechnete er sich auch eine letzte Chance aus, dem Vorsitzenden doch noch den Herrn zu zeigen. Er beharrte auf seinem Recht, Einspruch gegen Äußerungen des Angeklagten zu erheben, bevor der Angeklagte selbst sie geäußert hatte, verstieg sich zur Bemerkung, der »Gerichtshof wäre in der Lage gewesen, seine Pflicht gemäß den Statuten zu erfüllen«, wenn er so vorgegangen wäre, wie es, »wie ich mir zu bemerken gestatte, das ordnungsgemäße Verfahren gewesen wäre«, und brachte das Prestige der Vereinigten Staaten ins Spiel.

Lawrence unterbrach den Ankläger, der sich plötzlich das Recht herausnahm, die Kompetenz des Gerichtshofes in Frage zu stellen, mehrmals mit einem leichten Klopfen seines Bleistifts auf den Tisch, wie immer, wenn er sich Gehör verschaffen wollte, und sagte nur völlig ruhig: »Was nun diese Antwort betrifft, so ist sie meiner Meinung nach vollkommen unerheblich«, aber so leicht war Jackson nicht zu stoppen. Was er bot, war Hybris pur. Er redete und redete.

»Lawrence: Wollen Sie dem Gerichtshof vorschlagen, dass der Zeuge jede Frage mit Ja oder Nein zu beantworten und dann zu warten hat, bis er nochmal verhört wird, bevor er überhaupt irgendwelche Erklärungen abgeben kann?

Jackson: Ich glaube, das entspricht den Regeln des Kreuzverhörs unter gewöhnlichen Verhältnissen.«

Und so weiter, und so fort.

Lawrence wiederholte noch einmal, zum letzten Mal, den Grundsatz, der Zeuge habe Fragen mit Ja oder Nein zu beantworten, dazu aber das Recht, eine kurze Erläuterung zu geben, und schloss die Debatte: Der Zeuge »hätte in seiner Aussage nicht auf die Vereinigten Staaten Bezug nehmen sollen. Diese Sache ist meiner Ansicht nach aber am besten ganz zu ignorieren.«

Statt über eine schlagfertige Antwort mit einem kurzen Verweis hinwegzugehen, hatte Jackson eine Prestigesache daraus gemacht und Göring Gelegenheit gegeben, zu triumphieren. Janet Flanner, die unter dem Pseudonym »Gent« für den »New Yorker« berichtete, lieferte vielleicht den besten Kommentar zu Jacksons Verhalten: »Als das Verfahren aus der vorbereitenden Phase endloser, spannungsloser Beweisaufnahme in die Phase der Vorgefechte und Kämpfe trat, zeigte Jackson als der führende Mann der Anklage Unzulänglichkeiten. Bis dahin war sein Hauptbeitrag in diesem außergewöhnlichen Rechtsverfahren eine hohe humanitäre Gesinnung, die seine wunderbare Eröffnungsrede im November ausgezeichnet hatte. Seine tiefe Überzeugung, die Nazi-Angeklagten seien nichts anderes als gewöhnliche Verbrecher, führte logischerweise dazu, sie in jener aufbrausenden Art zu behandeln, die bei Prozessen unterer Instanzen üblich ist. Bei den feigen, kleinen Ganoven führte das zum Erfolg, aber beim Kreuzverhör mit dem ungewöhnlichen Ganoven Göring, der selbst besser toben konnte, war es für Jackson verheerend. Jackson machte sogar äußerlich eine schlechte Figur. Er knöpfte die Jacke auf, zog sie mit den Händen in den Gesäßtaschen über den Hüften zusammen und wippte wie ein Provinzanwalt. Ihm schien es nicht nur an Hintergrund und Weisheit zu mangeln, die die Tradition unseres Richters Holmes auszeichnete, auch sein Wissen über europäische Zusammenhänge war voller Lücken, in die er beim Versuch, Göring Fallen zu stellen, selbst stolperte.«[78]

Nicht nur Jacksons mächtiges Ego war hart getroffen, auch sein Ansehen war beschädigt. Dass er von zwei prominenten Frauen, Rebecca West und Janet Flanner, besonders gebeutelt worden war, traf ihn zusätzlich. Er erholte sich nur langsam von diesem Schlag.

Den größten Mordbefehl der Geschichte glatt übersehen

Nach einem weiteren kurzen Hin und Her über den Unterschied zwischen Reichsverteidigungsrat und Reichsverteidigungsrat als solchem ging er zu einem wichtigeren Thema über, zur Beraubung der Juden durch die Nazis und zum Novemberpogrom:

»Jackson: Dann haben Sie am 31. Juli 1941 einen Erlass unterzeichnet, in dem Himmler und der Chef der Sicherheitspolizei, SS-Gruppenführer Heydrich, aufgefordert wurden, Pläne für die vollkommene Lösung der Judenfrage auszuarbeiten?

Göring: Nein, so ist das nicht richtig, diesen Erlass kenne ich genau.

Jackson: Ich werde Ihnen Dokument 710, US-509, vorlegen lassen. … (Das Dokument wird dem Zeugen vorgelegt.) Nun, dieses Dokument trägt Ihre Unterschrift, ist das richtig?

Göring: Das ist richtig.

Jackson: Und es ist an den Chef der Sicherheitspolizei und des Sicherheitsdienstes, SS-Gruppenführer Heydrich, gerichtet?

Göring: Das ist richtig.

Jackson: Ich weiß nicht, ob das Ganze in das Protokoll aufgenommen worden ist. Aber ich denke, dass das geschehen sollte … korrigieren Sie mich bitte, falls meine Angaben nicht richtig sind. ›In Vollendung der Ihnen am 24. Januar 1939 übertragenen Aufgabe…‹

Göring: Darin ist ein Fehler, das heißt: In ›Ergänzung‹, nicht in ›Vollendung‹ der Ihnen übertragenen Aufgabe.

Jackson: Gut, ich nehme das an … ›welche sich mit der gründlichen, in möglichst günstiger Weise stattzufindenden Emigration und Evakuierung als Lösung des jüdischen Problems befasste, beauftrage ich Sie hiermit, alle notwendigen Vorbereitungen bezüglich Organisierung und Finanzierung zum Zweck einer Endlösung der jüdischen Frage in dem deutschen Einflussgebiet in Europa zu treffen.‹ Ist das so weit richtig?

Göring: Ich finde das in keiner Weise korrekt.

Jackson: Geben Sie bitte Ihre Übersetzung.«

Der amerikanische Hauptankläger war wohl nicht mehr ganz konzentriert bei der Sache, sonst wäre ihm diese Verwechslung nicht passiert. Göring hatte selbstverständlich das Original in der Hand und er selbst die Übersetzung ins Englische, die von den Dolmetschern wiederum ins Deutsche übersetzt wurde.

»Göring: Darf ich es genau verlesen, wie es hier steht? ›In Ergänzung der Ihnen bereits mit Erlass vom 24. Januar 1939‹, also vor Kriegsbeginn, ›übertragenen Aufgabe, die Judenfrage in Form der Auswanderung oder Evakuierung einer den Zeitverhältnissen entsprechend möglichst günstigen Lösung zuzuführen, beauftrage ich Sie hiermit, alle erforderlichen Vorbereitungen in organisatorischer, sachlicher und materieller Hinsicht zu treffen …‹ Und jetzt kommt das entscheidende Wort, das falsch übersetzt wurde, es heißt hier nämlich: ›für eine Gesamtlösung‹, und nicht ›für eine Endlösung‹, ›für eine Gesamtlösung der Judenfrage im deutschen Einflussgebiet in Europa. Sofern hierbei die Zuständigkeiten anderer Zentralinstanzen berührt werden, sind diese zu beteiligen. Ich beauftrage Sie weiter, mir in Bälde einen Gesamtentwurf über die organisatorischen, sachlichen und materiellen Vorausmaßnahmen zur Durchführung der angestrebten Endlösung der Judenfrage vorzulegen.‹ ›In Ergänzung des Ihnen mit Erlass vom 24. Januar 1939‹, das heißt also, zu einem Zeitpunkt, wo keinerlei Krieg begonnen oder in Aussicht stand.

Jackson: Machen Sie jetzt eine Erklärung oder lesen Sie den Brief vor?

Göring: Ich habe jetzt eine Erklärung zum Zitat dieses Briefes geben wollen, um besonders auf dieses Datum hinzuweisen.

Jackson: Ich wollte nur, dass es nicht als ein Teil Ihres Briefes aufgefasst wird. Das Letzte, was in dem Brief steht, ist: ›Ich beauftrage Sie weiter, mir in Bälde einen Gesamtentwurf über die organisatorischen, sachlichen und materiellen Vorausmaßnahmen zur Durchführung der angestrebten Endlösung der Judenfrage vorzulegen.‹ Ist das nicht eine im Wesentlichen genaue Übersetzung Ihres Auftrages an Heydrich und Himmler?

Göring: An Heydrich und die übrigen daran beteiligten zentralen Instanzen. Es ergibt sich das aus dem ersten Teil des Briefes, der Schlusssatz.

Jackson: … Der Brief ging an den Chef der Sicherheitspolizei und des Sicherheitsdienstes, SS-Gruppenführer Heydrich. Das stimmt, nicht wahr?

Göring: Das ist richtig, und dazu muss ich aber nun die Erklärung abgeben …

Jackson: Gut.

Göring: … die Erklärung abgeben, dass ich deshalb den Brief an ihn gerichtet habe, weil Heydrich mit Erlass vom 24. Januar 1939 beziehungsweise Himmler die Aufgabe der Judenauswanderung übertragen war; infolgedessen war dies die Zentralstelle, und ich musste mich für die ganzen materiellen und wirtschaftlich sich daraus ergebenden Dinge an die Stelle wenden, welche den Zentralauftrag hatte. …

Jackson: Und als Sie seinerzeit diesen Befehl erließen, hatten Sie bereits ausführliche Berichte über die Ausschreitungen von 1938 und Heydrichs Teilnahme an ihnen erhalten, nicht wahr?

Göring: Ich hatte keine Kenntnis der Teilnahme von Heydrich an diesen Krawallen, nicht zu diesem Zeitpunkt, sondern nur den Bericht Heydrichs über die Krawalle, den ich angefordert hatte.

Jackson: Nun gut, wir legen Ihnen jetzt Dokument 3058-PS, US-508, vor. Dies ist Heydrichs Bericht vom 11. November 1938, den Sie erhalten haben. Stimmt das? (Dem Zeugen wird das Dokument übergeben.)

Göring: Das ist richtig.

Jackson: Darin wird Ihnen über die Plünderung jüdischer Geschäfte, die Verhaftung von 174 Personen wegen Plünderung, …« und so weiter, und so fort.

Jackson wendet sich wieder den Geschehnissen um den Novemberpogrom zu, um später in eine ausführliche Erörterung von Görings »Kunstankäufen« einzutreten. Was das Wort »Endlösung« bedeutete, war längst bekannt. Trotzdem hat Jackson offensichtlich Görings Erlass vom 31. Juli 1941 bloß für eine Fortsetzung der Novemberpogrom-Maßnahmen von 1939 gehalten und deshalb so flüchtig erörtert. Er hatte überhaupt nicht erkannt, dass er das Dokument in der Hand hielt, das den Übergang von der Beraubung und Vertreibung der Juden zur physischen Auslöschung dokumentiert, die eigentliche Gründungsurkunde des Holocaust.

So entging ihm auch völlig, mit welcher Entschiedenheit Göring »das entscheidende Wort, das falsch übersetzt wurde«, dort berichtigte, wo es tatsächlich auf einer falschen Übertragung beruhte, und wie glatt er darüber hinwegging, dass dieses Wort, »Endlösung«, etwas weiter unten in dem Erlass, den er 1941 abgeschickt hatte, eben doch vorkam.

Ein Danaergeschenk für Rudolf Heß

Am 25. März war die Verteidigung von Rudolf Heß an der Reihe, er hatte sich jedoch am Vortag entschlossen, nicht selbst auszusagen. Er litt an einem neuerlichen schweren Gedächtnisverlust und erinnerte sich nicht einmal an seinen Flug nach England. Am Nachmittag ließ Hans Franks Anwalt Alfred Seidl, der seit dem 5. Februar auch Heß verteidigte, eine Bombe platzen, die geeignet war, die Anklage wegen Verbrechens gegen den Frieden zusammenbrechen zu lassen und damit möglicherweise den ganzen Prozess in Frage zu stellen. Doch so weit ließ es Lawrence selbstverständlich nicht kommen.

Seidl wandte sich plötzlich direkt an das Gericht: Da Rudolf Heß der Planung und Vorbereitung von Angriffskriegen beschuldigt werde, sei es seine Pflicht, kurz »auf die Zusammenhänge einzugehen, die im Jahre 1939 zum Ausbruch des Krieges geführt haben. … Am 23. August 1939 wurde in Moskau zwischen Deutschland und der Sowjetunion der Nichtangriffspakt abgeschlossen … Am gleichen Tage, also nur eine Woche vor Ausbruch des Krieges … wurde zwischen diesen beiden Staaten noch ein geheimes Abkommen getroffen. Dieser Geheimvertrag enthält im Wesentlichen eine Abgrenzung der beiderseitigen Interessensphären in dem zwischen Deutschland und der Sowjetunion liegenden europäischen Gebiet.« Im Gesicht des sowjetischen Hauptanklägers spannte sich plötzlich jeder Muskel. Unwillkürlich straffte sich seine Gestalt. Er wusste, worum es ging, Seidl selbst hatte ihm das Papier vorgelegt, das er jetzt dem Gericht präsentieren wollte.

»Lawrence: Dr. Seidl, Sie haben hoffentlich nicht die Vorschrift des Gerichtshofs vergessen, dass jetzt nicht die geeignete Gelegenheit ist, eine Rede zu halten. Jetzt besteht nur die Möglichkeit, Dokumente vorzulegen und Zeugen aufzurufen. Sie werden Gelegenheit haben, Ihre Rede später halten zu können.

Seidl: Jawohl. Ich beabsichtige nicht, eine Rede zu halten, sondern ich beabsichtige, einleitende Worte zu sagen zu einem Dokument, das ich dem Gerichtshof überreichen werde. Deutschland erklärte sich in diesem Geheimdokument an Litauen, Lettland, Estland und Finnland desinteressiert.

Lawrence: Dr. Seidl, wir haben das Dokument noch gar nicht gesehen, wenn Sie es einreichen wollen, tun Sie es bitte.«

Seidl wollte das Dokument unbedingt verlesen, oder er tat so, als wollte er es, doch Lawrence beendete die Debatte: »Nein, der Gerichtshof ist nicht bereit, von Ihnen zu hören, was in dem Dokument steht. Wir wollen das Dokument selber sehen, und zwar sowohl in Englisch als auch in Russisch. … Wenn Sie der Anklagebehörde diese Abschrift geben, wird sie es in die verschiedenen Sprachen übersetzen lassen, und wenn das erfolgt ist, werden wir diese Angelegenheit erneut behandeln.

Seidl: Jawohl. Ich gehe dann auf ein anderes Dokument über …«

Lordrichter Lawrence hatte die Nachmittagsverhandlung wieder ins gewohnte Fahrwasser gebracht, Seidl aber hatte erreicht, was er wollte, er hatte seine Sensation. Der Nichtangriffspakt, den Hitler und die Sowjetunion knapp vor Kriegsausbruch geschlossen hatten, hatte die Welt damals genügend schockiert. Die Aufdeckung des Geheimen Zusatzprotokolls versetzte dem Ansehen der Sowjetunion einen schweren Schlag.

Obwohl es geheime Zusatzabkommen schon zu so manchem Vertrag gab, denkt jeder Zeitgeschichtler sofort an den deutsch-sowjetischen Nichtangriffspakt, wenn das Wort »Geheimes Zusatzprotokoll« fällt. Es heißt darin unter anderem, für den Fall einer territorial-politischen Umgestaltung der zum polnischen Staate gehörenden Gebiete würden die Interessensphären Deutschlands und der UdSSR ungefähr durch die Linie der Flüsse Narew, Weichsel und San abgegrenzt. Die Frage, ob die beiderseitigen Interessen die Erhaltung eines unabhängigen Staates Polen erwünscht erscheinen lassen und wie dieser Staat abzugrenzen wäre, könne endgültig erst im Laufe der weiteren politischen Entwicklung geklärt werden. In jedem Fall würden beide Regierungen diese Frage im Wege einer freundschaftlichen Verständigung lösen. Dieses Protokoll werde von beiden Seiten streng geheim behandelt werden.

Stalin als Hitlers Spießgeselle bei der Vernichtung Polens: Seidl war es gelungen, dies auf einem Umweg der Welt zur Kenntnis zu bringen. Da er sich weigerte, die Herkunft bekanntzugeben, wurde das Dokument als »Beweisstück zweifelhafter Herkunft« abgelehnt. Doch obwohl die vorgelegte Fotokopie keine Beweiskraft hatte, war ihre moralische Wirkung ungeheuerlich. Sie brachte Stalin in den Geruch, sich am Verbrechen des Angriffskrieges beteiligt zu haben.

Schon damals kursierte das Gerücht, dass das Geheime Zusatzprotokoll Seidl von amerikanischer Seite zugespielt worden war. Der Heß-Verteidiger und spätere bayerische Innenminister hat darüber lange geschwiegen. Tatsächlich war er in einer Verhandlungspause mit einem amerikanischen Journalisten ins Gespräch gekommen, der über glänzende Beziehungen zum State Department verfügte und ihm kurz darauf eine Fotokopie des Abkommens zukommen ließ.

Es wäre interessant, zu erfahren, wie die Angeklagten auf diese Enthüllung reagierten. Vom Gefängnispsychologen Gilbert erfahren wir darüber kein Wort. Seine tägliche kurze Angabe zum Verhandlungsinhalt beschränkt sich auf die Mitteilung: »Bohles Kreuzverhör wurde abgeschlossen, und der einzige andere Zeuge, Strölin, wurde ebenfalls ins Kreuzverhör genommen. Es ergab sich nicht viel bei den Nachmittagsverhören.« Das stimmte sogar. Bei den Verhören ergab sich tatsächlich nicht viel. Unter »Abend im Gefängnis« berichtete Gilbert unter dem 25. März ausgerechnet über einen Besuch in der Zelle Ribbentrops, der an diesem Tag nicht im Saal gewesen war. An den Tagen, an denen die Verteidiger ihre wenigen Erfolge errangen, hat der eng mit Jackson zusammenarbeitende Gefängnispsychologe in seinem »Nürnberger Tagebuch« grundsätzlich gepasst.

Das Geheime Zusatzprotokoll wurde zu einem der großen Paukenschläge im Vorfeld des Kalten Krieges. Der Gesichtsverlust für die Sowjetunion wirkte sich gerade bei jenen antinazistischen Schichten besonders aus, um welche sich die kommunistischen Parteien in ganz Europa bemühten. Einen besseren Resonanzboden als den Nürnberger Gerichtssaal konnten die Regisseure nicht finden, denn über den Prozess wurde weltweit täglich ausführlich berichtet. Für die Rolle des Paukenschlägels kam nur einer der Verteidiger in Frage und einen besseren Mann als Seidl gab es nicht. Als Anwalt des harmlosesten Angeklagten, des Narren vom Dienst, und als junger Mann mit (stark rechtslastiger) Zukunft war er der ideale Hauptdarsteller. Die Besetzung war perfekt und die Regie ebenso. Das Abschmettern von Seidls Beweisantrag erfolgte auf eine Art und Weise, die ihm maximale Aufmerksamkeit außerhalb des Gerichtssaales sicherte. Die Sensation war programmiert, ob Lawrence mitspielen wollte oder nicht.

Für die Verteidigung von Heß war Alfred Seidls Coup nutzlos, für seine spätere Hoffnung auf Begnadigung möglicherweise eine Katastrophe. Seidl hingegen wurde dadurch weitaus bekannter, als er es als Verteidiger von Rudolf Heß werden konnte, und verlieh seiner Karriere einen kraftvollen Schub.

Auschwitz – die Wahrheit aus erster Hand

Der 15. April begann als Tag wie viele andere. Der Gerichtsmarschall verkündete, der Angeklagte Ribbentrop werde der Vormittagssitzung nicht beiwohnen. Lawrence gab Entscheidungen über die Dokumente des Angeklagten Rosenberg bekannt. Doch dann trat der ehemalige Kommandant von Auschwitz, Rudolf Franz Ferdinand Höß, in den Zeugenstand, achtzig Verhandlungstage nach Ohlendorf und Wisliceny. Seine Aussage »stürzte die

Angeklagten und ihre Verteidiger in Schmach und Schande«[79], sie verbreitete, ähnlich wie vor über drei Monaten Otto Ohlendorf, lähmendes Entsetzen. Höß' Vernehmung sei »niederschmetternd« und viele Zuhörer seien nachher »geradezu körperlich zerschlagen« gewesen.[80]

Höß wurde von keinem Ankläger, sondern vom Verteidiger Kaltenbrunners, Kauffmann, als Zeuge gerufen. Er war einer jener SS-Männer, denen die Kriegsmarine in den 23 Tagen der Regierung Dönitz mit Uniformen und falschen Papieren geholfen hatte, unterzutauchen. Als er am 11. März 1946 von der britischen Militärpolizei in der Nähe von Flensburg aufgegriffen wurde, hatte er sich bereits in einen Landarbeiter verwandelt. Doch die Ankläger hatten ihr Beweisverfahren abgeschlossen und konnten keinen Zeugen mehr namhaft machen. Kauffmann begann von der weittragenden Bedeutung der folgenden Aussage zu reden, doch schnell erinnerte ihn Lawrence daran, was ein Verhör ist: »Dr. Kauffmann, stellen Sie bitte Fragen an den Zeugen.

Kauffmann: Sie waren von 1940 bis 1943 Lagerkommandant von Auschwitz. Stimmt das?

Höß: Jawohl.

Kauffmann: Und in dieser Zeit sind Hunderttausende von Menschen dort in den Tod geschickt worden. Ist das richtig?

Höß: Jawohl.

Kauffmann: Ist es richtig, dass Sie selbst keine genauen Aufzeichnungen über die Zahl dieser Opfer haben, weil Ihnen diese Aufzeichnungen verboten waren?

Höß: Das ist so richtig.

Kauffmann: Ist es weiter richtig, dass ausschließlich ein Mann namens Eichmann hierüber Aufzeichnungen hatte; der Mann, der mit der Organisation und der Sammlung der Menschen beauftragt worden war?

Höß: Jawohl.

Kauffmann: Ist es weiter richtig, dass Ihnen Eichmann erklärte, insgesamt seien in Auschwitz über zwei Millionen jüdische Menschen vernichtet worden?

Höß: Jawohl.

Kauffmann: Männer, Frauen und Kinder?

Höß: Ja …

Kauffmann: Wie viele Menschen, Häftlinge, waren zur Zeit der größten Belegung in Auschwitz?

Höß: Zur Zeit der stärksten Belegung waren in Auschwitz zirka 140.000 Häftlinge, Männer und Frauen.

Kauffmann: Ist es richtig, dass Sie 1941 nach Berlin zu Himmler bestellt wurden? Geben Sie in kurzen Zügen den Inhalt dieser Besprechung an.

Höß: Jawohl. Im Sommer 1941 wurde ich zum persönlichen Befehlsempfang zum Reichsführer-SS, Himmler, nach Berlin befohlen. Dieser sagte mir dem Sinne nach … der Führer hat die Endlösung der Judenfrage befohlen. Wir, die SS, haben diesen Befehl durchzuführen. Wenn jetzt zu diesem Zeitpunkt dies nicht durchgeführt wird, so wird später das jüdische Volk das deutsche vernichten … Er sagte mir, ich dürfte auch meinem direkten Vorgesetzten, dem Gruppenführer Glücks, nichts darüber sagen. Diese Besprechung wäre nur für uns beide, und ich hätte strengstes Stillschweigen jedermann gegenüber zu bewahren.«

Die Todeszüge, berichtete Höß, seien nicht kontinuierlich angekommen, sondern immer dann, wenn »gewisse Aktionen in den einzelnen Ländern« durchgeführt wurden. »In diesen vier bis sechs Wochen kamen täglich zwei bis drei Züge mit je zirka 2000 Personen an. Diese Züge wurden zuerst auf ein Abstellgeleis des Geländes Birkenau gefahren. Die Lokomotive, die die Züge brachte, fuhr wieder zurück. Die Bewachungsmannschaften, die die Transporte begleiteten, mussten sofort das Gebiet verlassen, und die eingelieferten Personen wurden durch Wachen des Lagers übernommen. Sie wurden dort durch zwei SS-Ärzte geprüft auf Arbeitsfähigkeit. Die arbeitsfähigen Häftlinge marschierten sofort nach Auschwitz beziehungsweise nach dem Lager Birkenau, und die Nichtarbeitsfähigen wurden zuerst nach diesen provisorischen Anlagen, später dann in die neu erbauten Krematorien gebracht.«

Höß bestätigt, dass die Opfer alles, was sie hatten, ablegen, die Kleider niederlegen, sich völlig ausziehen, ihre Wertsachen abgeben mussten und dann sofort in den Tod gegangen seien. Ob das richtig sei? Jawohl, das sei richtig. Ob diese Menschen gewusst hätten, was ihnen bevorstand? Zum größten Teil nicht, meint Höß, denn es seien Vorkehrungen getroffen worden, um sie zu täuschen: »So waren überall an den Türen und an den Wänden Schriften angebracht, die darauf hinwiesen, dass dies eine Entlausungs- beziehungsweise eine Badevorkehrung sei. Dies wurde in mehreren Sprachen den Häftlingen durch Häftlinge, die früheren Transporten angehörten und bei der ganzen Aktion als Hilfsmannschaften[81] gebraucht wurden, verkündet.« Der Tod in der Gaskammer sei innerhalb von drei bis fünfzehn Minuten eingetreten.

Telford Taylor konnte sich über das Erscheinen dieses »Entlastungszeugen« nur wundern: »Wenn man an das breite Spektrum von Kaltenbrunners Tätigkeit denkt, war wenig damit gewonnen, dass man zu beweisen suchte, dass er nie in Auschwitz gewesen war und auch niemals einen Hinrichtungsbefehl dort persönlich unterzeichnet hatte.«[82] Tatsächlich trug die Aussage von Höß zur Entlastung Kaltenbrunners nichts bei. Mit Bemerkungen wie »…sagten Sie mir unlängst« und »Sie sagten mir weiter …« gab Kauffmann jedoch deutlich zu erkennen, dass er schon vor diesem Verhör genau gewusst hatte, was davon zu erwarten war, nämlich wenig für seinen Mandanten, dafür aber ein wichtiger Beitrag zur Wahrheitsfindung über das NS-Regime.

»Kauffmann: Ich frage Sie, ob Himmler das Lager besichtigt hat und sich auch von den Vorgängen der Vernichtung selbst überzeugt hat.

Höß: Jawohl. 1942 besuchte Himmler das Lager und hat sich einen Vorgang von Anfang bis zu Ende genau angesehen.

Kauffmann: Gilt das Gleiche für Eichmann?

Höß: Eichmann war wiederholt in Auschwitz und kannte die Vorgänge genau.

Kauffmann: Hat der Angeklagte Kaltenbrunner jemals das Lager besichtigt?

Höß: Nein.

Kauffmann: Haben Sie jemals bezüglich dieser Aufgabe mit Kaltenbrunner gesprochen?

Höß: Nein, nie.«

Höß sprach offen über den Massenmord in den Gaskammern, beschönigte aber nach Kräften die Morde und Misshandlungen in den übrigen Konzentrationslagern und verstieg sich sogar zur Behauptung, die Kommandanten hätten den Vollzug der Prügelstrafe beim Inspekteur der Konzentrationslager beantragen müssen, bei Frauen habe sich »ausschließlich der Reichsführer die Entscheidung vorbehalten«.[83] Die medizinischen Versuche in den Lagern gab er unumwunden zu.

Da sich der Prozess mehr und mehr in die Länge zog, hatten sich die Ankläger mit dem Gerichtshof geeinigt, dass im Kreuzverhör jeweils nur ein Ankläger zu Wort kommen sollte. Höß wurde vom beigeordneten amerikanischen Ankläger Amen kreuzverhört. Noch war nicht abzusehen, wie die Richter darüber dachten, aber ihre Urteile ließen keinen Zweifel daran, dass die Vorgesetzten für alles einzustehen hatten, was ihre Untergebenen getan hatten.

»Amen: Entspricht es nicht den Tatsachen, dass all diese Hinrichtungsbefehle, die, wie Sie aussagen, die Unterschrift Müllers trügen, außerdem ›Im Auftrag‹ oder ›In Vertretung‹ des Chefs des RSHA, Kaltenbrunner, unterzeichnet waren … Mit anderen Worten, Müller hat nur als Vertreter des Chefs des RSHA, Kaltenbrunner, unterzeichnet. Ist das nicht richtig?

Höß: So muss ich das annehmen.

Amen: Und Sie wissen natürlich, dass Müller dem Chef des RSHA, Kaltenbrunner, unterstand.

Höß: Jawohl.«

Als Höß im Juni 1941 den Befehl erhielt, in Auschwitz Anlagen zur Vernichtung von Menschen zu errichten, »gab es im Generalgouvernement schon drei weitere Vernichtungslager: Belzek, Treblinka und Wolzek. Diese Lager unterstanden dem Einsatzkommando der Sicherheitspolizei und des SD. … Der Lagerkommandant von Treblinka sagte mir, dass er 80.000 im Laufe eines halben Jahres liquidiert hätte. Seine Aufgabe war hauptsächlich die Liquidierung aller Juden aus dem Warschauer Ghetto. Er hat Monoxydgas verwendet, und ich hielt seine Methoden für nicht sehr wirksam. Als ich daher das Vernichtungsgebäude in Auschwitz errichtete, nahm ich Zyklon B in Verwendung, eine kristallisierte Blausäure, die wir in die Todeskammer durch eine kleine Öffnung einwarfen … Wir wussten, wann die Menschen tot waren, weil ihr Schreien aufhörte. Wir warteten gewöhnlich ungefähr eine halbe Stunde, bevor wir die Türen öffneten und die Leichen entfernten. Nachdem man die Körper herausgeschleppt hatte, nahmen unsere Sonderkommandos den Leichen die Ringe ab und zogen das Gold aus den Zähnen dieser Leichname.

Amen: Ist das alles wahr und richtig, Herr Zeuge?

Höß: Jawohl.«

Als weitere »Verbesserung« gegenüber Treblinka führte Höß die Größe der neuen Gaskammern an, die nicht nur 200 Menschen wie in Treblinka, sondern 2000 Menschen auf einmal fassten. »Natürlich erkannten sie auch häufig unsere wahren Absichten, und wir hatten aus diesem Grunde manchmal Aufruhr und Schwierigkeiten. Sehr häufig wollten Frauen ihre Kinder unter den Kleidern verbergen, aber wenn wir sie fanden, wurden die Kinder natürlich zur Vernichtung geschickt.« Die Vernichtungen, so Höß, hätten geheim ausgeführt werden sollen, aber durch den Übelkeit erregenden Gestank hätten alle Leute in der Umgebung gewusst, dass in Auschwitz Menschen vernichtet wurden.

Amen: »Ist das alles wahr und richtig?«

Höß: »Jawohl.«

Ein Bumerang namens Katyn

Am 13. April 1943 meldete der deutsche Rundfunk aus Smolensk, die Bevölkerung habe den deutschen Behörden einen Ort gezeigt, wo die GPU[84] zehntausend polnische Offiziere umgebracht habe. Zwei Tage später bezichtigte Radio Moskau die Deutschen dieses Verbrechens. Die deutsche Propaganda schlachtete den Fund mit allen Mitteln aus. Der Bericht einer von deutscher Seite einberufenen internationalen Kommission von Gerichtsmedizinern, ein dickes Buch voll Leichenfotos und grausigen Details, lag zur freien Entnahme in den Buchhandlungen auf.[85] Unter den Toten waren auch zahlreiche Reserveoffiziere: Rechtsanwälte, Lehrer, Universitätsprofessoren, Journalisten, Ärzte, ein Priester. »Nach den Angaben der deutschen Kommission belief sich die Zahl der Leichen auf 4143, nach den Angaben der Kommission des Polnischen Roten Kreuzes auf 4243 … alles in allem wurden bei Katyn … ungefähr 4443 Leichen gefunden … Den Deutschen jedoch passte die Zahl der entdeckten Leichen nicht für ihre Propagandazwecke. Sie hatten, da sie wussten, dass die Polen rund 15.000 Militärs vermissten, ihre Funde ursprünglich mit 10.000 (in manchen Bekanntmachungen sogar mit 12.000) beziffert. Nun versuchten sie, das Komitee des Polnischen Roten Kreuzes durch Drohungen zur Bestätigung ihrer Angaben zu bewegen. Ein deutscher Propagandaoffizier ließ durchblicken, dass eine Weigerung ›den Kopf kosten könne‹. Dennoch blieben die Polen hart.«[86] Viele Nazigegner nahmen an, dass auch diese Untat tatsächlich die Deutschen begangen hatten.[87]

Die Aufnahme Katyns in die Anklageschrift war von der sowjetischen Delegation durchgesetzt worden, und zwar unter Berufung auf Artikel 21 des Statuts, wonach der Gerichtshof allgemein bekannte Tatsachen keinem Beweisverfahren zu unterziehen, sondern von Amts wegen zur Kenntnis zu nehmen hatte.[88] Die Sowjets hatten alle Warnungen in den Wind geschlagen – ein schwerer Fehler, denn die Verteidiger waren entschlossen, wenigstens dieses eine Verbrechen nicht auf der deutschen Seite sitzen zu lassen. Görings Verteidiger Otto Stahmer nahm sich des keinem Angeklagten zugeordneten Falles an. Die Richter berieten in nichtöffentlicher Sitzung über seinen Antrag, Entlastungszeugen in dieser Sache aufzurufen.

General Nikitschenko versuchte den Artikel 21 so zu interpretieren, dass der Gerichtshof keine Gegenbeweise zur Kenntnis nehmen durfte, und der sowjetische Ankläger Oberst Pokrowsky ruderte zurück: Der Gerichtshof könne »aus dem beschränkten Raum, den wir diesem Verbrechen in unserer Anklageschrift gewidmet haben … ersehen, dass wir diesen Vorfall nur als eine Episode betrachten«.

Doch nachdem die westlichen Richter im Vorfeld des Prozesses eingelenkt und die Aufnahme der Causa Katyn in die Anklage zugelassen hatten, um das Verfahren nicht zu gefährden, meinten sie nun, dass ein nochmaliges Nachgeben »den Prozess ad absurdum führen«[89] würde. Sie wussten längst, wer den Massenmord begangen hatte. Man einigte sich auf je drei Zeugen.

Die sowjetischen Ankläger behaupteten, ein deutsches Baubataillon 537 habe die Erschießungen durchgeführt, und nannten die Verantwortlichen: Oberleutnant Ahrens, Oberleutnant Rex und Leutnant Hott. Sie rechneten offenbar nicht damit, dass Stahmer den Regimentskommandeur Ahrens auffinden würde. Doch am 1. Juli 1946 trat der ehemalige deutsche Oberst Friedrich Ahrens in den Zeugenstand. Ein Bau- beziehungsweise Pionierbataillon 537 hatte es nicht gegeben, lediglich ein Nachrichtenregiment 537, das zu einem solchen Massenmord gar nicht in der Lage gewesen wäre. Nach den

Aussagen Ahrens' und der beiden weiteren von Stahmer benannten Zeugen wusste jeder, der ihnen gefolgt war, dass die polnischen Offiziere nicht von den Deutschen erschossen worden waren.

Es wurde ein stiller Sieg für Stahmer. Für den Widerhall sorgten auch in diesem Fall die internationalen Medien. Katyn bedeutete für die Russen einen weiteren schweren Gesichtsverlust, für die Verteidiger einen Prestigegewinn. Für Görings Verteidigung war Katyn irrelevant. Leider erfahren wir vom Psychologen Gilbert ein weiteres Mal nicht, wie die Angeklagten reagiert haben.

Noch einmal der ganze Schrecken

Der Nürnberger Prozess näherte sich seiner Schlussphase. Die Anklage war verlesen worden, die Angeklagten hatten sich für nicht schuldig erklärt, die Anklagebehörde hatte ihre einleitende Stellungnahme abgegeben, der Gerichtshof hatte über die Zulässigkeit der Beweismittel entschieden, die Zeugen der Anklage und Verteidigung waren vernommen, der Beweis und der Gegenbeweis waren geführt. Die Verteidiger durften für keinen Angeklagten länger als einen Tag plädieren. Sie benötigten sechzehn, die Hauptankläger nicht ganz vier Tage für ihre Plädoyers. Darüber verging fast der ganze Juli, aus der Perspektive der Richter wurde er zum langweiligsten Monat des Nürnberger Prozesses. Sie hatten fast alles, was nun gesagt wurde, schon gehört.

Während Jackson erholt, wieder in Hochform, mit einer Mischung von Grobheit und rhetorischer Brillanz noch einmal die Anklage nach Punkt 1 zu erhärten suchte, führte Sir Hartley Shawcross in seinem neunstündigen Schlussplädoyer ganz nebenbei einen Gedanken ein, der die Angeklagten erbleichen ließ und mit dem er den Nürnberger Prozess vom Kopf auf die Füße stellte: »Aber schon jetzt muss ausgesprochen werden, dass diese Angeklagten auch als gemeine Mörder angeklagt sind. Schon allein auf Grund dieser Beschuldigung wäre die Verhängung der höchsten Strafe angebracht; und die in der Anklage vorgenommene Hinzufügung des Verbrechens gegen den Frieden kann an der ohnehin über diese Individuen zu verhängenden Strafe nichts ändern. War es demnach nur ein überflüssiges Werk, diesen Punkt in die Anklageschrift eingefügt zu haben? Wir glauben es nicht, und zwar gerade aus dem Grunde, weil hier mehr als das Schicksal dieser Personen auf dem Spiele steht. Es ist das Verbrechen des Krieges, welches gleichzeitig Zweck und Ursache der anderen Verbrechen ist.«

Auch die erschütterndste schriftliche Zeugenaussage des gesamten Verfahrens wurde nicht als Beweisdokument der Anklage, sondern am 27. Juli vom britischen Hauptankläger als Teil seines Schlussplädoyers vorgetragen. Ein Teil der Niederschrift war bereits am 2. Jänner verlesen worden, die wichtigste Passage aber erinnerte das Gericht noch einmal an sein Entsetzen vom 3. Jänner, an dem Otto Ohlendorf seine Tätigkeit als Kommandeur der Einsatzgruppe D beschrieben hatte. Was seine Aussage schuldig geblieben war, das bekam es nun von Hermann Friedrich Gräbe, dem Geschäftsführer einer deutschen Baufirma, die von 1941 bis 1944 zu Arbeiten in der Ukraine herangezogen worden war, zu hören. Er wurde als Zivilist Zeuge einer Massenerschießung, seine Schilderung nimmt mit ihrer Unmittelbarkeit eine einzigartige Stellung unter den Dokumenten über den Holocaust und die Einsatzgruppen ein:

»Als ich am 5. Oktober 1942 das Baubüro in Dubno besuchte, erzählte mir mein Polier, dass in der Nähe der Baustelle in drei großen Gruben von je etwa 30 Meter Länge und 3 Meter Tiefe Juden aus Dubno erschossen worden seien. Man hätte täglich etwa 1500 Menschen getötet. Alle vor der Aktion in Dubno noch vorhandenen etwa 5000 Juden sollten liquidiert werden. Da die Erschießungen in seiner Gegenwart stattgefunden hatten, war er noch sehr erregt.

Daraufhin fuhr ich in Begleitung von Mönnikes zur Baustelle und sah in der Nähe der Baustelle große Erdhügel von etwa 30 Meter Länge und etwa 2 Meter Höhe. Vor den Erdhügeln standen einige Lastwagen, von denen Menschen durch bewaffnete ukrainische Miliz unter Aufsicht eines SS-Mannes getrieben wurden. Die Milizleute bildeten die Wache auf den Lastwagen und fuhren mit diesen von und zur Grube. Alle diese Menschen hatten die für die Juden vorgeschriebenen gelben Flecken auf der Vorder- und Rückseite ihrer Kleidung, so dass sie als Juden erkenntlich waren. Mönnikes und ich gingen direkt zu den Gruben. Wir wurden nicht behindert. Jetzt hörte ich kurz nacheinander Gewehrschüsse hinter einem der Erdhügel. Die von den Lastwagen abgestiegenen Menschen, Männer, Frauen und Kinder jeden Alters, mussten sich auf Aufforderung eines SS-Mannes, der in der Hand eine Reit- oder Hundepeitsche hielt, ausziehen und ihre Kleidung nach Schuhen, Ober- und Unterkleidung getrennt, an bestimmte Stellen ablegen. Ich sah einen Schuhhaufen von schätzungsweise 800 bis 1000 Paar Schuhen, große Stapel mit Wäsche und Kleidern. Ohne Geschrei oder Weinen zogen sich diese Menschen aus, standen in Familiengruppen beisammen, küssten und verabschiedeten sich und warteten auf den Wink eines anderen SS-Mannes, der an der Grube stand und ebenfalls eine Peitsche in der Hand hielt.

Ich habe während einer Viertelstunde, als ich bei den Gruben stand, keine Klagen oder Bitten um Schonung gehört. Ich beobachtete eine Familie von etwa 8 Personen, einen Mann und eine Frau, beide von ungefähr 50 Jahren, mit deren Kindern, so ungefähr 1-, 8- und 10-jährig, sowie 2 erwachsene Töchter von 20–24 Jahren. Eine alte Frau mit schneeweißem Haar hielt das einjährige Kind auf dem Arm und sang ihm etwas vor und kitzelte es. Das Kind quietschte vor Vergnügen. Das Ehepaar schaute mit Tränen in den Augen zu. Der Vater hielt an der Hand einen Jungen von etwa 10 Jahren, sprach leise auf ihn ein. Der Junge kämpfte mit den Tränen. Der Vater zeigte mit dem Finger zum Himmel, streichelte ihn über den Kopf und schien ihm etwas zu erklären. Da rief schon der SS-Mann an der Grube seinem Kameraden etwas zu. Dieser teilte ungefähr 20 Personen ab und wies sie an, hinter den Erdhügel zu gehen. Die Familie, von der ich hier sprach, war dabei. Ich entsinne mich noch genau, wie ein Mädchen, schwarzhaarig und schlank, als sie nahe an mir vorbeiging, mit der Hand an sich herunterzeigte und sagte ›23 Jahre‹. Ich ging um den Erdhügel herum und stand vor dem riesigen Grab. Dicht aneinandergepresst lagen die Menschen so aufeinander, dass nur die Köpfe zu sehen waren. Von fast allen Köpfen rann Blut über die Schultern. Ein Teil der Erschossenen bewegte sich noch. Einige hoben ihre Arme und drehten den Kopf, um zu zeigen, dass sie noch lebten. Die Grube war bereits dreiviertel voll. Nach meiner Schätzung lagen darin bereits ungefähr 1000 Menschen.

Ich schaute mich nach dem Schützen um. Dieser, ein SS-Mann, saß am Rand der Schmalseite der Grube auf dem Erdboden, ließ die Beine in die Grube herabhängen, hatte auf seinen Knien eine Maschinenpistole liegen und rauchte eine Zigarette. Die vollständig nackten Menschen gingen an einer Treppe, die in die Lehmwand der Grube gegraben war, hinab, rutschten über die Köpfe der Liegenden hinweg bis zu der Stelle, die der SS-Mann anwies. Sie legten sich vor die toten oder angeschossenen Menschen, einige streichelten die noch Lebenden und sprachen leise auf sie ein. Dann hörte ich eine Reihe Schüsse. Ich schaute in die Grube und sah, wie die Körper zuckten oder die Köpfe schon still auf den vor ihnen liegenden Körpern lagen. Von den Nacken rann Blut. Ich wunderte mich, dass ich nicht fortgewiesen wurde, aber ich sah, wie auch zwei oder drei Postbeamte in Uniform in der Nähe standen.

Schon kam die nächste Gruppe heran, stieg in die Grube herab, reihte sich an die vorherigen Opfer an und wurde erschossen. Als ich um den Erdhügel zurückging, bemerkte ich wieder einen soeben angekommenen Transport von Menschen. Dieses Mal waren Kranke und Gebrechliche dabei. Eine alte, sehr magere Frau, mit fürchterlich dünnen Beinen wurde von einigen anderen, schon nackten Menschen ausgezogen, während 2 Personen sie stützten. Die Frau war anscheinend gelähmt. Die nackten Menschen trugen die Frau um den Erdhügel herum. Ich entfernte mich mit Mönnikes und fuhr mit dem Auto nach Dubno zurück.«

Hermann Friedrich Gräbe konnte Nachkriegsdeutschland nicht ertragen. Er wanderte in die USA aus und ließ sich in San Francisco nieder, wo er 1986 im Alter von 85 Jahren starb.

Die 21 Angeklagten auf der Anklagebank. Untere Reihe, v. l. n. r.: H. Göring, R. Heß, J. v. Ribbentrop, Feldmaschall W. Keitel, E. Kaltenbrunner, A. Rosenberg, H. Frank, W. Frick, J. Streicher, W. Funk, H. Schacht. Obere Reihe, v. l. n. r.: Admiral K. Dönitz, Admiral E. Raeder, B. v. Schirach, F. Sauckel, Generaloberst A. Jodl, F. v. Papen, A. Seyß-Inquart, A. Speer, K. v. Neurath, H. Fritzsche.

3.

DIE ANGEKLAGTEN

Ihr Tun, ihr Lassen, die Urteile

Karl Dönitz

** 16. September 1891, Grünau bei Berlin*
† 24. Dezember 1980, Aumühle
Angeklagt nach: 1, 2, 3
Schuldig nach: 2, 3
Strafe: 10 Jahre

Unter den Militärs auf der Anklagebank war der ehemalige »BdU«, der Befehlshaber der deutschen U-Boote, Karl Dönitz, jener Mann, der den Siegern das Siegen am erfolgreichsten erschwert hatte. Seine über Wasser angreifenden »grauen Wölfe« wurden zum Schrecken der alliierten Geleitzüge, die England mit allem Notwendigen versorgten, und brachten mit ihrer »Rudeltaktik« die Briten an den Rand einer Katastrophe – aber eben nur an den Rand.

Die tödliche Gefahr, die von den deutschen U-Booten ausging, mobilisierte den britischen Erfindergeist und das Ultrakurzwellen-Radar beendete ihre Erfolgsstory. Das neue Gerät machte aufgetauchte Boote bei Tag wie bei Nacht für Zerstörer und Flugzeuge weithin sichtbar. Sie mussten tauchen und da sie unter Wasser zu langsam waren, kamen sie nicht mehr zum Schuss. Am 19. Mai 1943 gingen bei einem Angriff auf den langsamen Geleitzug SC 130 fünf

Boote verloren, darunter U 954 mit Dönitz' Sohn Peter an Bord, ohne dass ein einziges Handelsschiff versenkt werden konnte. Nach dem Verlust von 34 Booten in diesem für die deutsche Seekriegsführung schwarzen Mai befahl Dönitz allen Booten im Atlantik den Rückmarsch, die verbesserten Typen kamen nicht mehr zur erhofften Wirkung.

Der junge Dönitz wollte Offizier werden, doch im Heer gab der Adel mit seinem Standesdünkel den Ton an. Daher wählten viele junge Männer aus dem aufstrebenden Mittelstand die Laufbahn des Seeoffiziers. Die 7.000 Reichsmark, die ihre Väter in den ersten acht Jahren aufbringen mussten, entsprachen sieben Jahreslöhnen eines Industriearbeiters. Im Ersten Weltkrieg gelang Dönitz bei seiner ersten Fahrt als Kommandant eine spektakuläre Versenkung im Kriegshafen Augusta, doch die dritte Ausfahrt des mittlerweile hochdekorierten Oberleutnants zur See, diesmal mit dem neuen, größeren UB 68, endete damit, dass er ein Frachtschiff versenken konnte, aber auch sein Boot verlor. Im Juli 1935 wurde er mit dem Aufbau einer neuen deutschen U-Boot-Waffe beauftragt.

Er meinte, mit 300 U-Booten Großbritannien in die Knie zwingen zu können. Der Bau der vom Marinechef Großadmiral Raeder favorisierten Schlacht- und schweren Kriegsschiffe, die sich später als ziemlich nutzlos erwiesen, verschlang ein Vielfaches der Ressourcen, die dafür notwendig gewesen wären. Als der Zweite Weltkrieg begann, hatte der BdU nicht einmal zwei Dutzend im Atlantik einsatzfähige Boote, deren Erfolge auch noch durch die zeitweise katastrophale Qualität der deutschen Torpedos ausgerechnet in der Phase ihrer größten Triumphe empfindlich geschmälert wurden.

Er war ein charismatischer Vorgesetzter. Im privaten Umgang soll er sogar Witz gehabt haben. Doch nachdem im Jänner 1943 Raeder zurückgetreten und Dönitz zum Oberkommandierenden der Kriegsmarine ernannt worden war, geriet er völlig in den Bann des »Führers«, in dem er, wie er als Zeuge in eigener Sache bekannte,

»die gewaltige Persönlichkeit« gesehen hatte, mit einer »außerordentlichen Intelligenz und Tatkraft, mit einer geradezu universalen Bildung und einem kraftausströmenden Wesen und mit einer ungeheuer suggestiven Kraft«.

Dönitz freute sich, von einem jungen deutschen Marineoffizier verteidigt zu werden, der noch dazu in Uniform mit den Rangabzeichen des Flottenrichters vor Gericht erschien[90], bis die sowjetischen Ankläger dagegen protestierten. Wäre Otto Kranzbühler nicht verfügbar gewesen, hätte sich Dönitz einen englischen oder amerikanischen »Admiral der U-Boote« für seine Verteidigung gewünscht, doch Kranzbühler ging als der einzige Nürnberger Verteidiger in die Geschichte ein, der einen substanziellen Erfolg für seine Mandanten – er war auch an der Verteidigung von Großadmiral Raeder beteiligt – erzielen konnte. Die deutschen U-Boote hatten feindliche Handelsschiffe, aber auch die neutraler Länder, ohne Vorwarnung versenkt. Die Ankläger sahen darin einen Verstoß gegen das geltende Kriegsrecht, der Dönitz und Raeder den Kopf kosten konnte. Die U-Boote der USA hatten aber im Pazifik dasselbe gemacht.

Das im Statut des Internationalen Militärtribunals ausgesprochene Tu-quoque-Verbot (Du-auch-Verbot) untersagte den Verteidigern jede Argumentation, die anklagenden Nationen hätten sich dessen, was den Angeklagten vorgeworfen wurde, selber schuldig gemacht. Kranzbühler stellte trotzdem den Antrag, dem Oberkommandierenden der amerikanischen Pazifikflotte Chester W. Nimitz einen Fragebogen über die Vorgangsweise der amerikanischen U-Boote im Krieg gegen Japan vorzulegen, gegen den die Ankläger sofort Einspruch erhoben. Kranzbühler erwiderte, er wolle keineswegs behaupten, dass die amerikanischen U-Boote rechtswidrig gehandelt hätten. Das Londoner U-Bootabkommen sei vielmehr gegen bewaffnete Handelsschiffe nicht mehr anwendbar gewesen. Das Gleiche gelte für »das Verhalten gegenüber Schiffbrüchigen in Seeräumen, in denen das U-Boot durch Rettungsmaßnahmen selbst gefährdet wird«. Die Deutschen ebenso wie die Amerikaner hätten korrekt gehandelt.

Dass die Annahme des Fragebogens dem amerikanischen Richter Biddle zu verdanken war, erfuhr man erst viel später. Der Vorsitzende Lawrence war gegen Kranzbühlers Antrag, doch Biddle wollte nicht riskieren, dass die beiden Großadmiräle verurteilt wurden und dass sich später herausstellte, dass die U-Boote der USA im Pazifik dasselbe getan hatten. Er erklärte, die Ehre der USA stehe auf dem Spiel, sie hätten nichts zu verbergen. Daraufhin ließ Lawrence den Fragebogen zu. Alle Entscheidungen über die Führung des Verfahrens wurden mit einfacher Mehrheit getroffen, bei Stimmengleichheit entschied der Vorsitzende. Lawrence konnte daher bis zur Beratung über die Urteile mit jedem anderen Richter jede ihm genehme Entscheidung treffen.

Die Antworten von Admiral Nimitz retteten möglicherweise Dönitz und Raeder das Leben: Die amerikanischen U-Boot-Kommandanten hatten ebenso wie die deutschen gehandelt, denn japanische Handelsschiffe waren meistens bewaffnet und hatten, wo immer möglich, die auftauchenden amerikanischen U-Boote angegriffen. Auch die Amerikaner hatten Überlebende nicht gerettet, wenn es für das U-Boot eine zusätzliche Gefahr bedeutete oder es dadurch an der weiteren Durchführung seiner Aufgabe gehindert wurde. Damit war der Vorwurf, Handelsschiffe ohne Warnung versenkt und den Überlebenden nicht geholfen zu haben, vom Tisch.

Doch da war noch ein anderer Befehl von Dönitz. Am 12. September 1942 versenkte U 156 im nördlichen Südatlantik das allein fahrende, bewaffnete englische Passagierschiff »Laconia«. Unter den 2.771 Menschen an Bord befanden sich 1.800 italienische Kriegsgefangene, aber auch zahlreiche andere Passagiere, Frauen und Kinder. Kommandant Werner Hartenstein nahm vorübergehend 193 Überlebende auf sein enges Boot, brachte Schwimmende zu nicht voll besetzten Rettungsbooten und setzte einen offenen Funkspruch in englischer Sprache ab, er werde zu Hilfe kommende gegnerische Schiffe nicht angreifen, sofern er selbst nicht angegriffen werde. An der mehrtägigen Rettungsaktion beteiligten sich zwei weitere deutsche und ein italienisches U-Boot und später auch zwei französische und ein italienisches Überwasserschiff. Die deutschen U-Boote handelten dabei mit Zustimmung von Dönitz, der sie lediglich anwies, jederzeit tauchklar zu bleiben. Insgesamt 1.111 Menschen überlebten, wobei fast alle Engländer, aber nur 450 Italiener gerettet werden konnten.

Am vierten Tag der Rettungsaktion wurden die U-Boote von einem auf der Insel Ascension stationierten amerikanischen Flugzeug angegriffen, wobei U 156, das mehrere Rettungsboote hinter sich herzog, beschädigt wurde.[91] Daraufhin empfingen am 17. September alle deutschen U-Boote im Atlantik einen Funkspruch von eindeutiger Zweideutigkeit:

»Alle Kommandanten.

1. Jeglicher Rettungsversuch von Angehörigen versenkter Schiffe, also auch Auffischen von Schwimmenden und Anbordgabe auf Rettungsboote, Aufrichten gekenterter Rettungsboote, Abgabe von Nahrungsmitteln und Wasser, haben zu unterbleiben. Rettung widerspricht den primitivsten Forderungen der Kriegführung nach Vernichtung feindlicher Schiffe und Besatzungen.

2. Befehle über Mitbringung Kapitäne und Chefingenieure bleiben bestehen.

3. Schiffbrüchige nur retten, falls Aussagen für Boot von Wichtigkeit.

4. Hart sein. Daran denken, dass der Feind bei seinen Bombenangriffen auf deutsche Städte, auf Frauen und Kinder keine Rücksicht nimmt.«

Der ehemalige U-Boot-Kommandant Peter Josef Heisig erinnerte sich als Zeuge an eine Rede, die Dönitz vor 120 Offizieren der 2. Unterseeboots-Lehrdivision gehalten hatte: »Er könne es unter der gegebenen Situation nicht verstehen, wenn deutsche Unterseeboote unter eigener Gefahr noch die Besatzungen der Handelsschiffe, die sie versenkt haben, retten. Dies hieße dem Gegner in die Hand arbeiten, denn die geretteten Besatzungen würden ja wieder auf neuen Handelsschiffen weiterfahren. Es sei ganz im Gegenteil jetzt der totale Krieg auch zur See zu führen, denn Besatzungen für Schiffe sind für Unterseeboote genau so ein Ziel wie auch die Schiffe. … Sollten uns dieser Krieg und diese Kriegführung hart vorkommen, sollten wir stets daran denken, dass auch unsere Frauen und Familien zu Hause bombardiert würden.«

Korvettenkapitän Karl-Heinz Möhle, selbst ein mehrfach ausgezeichneter U-Boot-Kommandant und im Herbst 1942 Chef der 5. U-Boot-Flottille, hatte den Befehl jedoch so verstanden, »dass sowohl Rettungsmaßnahmen verboten bleiben, dass es auf der anderen Seite jedoch erwünscht ist, dass bei Versenkungen von Handelsschiffen keine Überlebenden dableiben«. Er hatte bei seinen Kommandanten-Unterrichtungen bis zum Kriegsende den Wortlaut des Funkspruchs ohne Kommentar vorgelesen. Nur wenige Kommandanten hätten nach der Bedeutung gefragt, mehrere hätten geäußert: »Das ist ja eindeutig, wenn auch verdammt hart.« Die Entscheidung sei immer Gewissenssache des Kommandanten geblieben.

Maxwell-Fyfe nahm Dönitz in die Zange. Konnte dieser Befehl, so schwammig, wie er formuliert war, nicht als Aufforderung verstanden werden, auch die im Wasser treibenden Überlebenden eines versenkten Schiffes zu vernichten? Empört wies Dönitz einen solchen Verdacht von sich. Die jungen Kommandanten sollten erst gar nicht auf die Idee kommen, selbst zu beurteilen, ob sie sich gefährdeten. Von der ersten Erkennung eines feindlichen Flugzeuges bis zum Angriff sei allenfalls eine Minute vergangen, sodass nicht einmal ein einzelner auf Deck befindlicher Mann rechtzeitig das Turmluk erreichen konnte. Wieso die Boote dann Kapitäne und Chefingenieure auffischen durften? Das sei etwas anderes gewesen. Gefangen genommene Kapitäne und Chefingenieure hätten bei der Bemannung neuer Schiffe gefehlt, und dieser militärische Vorteil habe eben ein Risiko gerechtfertigt.

Bewiesen wurde nur ein Fall, in dem ein Kommandant Schiffbrüchige zusammenschießen ließ. Kapitänleutnant Heinz Eck, der im März 1944 etwa dreißig Überlebende des griechischen Dampfers »Peleus« mit Maschinengewehren und Handgranaten ermorden ließ, wurde im Oktober 1945 in Hamburg von einem englischen Militärgericht mit zwei Besatzungsmitgliedern zum Tod verurteilt und erschossen. In zwei weiteren Fällen hatten Überlebende berichtet, sie seien vom U-Boot aus beschossen worden. Dönitz erwiderte, es könne ja noch gekämpft worden sein, wenn Schüsse fielen, glaube man leicht, sie gälten einem selbst. Kämpfe zwischen U-Boot und sinkendem oder schon gesunkenem Schiff?

Er wäre schwerlich mit zehn Jahren davongekommen, wenn er nicht sofort widersprochen hätte, als Hitler die Frage anschnitt, »ob man gegen diese Rettungsboote nicht vorgehen könne«. Er hatte Hitler erklärt, dass »die einzige Möglichkeit, um Verluste bei den Besatzungen herbeizuführen, die wäre, bereits beim Angriff durch die erhöhte Waffenwirkung[92] einen schnelleren Untergang des Dampfers zu erzielen«.

Maxwell-Fyfe im Kreuzverhör: »Ich frage Sie, was Sie mit ›dem auflösenden Gift des Judentums‹ meinten? Das ist Ihr Ausspruch – sagen Sie uns, was Sie damit meinten.

Dönitz: Ich konnte mir vorstellen, dass der großen Belastung der Bombenangriffe gegenüber das Durchhalten der Bevölkerung der Städte sehr schwer sei, wenn ein solcher Einfluss ausgeübt würde. Das wollte ich damit ausdrücken.

Maxwell-Fyfe: Nun, können Sie mir bitte noch einmal sagen, was heißt ›auflösendes Gift des Judentums‹?

Dönitz: Es bedeutet, dass es die Durchhaltekraft des Volkes, worauf es mir als Soldat im Kriege der Nation auf Leben und Tod besonders ankam, auflösend hätte beeinflussen können.

Maxwell-Fyfe: Nun, das wollte ich wissen. Sie waren der Oberbefehlshaber und hatten 600.000 oder 700.000 Mann in Ihrer weltanschaulichen Schulung. … Was hatten Sie gegen die Juden? Was veranlasste Sie zu glauben, dass sie auf Deutschland einen schlechten Einfluss hatten?

Dönitz: Dieser Ausspruch … zeigt eben an, dass ich der Ansicht war, dass … die Durchhaltekraft des Volkes, so wie das Volk zusammengesetzt war, besser gewährleistet wäre, als wenn jüdische Volksteile im Volk gewesen wären … Kein Mensch hat von meinen Soldaten an irgendwelche Gewaltanwendung an Juden gedacht, keiner, niemand, und niemand kann das aus diesem Wort schließen.«

In einem seiner Befehle hatte er einen heimtückischen Mörder als leuchtendes Beispiel dargestellt. Ein deutscher Marine-Oberfeldwebel hatte in einem Gefangenenlager Kommunisten »unauffällig umlegen lassen. Dieser Unteroffizier ist … meiner vollen Anerkennung sicher. Ich werde ihn nach seiner Rückkehr mit allen Mitteln fördern, da er bewiesen hat, dass er zum Führer geeignet ist.« Konnte dies als Aufforderung verstanden werden, ebenso zu handeln, oder nicht? Wenn ja, was war es dann anderes als eine verkappte Anstiftung zum Mord?

Kranzbühler sprach nicht von deutschen Juden, sondern von »in Deutschland ansässigen Juden«. Deutsche Juden gab es für Dönitz und seinen Verteidiger wohl nicht. In seinem Schlusswort sagte Dönitz, er habe das Führerprinzip »auch in der politischen Führung für richtig« gehalten, da es sich »in der militärischen Führung aller Armeen der Welt aufs Beste bewährt« habe. Wenn damit aber letzten Endes kein anderes Ergebnis erreicht worden sei als das Unglück dieses Volkes, müsse es falsch sein, »weil die menschliche Natur offenbar nicht in der Lage ist, die Macht dieses Prinzips zum Guten zu nutzen, ohne den Versuchungen dieser Macht zu unterliegen«. Nicht Hitler, seine inhumanen Wahnideen und seine Helfershelfer waren am Unglück des deutschen Volkes schuld, sondern die menschliche Natur. Karl Dönitz war der klassische Fall des Nazis, der nichts gewusst hatte, nichts wissen wollte und nichts begriff.

Die Richter berieten über jedes Urteil an zwei Tagen, in einer Vorberatung und einer Beratung, mit etwa einer Woche Abstand, wobei jeweils mehrere Fälle behandelt wurden. Sie wurden bei der Urteilsfindung von Gutachten unterstützt, an denen ihre Berater seit Wochen gearbeitet hatten. Wenn es sich als notwendig erwies, widmeten sie einem Angeklagten auch eine weitere oder sogar eine vierte Beratung. Die vier stellvertretenden Richter nahmen nicht nur an den Diskussionen und internen Abstimmungen teil, sondern hatten manchmal völlig andere Ansichten als »ihre« Richter. Bei der endgültigen Abstimmung über die Urteile waren nur die vier Richter stimmberechtigt.

Über kein Urteil stritten sie länger, schreibt Bradley F. Smith, keines anderen Angeklagten wegen habe es so tiefgehende Meinungsverschiedenheiten gegeben. Biddles Berater James Rowe, ein ehemaliger stellvertretender Justizminister unter Biddle und mit dem Seerecht vertrauter aktiver Marineoffizier, gelangte in seinem Gutachten zum Fall Dönitz zu dem Ergebnis, dass sich der Angeklagte an der Planung von Angriffskriegen nicht beteiligt hatte. Dass er ein begeisterter Nationalsozialist gewesen und von Hitler zu seinem Nachfolger bestimmt worden war, dürfe ihm nicht als Schuld angerechnet werden. Die USA, so Rowe, hätten ihren U-Boot-Krieg nicht weniger brutal geführt als die Deutschen und weit mehr gegen das Völkerrecht verstoßen. Rowe überging einige in seinen Augen weniger gravierende Vorwürfe und kam zu dem Ergebnis, Dönitz sei freizusprechen.

Bei der Vorberatung der Richter am 9. September war Nikitschenko für Schuldspruch in allen Punkten und Todesstrafe und Biddle für völligen Freispruch. Biddles Stellvertreter Parker war für Schuldspruch nach Punkt 2 und 3, »weil Dönitz in seinen Augen ein kriegslüsterner Mensch war«, Lawrence schloss sich Parkers

Auffassung an, Dönitz müsse nach den Punkten 2 und 3 verurteilt werden. Donnedieu de Vabres meinte, der Admiral solle nach Punkt 2 verurteilt werden und eine milde Strafe bekommen. Sein Stellvertreter Falco wollte Dönitz nach den Punkten 2 und 3 verurteilen, den »Laconia-Befehl« bezeichnete er als auf verbrecherische Weise zweideutig und führte für Dönitz' Schuld auch Versenkungen in Gebieten an, wo die Schiffe zwar nicht angegriffen werden durften, aber auch Minen zum Opfer gefallen sein konnten. Am nächsten Tag wurde ein weiterer Anlauf unternommen und der Fall nach einer ergebnislosen Auseinandersetzung vertagt.

Am 11. September schlug Falco zehn Jahre Haft vor, weil Dönitz' Schuld viel geringer als die Raeders sei, über dessen Strafe aber erst anschließend beraten wurde. Die drei westlichen Richter waren einhellig der Meinung, dass Dönitz milder als Raeder zu bestrafen sei, Lawrence war ebenfalls für zehn, Donnedieu de Vabres für fünf bis zehn Jahre und die Russen akzeptierten nun ebenfalls eine mildere als die Todesstrafe. Biddle wollte Dönitz noch immer freisprechen, sein Stellvertreter Parker war ebenso vehement für den Schuldspruch. Die stellvertretenden Richter wurden in allen Beratungen nicht weniger ernst genommen als die Richter.

Am Ende einigte man sich auf zehn Jahre, Biddle durfte die Urteilsbegründung schreiben, wenn er darauf verzichtete, eine abweichende Meinung zu veröffentlichen. Er brauchte dafür zwei Wochen. Smith: »Sie ist lang, unzusammenhängend und in ihren Folgerungen nicht zwingend … hier versucht ein Richter mit abweichender Meinung den Anschein zu erwecken, als teile er die Meinung der Mehrheit. Dönitz wird schuldig befunden nach Punkt II mit der verschwommenen Begründung, dass er in der deutschen Kriegführung eine wichtige Rolle gespielt habe. … Auch die zweideutige Abfassung der Anweisungen betreffend die Rettung Überlebender wurde ihm angelastet – ein Zugeständnis an Parker. … Dann jedoch folgt jener sensationelle Satz, der besagt, das Urteil gegen Dönitz ›stützt sich nicht auf seine Verstöße gegen die internationalen Bestimmungen für den U-Boot-Krieg‹, weil Engländer und Amerikaner ebenfalls einen uneingeschränkten U-Boot-Krieg geführt hätten. Man muss der Begründung daher entnehmen, dass Dönitz wegen ›Lappalien‹ verurteilt wurde.«[93]

Das Urteil, meinte Smith, habe dem Eindruck vorgebeugt, die Sieger könnten ihr eigenes Verhalten völlig ausklammern. Auch wenn es die Inkonsequenz des Tribunals vor Augen führe, müsse man sich doch fragen, »ob es wirklich besser gewesen wäre, Dönitz aufzuhängen, weil er genau das tat, was Nimitz getan hat, oder umgekehrt ihn freizusprechen und damit den uneingeschränkten U-Boot-Krieg öffentlich gutzuheißen. Mit dem einen oder anderen wäre vielleicht der Wahrheit besser gedient gewesen, die Richter erkannten aber weise, dass sie einen Mittelweg zu gehen hatten.«[94]

Dönitz bestritt sowohl in Nürnberg als auch in seinen späteren Büchern, vor 1945 auch nur die geringste Ahnung von Massenmorden an den Juden gehabt zu haben. Albert Speer zufolge war er aber bei der berüchtigten Tagung in Posen im Oktober 1943, bei der Himmler offen über die Ausrottung der Juden sprach, sehr wohl anwesend. (Siehe S. 235) Zehn Jahre Haft für einen zweideutigen Befehl, der als Mordbefehl verstanden oder missverstanden werden konnte, dazu die Verantwortung für die Aufrechterhaltung des »Kommandobefehls«[95], der ein klarer Mordbefehl war, und die ungeklärte Verwicklung in den Einsatz von KZ-Häftlingen in den Werften: Das waren keine »Lappalien«. Bei der Bemessung der niedrigsten aller in Nürnberg ausgesprochenen Strafen spielte offensichtlich der Schuldspruch nach Anklagepunkt 2, der Angriffskrieg, überhaupt keine Rolle.

Dönitz verbüßte seine Strafe und wurde zur Bezugsperson aller, die im Schutt des Nazistaates nach reparaturfähigen soldatischen Werten suchten. Opferbereites Soldatentum war wieder gefragt und Dönitz wurde auch in den Augen vieler Offiziere, die sich ohne

Augenzwinkern zum demokratischen Staat bekannten, zur Traditionsfigur. Er genoss es, vom Offizierskorps der Bundesmarine hofiert und zum geheimen Vorbild stilisiert zu werden, und blieb, von Hitler dazu ernannt, bis zu seinem Tode allen Ernstes davon überzeugt, das legitime deutsche Staatsoberhaupt zu sein.

Hans Frank

** 23. Mai 1900, Karlsruhe*
† 16. Oktober 1946, Nürnberg
Angeklagt nach: 1, 3, 4
Schuldig nach: 3, 4
Strafe: Tod durch den Strang

Hans Frank hatte Hitler oft vor Gericht vertreten und mitgeholfen, ihn an die Macht zu bringen. Er hatte den »Führer« aber auch verärgert, indem er es gewagt hatte, die formlose Erschießung von Ernst Röhm, zahlreicher in Ungnade gefallener SA-Führer und auch gleich einiger politischer Gegner am 30. Juni 1934 offen zu kritisieren. Er war zwar ein überzeugter Nationalsozialist und Antisemit, hing aber der Illusion nach, der Nazi-Staat könne auch ein Rechtsstaat sein, und beharrte auf der Einhaltung formaler Rechts- und Verfahrensnormen, von denen Adolf Hitler überhaupt nichts hielt.

Indem er ihn als Chef der Zivilverwaltung nach Polen schickte, zwang er ihn, sich selbst zu verleugnen, indem er ihn ohnmächtig zusehen ließ, wie die SS und die Polizei über seinen Kopf hinweg gesetzlos wüteten. SS und Polizei unterstanden Heinrich Himmler, dem Frank in inniger Feindschaft verbunden war. Die von Hitler überall geförderten Mehrgleisigkeiten und unklaren Kompetenzen trieben ihn in einen permanenten Machtkampf mit Himmler, der von Hitler regelmäßig zugunsten Himmlers entschieden wurde, während er Franks Rücktrittsgesuche ebenso regelmäßig abwies. Als Frank den NS-»Rechtsstaat« nicht nur vor seinen Mitarbeitern, sondern sogar in Deutschland in mehreren Reden propagierte, kam es 1942 zum Eklat. Er erhielt ein Redeverbot und wurde aller Parteifunktionen enthoben, blieb aber Polens Generalgouverneur.

Er war ein guter Klavierspieler, ein Freund der Künste, errichtete seine Residenz in Krakau, der schönsten Stadt des Landes, und ließ sich gern den »deutschen König von Polen« nennen. Wie er entsprechend diesem Selbstbild auf dem Wawel residierte, beschrieb der deutsch-italienische Schriftsteller und Journalist Curzio Malaparte, der 1941/42 als italienischer Korrespondent Polen bereiste und am Hofe Hans Franks eine an Tafelfreuden reiche Zeit verbrachte:

»›Ich bin der König‹, sagte Reichsminister Frank, Generalgouverneur von Polen, indem er die Arme breit von sich streckte und einen stolzen, selbstgefälligen Blick auf seinen Tafelgästen ruhen ließ. … ›Der deutsche König von Polen‹, wiederholte Frank. ›… Ich wäre der glücklichste Mensch der Erde, ich wäre wahrhaftig wie Gott in Frankreich, wollten die Polen mir für all das dankbar sein, was ich für sie tue und zu tun bereit bin. Doch je mehr ich mich darum bemühe, ihr Unglück zu lindern und sie gerecht zu behandeln, desto mehr verachten sie alles Gute, was ich für ihr Vaterland tue. Sie sind ein undankbares Volk.‹ Beifälliges Murmeln kam von den Lippen der Gäste.«[96]

Womöglich sollten ihm die Polen für die Durchführung der AB-Aktion dankbar sein, für deren Beginn er den 16. Mai 1940 ausersehen hatte, da »die Offensive im Westen … die Aufmerksamkeit der Welt von Polen ablenken würde«. AB-Aktion (»Außerordentliche Befriedungsaktion«) war der Tarnname für die Ermordung von etwa 7.500 Personen, in denen mögliche Führer eines vermuteten Widerstandes gesehen wurden. Vorausgegangen war ihr bereits die Ermordung der polnischen Eliten (Lehrer, Priester, Ärzte und so weiter) in den ins Deutsche Reich eingegliederten Gebieten.

Frank hatte nach einem Selbstmordversuch den Amerikanern die 38 Bände seines dienstlichen Tagebuches aus freien Stücken übergeben. Was ihn dazu bewog, bleibt ein Rätsel. Als Zeugnis der nationalsozialistischen Unmenschlichkeit aus erster Hand bilden sie eine wichtige Geschichtsquelle. Kein Zeuge konnte verheerender gegen ihn aussagen. »Die Juden sind eine Rasse, die ausgetilgt werden muss; wo immer wir nur einen erwischen, geht es mit ihm zu Ende«, sagte er im März 1944 vor Rednern der NSDAP. Mit Konzentrationslagern wollte er sich am liebsten gar nicht erst abgeben. In der Polizeikonferenz vom 30. Mai 1940 führte er aus: »Was wir mit den Krakauer Professoren an Scherereien hatten, war furchtbar. Hätten wir die Sache von hier aus gemacht, wäre sie anders verlaufen. Ich möchte Sie daher dringend bitten, niemanden mehr in die Konzentrationslager des Reiches abzuschieben, sondern hier die Liquidierung vorzunehmen oder eine ordnungsgemäße Strafe zu verhängen.«

Dem Korrespondenten des »Völkischen Beobachters« Kleiß erklärte er den Unterschied zwischen dem Protektorat Böhmen und Mähren und Polen: »Einen plastischen Unterschied kann ich Ihnen sagen. In Prag waren z. B. große rote Plakate angeschlagen, auf denen zu lesen war, dass heute 7 Tschechen erschossen worden sind. Da sagte ich mir: wenn ich für je 7 erschossene Polen ein Plakat aushängen lassen wollte, dann würden die Wälder Polens nicht ausreichen, das Papier herzustellen für solche Plakate. Ja, wir mussten hart zugreifen.«

Hans Franks Schlussworte einer Kabinettssitzung vom 16. Dezember 1941: »Meine Herren, ich muss Sie bitten, sich gegen alle Mitleidserwägungen zu wappnen. Wir müssen die Juden vernichten, wo immer wir sie treffen und wo es irgend möglich ist, um das Gesamtgefüge des Reiches hier aufrecht zu erhalten.«

In Nürnberg pendelte er zwischen Reue und Selbstrechtfertigung. Er habe ganze Stunden brütend in der Anklagebank verbracht, notierte der stellvertretende britische Richter Norman Birkett. Er kündigte dem Psychologen Gilbert ein großes Geständnis an, hatte dann aber doch nichts gewusst. Er äußerte Verachtung für seine leugnenden Mitangeklagten und beschönigte selbst, wo er konnte. Seine Verteidigung nahm nur zwei Tage in Anspruch. Alfred Seidl, sein Verteidiger: »Was haben Sie zu diesen Beschuldigungen zu erklären, die gegen Sie in der Anklageschrift erhoben werden?

Frank: Zu diesen Beschuldigungen habe ich nur zu sagen, dass ich das Gericht bitte, das Ausmaß meiner Schuld am Ende der Gesamtverhandlungen über meinen Fall festzustellen. Ich selbst möchte aber hier ganz aus der Tiefe meines Empfindens und aus dem Erleben der fünf Monate dieses Prozesses heraus sagen, dass ich, nachdem ich nunmehr den letzten Einblick gewonnen habe in all das, was an furchtbarem Grauen geschehen ist, das Gefühl einer tiefen Schuld in mir trage.«

Schuld ja, aber eben nicht im Sinne der Anklage: »Es war eine wilde, stürmische Zeit mit furchtbaren Leidenschaften, und im Sturm und Drang eines flammenden Landes und eines Entscheidungskampfes auf Leben und Tod passieren derartige Worte … Sie sind im Einzelnen furchtbar, die Worte: ich muss Ihnen sagen, auch ich bin erschüttert gewesen über manches Wort, das ich gesagt habe.«

Erschüttert von dem, was er gesagt, nicht von dem, was er getan und woran er mitgewirkt hatte. Trotz der wilden, stürmischen Zeit und dem Sturm und Drang eines flammenden Landes wollte er von den deutschen Gräueltaten erst in Nürnberg erfahren haben. Sein Tagebuch müsse man »eben als Gesamtheit nehmen«, das könne man »nicht auslesen und einzelne Sätze aus dem Zusammenhang herausholen«. Er bekannte eine generelle, eine moralische Mitschuld, aber nicht die konkrete Schuld, die ihm vorgeworfen wurde. Im Einzelnen habe er sogar sehr viel für das Land getan.

»Gott vor allem hat das Urteil über Hitler gesprochen und vollzogen über ihn und das System, dem wir in gottferner Geisteshaltung dienten«, sagte er in seinem Schlusswort am 31. August, um am Ende

Folgendes von sich zu geben: »Ich muss nur noch ein Wort von mir berichtigen. Ich sprach im Zeugenstand von tausend Jahren, die die Schuld von unserem Volke wegen des Verhaltens Hitlers in diesem Krieg nicht nehmen könnten. Nicht nur das sorgsam aus diesem Verfahren ferngehaltene Verhalten unserer Kriegsfeinde unserem Volk und seinen Soldaten gegenüber, sondern die riesigen Massenverbrechen entsetzlichster Art, die, wie ich jetzt erst erfahren habe, vor allem in Ostpreußen, Schlesien, Pommern und im Sudetenland von Bussen (sic!), Polen und Tschechen an Deutschen verübt wurden und noch verübt werden, haben jede nur mögliche Schuld unseres Volkes schon heute restlos getilgt.« Hatte er zuerst dem deutschen Volk zugemutet, seine Schuld mit ihm und allen Verbrechern seines Schlages zu teilen, so sprach er es am Ende eigenmächtig frei. Er war zwar im Gefängnis religiös geworden, aber begriffen hatte er nichts.
Biddles Berater waren zu dem Ergebnis gekommen, dass es für Franks Schuld nach Anklagepunkt 1 (Verschwörung) kaum Beweise gab, umso mehr aber nach 3 und 4. Trotzdem waren in der Vorberatung Biddle und Lawrence für Schuldspruch nach 1, 3 und 4, Falco und Nikitschenko wollten Frank nach allen vier Anklagepunkten schuldig sprechen, obwohl er nach 2 (Angriffskrieg) gar nicht angeklagt war. In der Schlussberatung waren alle außer Donnedieu de Vabres für die Todesstrafe, de Vabres, der lebenslange Haft vorschlug, war nach Biddles Meinung sonderbar zartfühlend. Außer Nikitschenko stimmten alle Richter für schuldig nach 3 (Kriegsverbrechen) und 4 (Verbrechen gegen die Menschlichkeit).
Die Urteilsbegründung räumte ein, »dass einige der im Generalgouvernement begangenen Verbrechen ohne Franks Kenntnis, und gelegentlich sogar gegen seinen Willen, begangen worden sind. … Aber es ist ebenso wahr, dass Frank ein williger und wissender Mitwirkender sowohl bei der Anwendung von Terror in Polen war, wie bei der wirtschaftlichen Ausbeutung Polens auf eine Art und Weise, die zum Hungertod einer großen Anzahl Menschen führte; ferner bei

der Deportation von mehr als einer Million Polen als Sklavenarbeiter nach Deutschland, und in Ausführung eines Programms, das den Mord von mindestens drei Millionen Juden zur Folge hatte.« Er war ein klarer Fall.

Wilhelm Frick

** 12. März 1877, Alsenz (Pfalz)*
† 16. Oktober 1946, Nürnberg
Angeklagt nach: 1, 2, 3, 4
Schuldig nach: 2, 3, 4
Strafe: Tod durch den Strang

Wilhelm Frick war ein Mann ohne Ausstrahlung, ohne hervorstechende Eigenschaften, ein knochentrockener Bürokrat, der öffentliche Auftritte verabscheute. Er war der klassische Mann im Hintergrund. In dieser Eigenschaft war er aber hocheffizient und spielte eine Hauptrolle bei der Demontage der deutschen Demokratie. Als beim Mittagessen der Angeklagten am 3. Jänner 1946 Fritzsche nach der grauenvollen Aussage von Otto Ohlendorf so niedergeschlagen war, dass er kaum essen konnte, meinte Frick bloß, »wie schön es wäre, wenn man bei diesem schönen Wetter skifahren gehen könnte«.[97]

Der Lehrersohn aus nationalkonservativer Familie sympathisierte früh mit der Anfang 1919 gegründeten NSDAP und seine Beamtenkarriere brachte ihn in eine Position, in der er sich als große Hilfe für seine Gesinnungsgenossen erwies. Als Leiter der politischen Polizei verhalf er Freikorps-Mitgliedern und politischen Mördern zur Flucht und wurde Hitlers Mann im Polizeipräsidium. Wegen seiner Teilnahme am Putsch vom 9. November 1923 (»Marsch zur Feldherrenhalle«) wurde er zwar selbst zu 15 Monaten Festungshaft verurteilt und verlor seinen Beamtenposten, aber da er ja nicht der einzige Nazi-Sympathisant in bayerischen Regierungskreisen war, hob der Disziplinarsenat diese Entscheidung auf.

Wilhelm Frick war wohl der unauffälligste NS-Karrierist. Er wurde 1930 als Innen- und Volksbildungsminister in Thüringen der erste Nazi in einer deutschen Landesregierung. Er drängte Missliebige hinaus, stellte Nazis ein und führte einen Kulturkampf gegen Jazz und »Negerkultur«. Hitler wusste, warum er ihn sofort nach der »Machtergreifung« zum Reichsinnenminister machte. Frick schuf die legistische Fassade, die den Unrechtsstaat verdecken sollte. Unter seiner Federführung entstand das »Gesetz zur Gleichschaltung der Länder mit dem Reich«, das die Auflösung der Landesparlamente ermöglichte. Er legalisierte mithilfe des sogenannten Staatsnotwehrgesetzes nachträglich die Morde vom 30. Juni 1934, er verschaffte den Konzentrationslagern die gesetzliche Deckung, er unterschrieb die »Nürnberger Gesetze« und er, Frick, degradierte mit dem »Reichsbürgergesetz« die Juden zu »Staatsangehörigen ohne Rechte und Pflichten«. Ihm vor allem verdankte der NS-Staat die gesetzlichen Stützen, sodass er selbst entbehrlich wurde.

Mit Himmlers Aufstieg begann Fricks Abstieg. Hitler berief ihn im August 1943 aus dem Amt des Reichsinnenministers ab und machte ihn zum Minister ohne Geschäftsbereich und Reichsprotektor für Böhmen und Mähren. Dort lag die tatsächliche Macht bei seinem »Untergebenen« Karl Hermann Frank, nicht zu verwechseln mit dem Angeklagten Hans Frank. Wilhelm Frick half dem Gericht, Zeit zu sparen. Er machte als Einziger außer Heß von der Möglichkeit Gebrauch, nicht in den Zeugenstand zu treten. Wenn er sich nicht von seinem Verteidiger in eigener Sache vernehmen ließ, gab es auch kein Kreuzverhör und die Ankläger konnten ihn nicht mit ihren Fragen behelligen.

Sein Verteidiger Otto Pannenbecker erhoffte sich vor allem von Hans Bernd Gisevius eine günstige Aussage für seinen Mandanten.

Gisevius, der sowohl für Hjalmar Schacht als auch für Frick aussagen sollte, war 1933 in den Staatsdienst eingetreten und der politischen Polizei zugewiesen worden, wo der national eingestellte junge Jurist schnell zum NS-Gegner wurde. In einem Teil der Ministerien herrschte, so Gisevius, nach den Morden vom 30. Juni 1934, an dem Hitler den gefährlich gewordenen SA-Chef Röhm, eine Reihe weiterer hoher SA-Führer und auch gleich eine Anzahl sonstiger Gegner ermorden ließ, solche Empörung über die Rolle der Gestapo, der Geheimen Staatspolizei, dass es möglich schien, »wenigstens Himmler den Weg zu versperren in das Reichsinnenministerium«. Gisevius sagte aus, dass Frick damals zu jenen zählte, denen die Gestapo immer unheimlicher wurde. Schacht sei langsam zur Erkenntnis gelangt, in welche Gesellschaft er sich begeben hatte, habe aber noch immer an seiner positiven Meinung über Hitler selbst festgehalten und gehofft, ihn auf den Weg der Legalität zurückführen zu können. Frick drohte im Frühjahr 1935 Himmler sogar eine Anzeige wegen Freiheitsberaubung an, nachdem er von zwei skandalösen »Schutzhaft«-Fällen erfahren hatte. Damit setzte er sich in die Nesseln. Er wurde in einer Sitzung der Reichsleiter, »das waren die so genannten Minister der Bewegung« (Gisevius), zurechtgewiesen und erfuhr, dass er während eines Landaufenthaltes in Bayern ermordet werden sollte. Er, Gisevius, habe geheime Ermittlungen angestellt, die immerhin ergaben, dass solche Pläne erörtert wurden. Aber Frick habe es überlebt. Eine große Entlastung bedeutete diese Aussage nicht.

Himmler siegte mit massiver Unterstützung Görings auf der ganzen Linie und Gisevius bekam von Heydrich durchs Telefon mitgeteilt, »ich hätte wohl vergessen, dass er seine persönlichen und politischen Gegner bis ins Grab verfolgen könne«, und wurde vorerst nach Münster in die Preisüberwachung abgeschoben. Jackson stellte im Kreuzverhör Gisevius die Fragen, die diesem Gelegenheit gaben, auf den Punkt zu bringen, was über Frick und dessen Liebäugelei mit den Gegnern Himmlers und Heydrichs noch zu sagen war:

»Jackson: Hat Frick jemals mit Ihnen über Himmler und Heydrich gesprochen und sie als schlecht, gefährlich und grausam bezeichnet?

Gisevius: Noch an jenem Sonntag, den 1. Juli, sagte mir Frick: Wenn Hitler nicht sehr bald mit der SS und Himmler genau dasselbe macht, was er heute mit der SA gemacht hat, dann wird er noch viel Böseres mit der SS erleben, als was er jetzt mit der SA erlebt hat. Ich war damals von dieser Voraussicht aufs tiefste betroffen, sowie, dass Frick das so offen mir gegenüber ausdrückte.

Jackson: Aber, obgleich er diese Männer als gefährlich betrachtete, hat er sie später doch beide in sein Innenministerium berufen; nicht wahr?

Gisevius: Ernannt sind sie ja letztlich von Hitler worden; aber ich kann nur sagen, als ich mich von Frick nach meinem Ausscheiden aus dem Innenministerium verabschiedete im Mai 1935, da sagte mir Frick wörtlich Folgendes: Er habe aus den ewigen Skandalen um meine Person gelernt, dass er von jetzt ab nur noch Parteigenossen ins Ministerium holen werde, und zwar möglichst solche mit dem Goldenen Parteiabzeichen. Es könne sein, dass im Zuge der Dinge er sogar gezwungen werden würde, Himmler in sein Ministerium hineinzulassen. Den Mörder Heydrich werde er auf keinen Fall in sein Ministerium hineinlassen. Das waren die letzten Worte, die ich mit Frick gewechselt habe.

Jackson: Aber beide wurden dann in Ämter eingesetzt, die dem Gesetz nach ihm unterstanden; nicht wahr?

Gisevius: Ja, sie wurden Mitglieder des Reichsinnenministeriums, und Frick blieb ihr Vorgesetzter. …

Jackson: Nach dem Jahr 1934 war Frick als Minister die Verwaltung und die Aufsicht über die Konzentrationslager übertragen; nicht wahr, Dr. Gisevius?

Gisevius: Meines Erachtens hatte der Reichsinnenminister von Anfang an die Verantwortung für alle polizeilichen Dinge im Reich, also auch für die Konzentrationslager, und ich glaube nicht, dass man sagen kann, er habe sie erst seit 1934 gehabt.«

Die Aussagen von Hans Bernd Gisevius waren ein voller Erfolg für Schacht und seinen Verteidiger Rudolf Dix und eine Katastrophe für das Ansehen Hermann Görings. (Siehe S. 154f.) Frick brachte Gisevius keinen Nutzen. Bezeichnend, was er an diesem Tag dem Angeklagten Julius Streicher auf dessen Frage, wie es seiner Meinung um Göring stehe, antwortete: »Das ist mir egal, mir kommt es nur darauf an, selbst am Leben zu bleiben.«[98]

Frick hatte lediglich einen der vielen Machtkämpfe unter den Nazibonzen verloren. Er blieb, nachdem ihn Himmler und Göring überspielt hatten, vorerst noch Innenminister, und obwohl ihm immer mehr Kompetenzen entzogen wurden, war er in die Unmenschlichkeiten des NS-Regimes so tief verstrickt, dass sein am Tage von Gisevius' Zeugenauftritt geäußerter einziger Wunsch, »selbst am Leben zu bleiben«, keine Chance auf Erfüllung hatte. Er war keiner der großen Schreier gewesen, sondern ein Schreibtischtäter im ursprünglichsten Sinn des Wortes. Auch die gesetzliche Grundlage für die Ermordung der Geisteskranken hatte er geschaffen und unter seiner Verantwortung als Reichsprotektor für Böhmen und Mähren wurden 275.000 geistes- und altersschwache Personen ermordet. Beschwerden über diese Morde erreichten ihn, er wusste davon.

Sein Schlusswort war eines der kürzesten. Er ging mit keinem Wort darauf ein, weshalb er angeklagt war. Sein ganzes Leben war Dienst an Volk und Vaterland gewesen.

An Fricks Verantwortung für Mord und Massenmord in Teilen Europas führte kein Weg vorbei. Doch Lawrence erwähnte als Argument für Fricks Schuld, er habe ja nicht als Zeuge in eigener Sache aussagen wollen – ein Hohn auf das Zeugnisverweigerungsrecht.

Parker war mit einer fast ebenso befremdenden Begründung für Lebenslang, er sah nämlich einen Milderungsgrund in dem Umstand, dass Frick bloß ein Bürokrat gewesen sei. Offenbar tat sich auch ein Teil der Nürnberger Richter mit der Schuld eines reinen Schreibtischtäters schwer. Man konnte Frick nicht nachweisen, dass er persönlich ohne gesetzliche Deckung den Tod eines Menschen veranlasst hatte. Er hatte »nur« die gesetzlichen Grundlagen für die Ermordung unzähliger Menschen geschaffen und Morde nachträglich legalisiert. Er hatte keinen Tropfen Blut an den Händen, bloß eine Menge Blut an seiner Schreibfeder.

Hans Fritzsche

** 21. April 1900, Bochum*
† 27. September 1953, Köln
Angeklagt nach: 1, 3, 4
Urteil: Freispruch

Der Mann mit der einschmeichelnden Stimme hatte üble Propagandareden geschwungen. Er hatte davon geredet, dass »in diesem Kampf im Osten kein politisches System gegen ein anderes steht, keine Lebensanschauung gegen eine andere kämpft, sondern dass Kultur, Zivilisation und Menschenwürde sich gegen das teuflische Prinzip einer Unterwelt erhoben haben«, er hatte den Angriff auf Russland am nächsten Tag als den Schlag bezeichnet, »der unser Heimatland vor dem Schicksal rettete, von diesen Untermenschen überrannt zu werden und unsere Männer, Frauen und Kinder vor dem unaussprechlichen Schrecken bewahrte, ihre Beute zu werden«.

So ganz und gar falsch, wenn auch weit überzogen, war nicht, was der amerikanische Hilfsankläger Drexel A. Sprecher sagte: »Die Propagandisten … sind in Wirklichkeit schuldiger als die gutgläubigen und unempfindlichen Mitläufer, die die Exekutionskommandos anführten oder die Gaskammern betrieben … Denn gerade die Gutgläubigkeit und Unempfindlichkeit dieser Mitläufer war zum großen Teil auf die ständige teuflische Propaganda Fritzsches und seiner Amtsgenossen zurückzuführen.«

Trotzdem war Fritzsche nicht wichtig genug, um mit den Hauptkriegsverbrechern die Anklagebank zu teilen. Dass er trotzdem in der hintersten Ecke der zweiten Reihe saß, verdankte er Robert Jacksons Konzept, dass in Nürnberg alle wichtigen Institutionen des Dritten Reiches vertreten sein sollten, sowie dem Umstand, dass er von den Sowjets verhaftet worden war. Sie hatten nur zwei Hochrangige in der Hand, Großadmiral Raeder und Walther Funk. Fritzsche erhöhte ihren Beitrag zum Fundus der Nürnberger Angeklagten um fünfzig Prozent. Für ihn war die Überstellung aus der Lubjanka nach Nürnberg ein Glück. Sein unmittelbarer Vorgesetzter, Reichspressechef Otto Dietrich, befand sich in westlicher Haft. »Die Anklage musste dem Gericht also einreden, Fritzsche müsse als Hauptkriegsverbrecher verurteilt werden, weil er Befehle eines Mannes ausgeführt hatte, der deswegen überhaupt nicht angeklagt worden war.«[99]

Fritzsche war bei Hitlers Selbstmord im Berliner »Führerbunker«. General Burgdorf hatte zusammen mit Wilhelm Keitel und Alfred Jodl Hitler überredet, weiterzukämpfen, als er bereits eine Woche früher zur Pistole greifen wollte. Hätten sie es nicht getan, hätten Zehntausende Menschen nicht sterben, Städte, Dörfer, große Teile von Berlin nicht zerschossen werden müssen. Nun fuhr Wilhelm Burgdorf, Hitlers letzter Adjutant, den Rundfunkkommentator an: »Sie wollen kapitulieren?

Fritzsche: Ja.

Burgdorf: Dann muss ich Sie niederschießen. Der Führer hat in seinem Testament jede Kapitulation verboten. Es muss bis zum letzten Mann gekämpft werden.

Fritzsche: Auch bis zur letzten Frau?«

Burgdorf reißt die Pistole heraus. Zwei, drei Männer stürzen hin und schlagen seine Hand in die Höhe. Der Schuss geht in die Betondecke. Die Szene, die im Film »Der Untergang« zu sehen war, ist historisch. Burgdorf verließ den Bunker und gab sich irgendwo die Kugel. Fritzsche machte sich auf den Weg zu den Russen und identifizierte später die angekohlten Überreste seines ehemaligen Chefs Joseph Goebbels. Damit war nach Rudolf Heß der zweite der späteren Nürnberger Angeklagten in der Hand der Sieger.

Er hatte eine wöchentliche Radiosendung mit dem Titel »Hans Fritzsche spricht« und leitete den »Drahtlosen Dienst« der Reichsregierung, als Hitler an die Macht kam, trat in die NSDAP ein, wurde Direktor der Sektion Presse in Goebbels' »Ministerium für Volksaufklärung und Propaganda« und damit Kontrolleur der etwa 2.300 deutschen Tageszeitungen und 1942 Chef der Rundfunkabteilung. Von nun an nahm er an den täglichen Besprechungen Goebbels' mit seinen Mitarbeitern teil. Er war ein selbstbewusster Angeklagter, der von der Richtigkeit dessen, was er den Deutschen in seinen Rundfunksendungen erzählt hatte, selbst überzeugt gewesen sei und persönlich alles richtig gemacht habe. Von Massenmord und Gaskammern habe er nicht nur nichts gewusst, er meinte »auch heute noch, dass Mord und Gewalttaten und Sonderkommandos nur wie ein Fremdkörper, nur wie ein Geschwür an dem moralisch gesunden Körper des deutschen Volkes und seiner Wehrmacht hafteten«.

Im Kreuzverhör reizte er den plump agierenden sowjetischen Hauptankläger General Rudenko, der nicht mehr zu bieten hatte als die verpönten »Hörensagen-Beweise«. Generaloberst Ferdinand Schörner[100], der von Hitler wegen seines unbarmherzigen Durchhaltewillens noch am 5. April 1945 zum Generalfeldmarschall und in Hitlers Testament zum Oberbefehlshaber des Heeres ernannt worden war, hatte zurückweichenden Offizieren Orden und Rangabzeichen abgerissen und versprengte Soldaten zum Tode verurteilt. In Moskau erzählte er, was man von ihm hören wollte, und unterschrieb, was man ihm vorlegte, und so klangen seine schriftlichen Aussagen gegen Fritzsche, die Rudenko diesem vorhielt:

»Die politische Tätigkeit Fritzsches als amtlicher Rundfunkkommentator war … der Entfesselung des Weltkrieges gegen die demokratischen Völker … unterstellt. Die Hauptmethode Fritzsches, die er im Laufe von mehreren Jahren seiner Tätigkeit verwandte, bestand, wie es mir später klar wurde, im bewussten Betrug des deutschen Volkes. … Die Hauptschuld solcher Leute wie Fritzsche besteht darin, dass sie die wahre Lage der Dinge kannten, aber … dem Volke bewusst Lügen beibrachten … Sagen Sie mir, Angeklagter Fritzsche, entspricht diese Charakterisierung der deutschen Propaganda der Wahrheit?

Fritzsche: Das ist ein kompletter Unsinn. … Ich habe Herrn Schörner nie gesehen, ich … würde mich wundern, wenn er ein Urteil darüber haben könnte, ob ich bewusst oder unbewusst irgendwo irgend etwas Falsches gesagt habe. …

Rudenko: Dass Sie Ferdinand Schörner nicht kennen, genügt nicht zur Widerlegung dieser Aussage, denn Sie haben ja selbst vor diesem Gerichtshof bestätigt, dass viele Leute Sie als amtlichen Vertreter der Regierung kannten; aber natürlich konnten Sie nicht jeden kennen. Ist das richtig?

Fritzsche: Gestatten Sie, Herr Anklagevertreter, dass ich Sie da auf eine Unlogik aufmerksam mache. Wer mich nicht kannte, kann sehr wohl urteilen darüber, was ich sagte. Aber er vermag kein Urteil zu fällen darüber, ob ich das im guten Glauben oder im bösen Glauben sagte. Sie kennen den Unterschied selbst sicher auch.«

Am 31. August war er als letzter Angeklagter mit seinem Schlusswort an der Reihe: »Wer einmal in den Jahren des friedlichen Aufbaues an Hitler geglaubt hatte, der brauchte nur Treue, Mut und Opferbereitschaft, um ihm auch weiter zu glauben so lange, bis er durch die Entdeckung sorgfältig gehüteter Geheimnisse in ihm den Teufel erkennen konnte. … Solche Opferbereitschaft wächst nicht aus Verbrechen, sondern nur aus Idealismus und gutem Glauben … Ich bedauere die von der Anklage vorgenommene Verallgemeinerung der Verbrechen, weil sie den Berg von Hass, der in der Welt liegt, noch vergrößern muss. … Schließlich ist der Mord an fünf Millionen eine grausige Warnung … Deshalb darf meines Erachtens die Anklage an das Ende eines Hasses nicht einen neuen Hass setzen. … Zwischen diesen Verbrechern und mir gibt es nur eine einzige Verbindung: Sie haben mich nur in anderer Weise missbraucht als diejenigen, die ihnen körperlich zum Opfer fielen.« Was er mit der »Verallgemeinerung der Verbrechen« meinte, blieb sein Geheimnis, der Satz vom missbrauchten Hans Fritzsche jedoch war ein Hohn auf die Opfer.

Er war der unwichtigste Angeklagte und wurde freigesprochen, nicht nur gegen sowjetischen Widerstand, sondern auch gegen den der Franzosen. Der Grund, warum Parker und ein ihm lebhaft zustimmender Biddle Fritzsche freisprechen wollten, stellte ihrem politischen Sachverstand kein gutes Zeugnis aus. Parker verstieg sich zu dem Ausspruch, es gebe keine Freiheit ohne Redefreiheit, und musste sich von Falco sagen lassen, hier handle es sich überhaupt nicht um Redefreiheit, sondern um die Verbreitung von Propaganda zum Nutzen eines politischen Systems und eines Krieges, und von Nikitschenko, Fritzsche habe ja dabei mitgewirkt, die Redefreiheit zu unterdrücken, und verdiene deshalb, verurteilt zu werden. Die sowjetischen Richter forderten ausnahmsweise nicht die Todesstrafe, doch Nikitschenko widersprach Wolchkow: Zwei Jahre seien zu wenig, zehn das Mindeste.

Donnedieu de Vabres war meistens für die mildeste Bestrafung, hatte aber ursprünglich überhaupt keinen Freispruch wollen »und verlangte schließlich, die endgültige Entscheidung zurückzustellen bis nach der Urteilsfindung im Falle Papen. ›Sollte Papen freigesprochen werden, kann ich Fritzsche unmöglich verurteilen.‹«[101] Nach Papens Freispruch beschäftigten sich die Richter ein drittes Mal mit dem Fall Fritzsche, diesmal ging der Freispruch mit den Stimmen der westlichen Richter glatt über die Bühne.

»Nie galt er als wichtig genug, um zu den Planungsbesprechungen zugezogen zu werden, die zu Angriffskriegen führten«, hieß es in der Begründung des Freispruchs, die »vorliegenden Auszüge aus seinen Ansprachen beweisen, dass er ausgesprochen judenfeindlich eingestellt war. … Aber diese Ansprachen forderten nicht zur Verfolgung oder Ausrottung der Juden auf. Es liegen keinerlei Beweise vor, dass er von der im Osten vor sich gehenden Vernichtung wusste. … Sicher hat Fritzsche in seinen Rundfunkreden hie und da heftige Erklärungen propagandistischer Art gemacht. Der Gerichtshof nimmt jedoch nicht an, dass diese das deutsche Volk aufhetzen sollten, Gräueltaten an besiegten Völkern zu begehen, und man kann daher nicht behaupten, dass er an den Verbrechen, deren er beschuldigt ist, teilgenommen habe …«

Eine deutsche Spruchkammer verurteilte ihn zu zwanzig Jahren Arbeitslager. Nach der Amnestie von 1950 arbeitete er als Werbeleiter einer französischen Kosmetikfirma. Er war ein guter Beobachter, ein pointierter Schreiber, sein postum erschienenes Buch »Das Schwert auf der Waage« wirft manches Licht auf das Verhalten der Prozessbeteiligten und ist nach wie vor lesenswert. Ein zur Vernunft gekommener Nazi?

In der Nacht zum 15. Jänner 1953 verhaftete die britische Besatzungsmacht sechs Personen und am folgenden Tag eine siebte, den ehemaligen Gauleiter und Reichsstatthalter von Hamburg Karl Kaufmann, wegen neonazistischer Umtriebe in der FPD. Der Kreis um Werner Naumann, den letzten überlebenden Goebbels-Staatssekretär, darf keineswegs mit dem Naumann-Kreis jenes 1860 geborenen lutherischen Pfarrers, Theologen und Liberalen Friedrich Naumann verwechselt werden, nach dem die liberale Friedrich-Naumann-Stiftung benannt wurde.

Werner Naumann versuchte mit einer Gruppe alter Nazis den rechtslastigen FDP-Landesverband Nordrhein-Westfalen zu unterwandern und in eine Nazi-Kampfgruppe umzuwandeln. Naumann, der ehemalige Heydrich-Stellvertreter Werner Best, der gewesene SS-Obergruppenführer Franz Alfred Six und Hans Fritzsche hatten den Programmentwurf verfasst, der sich allerdings Ende November 1952 beim FDP-Bundesparteitag in Bad Ems gegenüber dem »Liberalen Manifest« der Landesverbände Hamburg, Bremen und Baden-Württemberg nicht hatte durchsetzen können. Das Strafverfahren gegen Werner Naumanns Neonazi-Kreis wurde noch im Sommer 1953 eingestellt. Hans Fritzsche starb wenige Monate später an den Folgen einer Krebsoperation.

Walther Funk

** 18. August 1890, Trakehnen*
† 31. Mai 1960, Düsseldorf
Angeklagt nach: 1, 2, 3, 4
Schuldig nach: 2, 3, 4
Strafe: Lebenslang

Weder Hitler noch Göring mussten von Walther Immanuel Funk eigenen Willen oder gar Widersetzlichkeit befürchten. Und den eigenen Willen eines Wirtschaftsministers und Reichsbankpräsidenten hatten sie soeben im Übermaß genossen. Hjalmar Schacht empfahl bei seinem Abgang als Reichswirtschaftsminister Funk als Nachfolger; als er auch als Reichsbankpräsident gehen musste, folgte ihm Funk auch in dieser Funktion nach.

Der Sohn eines ostpreußischen Bauunternehmers und Gutspächters studierte in Berlin und Leipzig Jura, Wirtschaft, Literatur und Musik, schloss als Jurist ab und erlernte in Berlin das Handwerk des Wirtschafts- und Börsenjournalisten. Im Ersten Weltkrieg zur Infanterie eingezogen, ersparte ihm eine Krankheit den Fronteinsatz.

Ab 1920 leitete er den Handelsteil der »Berliner Börsen-Zeitung«, 1922 wurde er ihr Chefredakteur und hielt Vorträge über wirtschaftliche und industrielle Probleme.

Funk war vor allem Opportunist. Er war der unsterbliche Typ, der riecht, wo Chancen winken, und der auf den kommenden Mann setzt. »Die Nationalsozialisten eroberten damals vierzig Prozent der Reichstagsmandate«, sagte er als Zeuge in eigener Sache, »das Volk strömte dieser Partei in immer neuen Millionen zu, insbesondere die von Idealismus erfüllte, begeisterte Jugend, und die faszinierende Persönlichkeit des Führers wirkte wie ein riesiger Magnet.« Kaum in die NSDAP eingetreten, hatte der kleine, unauffällige Mann dank seinen Verbindungen auch schon wichtige Funktionen. Er vermittelte Kontakte zu Großindustriellen, fungierte als Schaltstelle für geheime Millionenspenden, wurde Hitlers Pressechef, Staatssekretär im Propagandaministerium, stellvertretender Präsident der Reichskulturkammer und schließlich Reichswirtschaftsminister, Reichsbankpräsident, Generalbevollmächtigter für die Kriegswirtschaft und Mitglied des Ministerrates für die Reichsverteidigung.

Beim Novemberpogrom vom 9. November 1938 war er seit neun Monaten Wirtschaftsminister. Er hielt die Ereignisse zwar angeblich für eine »Katastrophe«, doch als Göring am 12. November die berüchtigte Sitzung über die »Judenfrage« eröffnete, brachte er bereits die Verordnung mit, wonach Juden ab 1. Jänner 1939 der Betrieb von Einzelhandelsgeschäften sowie ein selbstständiges Handwerk verboten wurde: »Wo ein jüdisches Gewerbe geführt wird, ist es polizeilich zu schließen. Ein Jude kann vom 1. Januar 1939 ab nicht mehr Betriebsführer im Sinne des Gesetzes zur Ordnung der nationalen Arbeit vom 20. Januar 1934 sein.« In Nürnberg behauptete er, er habe die »Maßnahmen des Terrors und der Gewalt gegen die Juden … auf das tiefste bedauert und schärfstens abgelehnt«, doch seltsamerweise hatte er diese gesetzlichen Maßnahmen bereits zur Sitzung mitgebracht und die Durchführungsverordnungen, welche die Juden rechtlos machten, »erlassen, um die Juden vor völliger Rechtlosigkeit zu schützen«. Von einer Ausrottung der Juden sei »damals in keiner Weise die Rede« gewesen – als hätte dies jemand behauptet.

Man konnte ihm glauben, dass er nie Hitlers innerem Kreis angehört hatte und stets unter Görings Fuchtel gestanden war. In den Jahren 1933 und noch im ersten Halbjahr 1934 »kam es schon einmal vor«, dass Hitler »den Pressevortrag plötzlich unterbrach und mit mir in den Musiksalon ging und sich von mir etwas am Klavier vorspielen ließ«. Als Minister wurde er aber nur noch vier-, höchstens fünfmal zu Besprechungen beim Führer zugezogen und schließlich trotz tagelangem Antichambrieren im »Führerhauptquartier« nicht mehr vorgelassen. »Er brauchte mich aber auch nicht, denn er gab seine wirtschaftspolitischen Anordnungen an den Reichsmarschall als den verantwortlichen Leiter der Wirtschaftspolitik und später, vom Jahre 1942 ab, an Speer, als die Rüstung die gesamte Wirtschaft beherrschte«.

Im Sommer 1942 hatte er in seiner Eigenschaft als Chef der Reichsbank ein folgenschweres Gespräch mit Heinrich Himmler. Das Ergebnis dieses Gespräches war, dass ein geheimnisvoller Herr Melmer in unregelmäßigen Abständen, insgesamt mehr als siebzigmal, in Zivilkleidung mit zwei uniformierten SS-Männern mit einem Lastwagen bei der Reichsbank vorfuhr – und zwar bei einer streng von den Räumen mit den übrigen Depositen getrennten Tresoranlage, wo ihnen kein Unbefugter zusehen konnte. Der Inhalt der hineingeschleppten schweren Kisten und Säcke wurde auf Tischen sortiert: Gold- und Silbermünzen, Ehe- und andere Ringe, Goldketten, Schmuck mit und ohne Juwelen, Brillanten, Bruchgold und -silber, Uhren, goldgefasste Brillen, auch Bündel von Bargeld – irgendwann hatten sich zwölf Kilogramm Perlenketten angesammelt. Auch Zahngold brachten Melmers Männer in erstaunlichen Mengen: Goldkronen, Goldplomben, Gold von künstlichen Gebissen. Den Sortierern fiel auf, dass der Anteil des Dentalgoldes im Lauf der Zeit stark zunahm. Ob Zahnreste dran waren, ist nicht überliefert.

Die Goldmünzen, deren Besitz verboten war, sowie das Bargeld wurden eingezogen, die Pretiosen dem Berliner städtischen Pfandleihhaus zur Verwertung übergeben. Es schmückt wohl auch heute noch manches dort mehr oder weniger ahnungslos erworbene Stück in x-ter Generation einen deutschen Finger oder Hals. Das Zahn- und das Bruchgold wurden in der Preußischen Münzanstalt eingeschmolzen, raffiniert, in Barren gegossen und in die Reichsbank zurückgebracht. Der Erlös der »Melmer-Ablieferungen« wurde auf ein Konto mit dem Namen »Max Heiliger« zur Verfügung der Staatskasse eingezahlt.

Reichsbankrat Thoms, der in der Bank für die Abwicklung zuständig gewesen war und sich gleich nach dem Krieg als Zeuge gemeldet hatte, sagte aus, »dass wir damals irgendwie auf den Namen ›Auschwitz‹ aufmerksam wurden und fragten, ich glaube, sogar die Frage stellten, wie das zusammenhing, und wir haben keine Antwort bekommen und fragten nie wieder etwas«.

Walther Funk hatte die betreffenden Räume niemals betreten und beteuerte, er habe keine Ahnung davon gehabt, dass es sich bei den Gegenständen, deren Verwertung er mit Himmler vereinbart hatte, um das Zahngold und die Wertgegenstände der ermordeten Juden gehandelt hatte. Er habe sich niemals um die Einzelheiten gekümmert. Er gab aber die Anweisung, keine unnötigen Fragen zu stellen. So wurde er zum größten Hehler des Holocaust. Als ihm der Ankläger Dodd im Kreuzverhör unvermittelt Dokumente vorlegte, aus denen hervorging, dass er sehr wohl darüber Bescheid wusste, dass die Reichsbank Wertgegenstände ermordeter Juden und ihre Goldzähne übernommen hatte, geriet er in Panik.

Der fröhliche Lebemann Funk war in Nürnberg ein Schatten seiner selbst. Es scheine, meint Bradley F. Smith, »in Nürnberg allen Beteiligten schwergefallen zu sein, diesen wabbeligen kleinen Mann ernst zu nehmen, obwohl er von den alliierten Behörden schon früh auf die Liste der Kriegsverbrecher gesetzt worden war. Zwischen seinen Mitangeklagten wirkte er wie eine Null, und außerhalb der Anklagebank gab er nur Lebenszeichen von sich, wenn zweideutige Witze erzählt wurden.«[102]

Bradley F. Smith äußerte einen interessanten Verdacht, der sich aber bei genauerem Hinsehen zumindest im Falle Funk nicht bestätigt: »Je weiter die Beratungen fortschritten, desto wichtiger scheint die Reihenfolge gewesen zu sein, in welcher das Tribunal sich die einzelnen Angeklagten vornahm. Es mag sein, dass der eine oder andere, dem die Todesstrafe zuerkannt worden wäre, hätte man seinen Fall unter den ersten behandelt, dem Strick entging, weil er später drankam und im Vergleich zu seinen Vorgängern nicht mehr ganz so schlimm wirkte. Ein Beispiel dafür ist Walther Funk, dem die Anklage so gut wie alles vorwarf, und dem es dann doch gelang, der Todesstrafe zu entgehen. Dass dies so war, dürfte unter anderem seinen Grund darin haben, dass sein Fall als der zehnte beraten wurde und dass alle Welt in ihm einen Schwächling sah.«[103]

Auch Telford Taylor war der Ansicht, dass ein Todesurteil gegen Funk angebrachter gewesen wäre als gegen Streicher, denn gegen Funk seien viel belastendere Beweise vorgelegen. Funks einzige Entschuldigung sei seine Schwäche gewesen. Dem lässt sich jedoch entgegenhalten, dass die Richter niemanden zum Tod verurteilten, dem man nicht die direkte Schuld oder zumindest die durch seine Funktion gegebene Verantwortung für den Tod von Menschen nachweisen konnte. Die Gesetze des Jahres 1938 gegen die Juden hatten deren Ausschaltung aus der Wirtschaft, nicht aber ihren Tod bewirkt und die Verwertung des Zahngoldes und der Wertgegenstände von Millionen vergasten Juden war verwerflich, aber nicht gleichzusetzen mit Mord. In diesem Sinne war das Lebenslang für Funk, der überall dabei gewesen war, aber wenig zu reden hatte, eine angemessene Strafe.

»Donnedieu de Vabres und Biddle brachten«, so Bradley F. Smith, »im Lauf der Beratung Lawrence davon ab, die Todesstrafe zu verlangen, und diese drei ordentlichen Mitglieder verhängten lebenslange Haft über Funk und setzten sich über Nikitschenkos Einwände hinweg, der bis zum Schluss Funks Hinrichtung forderte.«[104]

Walther Funk wurde am 16. Mai 1957 aus Gesundheitsgründen aus der Spandauer Haft entlassen und 1958 von der Westberliner Spruchkammer als schwer belastet eingestuft und zu einer Geldbuße von 10.900 DM verurteilt. Er starb am 31. Mai 1960 in Düsseldorf.

Hermann Göring

** 12. Jänner 1893, Marienbad bei Rosenheim*
† 15. Oktober 1946, Nürnberg (Selbstmord)
Angeklagt nach: 1, 2, 3, 4
Schuldig nach: 1, 2, 3, 4
Strafe: Tod durch den Strang

»Wenigstens zwölf Jahre anständig gelebt«, soll Hermann Göring gesagt haben, als er in den Wagen von Brigadegeneral Stack einstieg. Als sich Hitlers Leibarzt Brandt in der Haft in Bad Mondorf eines Tages darüber beklagte, alles verloren zu haben, fuhr ihn Göring an: »Sie haben ja gar keinen Grund zum Klagen! Was haben Sie schon gehabt! Aber ich! Wo ich so viel gehabt habe!«[105] Als während eines Spazierganges der Gefangenen im Nürnberger Gefängnishof von überlebenden ungarischen Juden die Rede war, sagte er: »So, da gibt es noch welche? Ich dachte, die hätten wir alle um die Ecke gebracht. Da hat einer wieder nicht gespurt.«[106] Drei Aussprüche, in denen sich typische Züge des Hauptangeklagten und einstigen zweiten Mannes im Staat manifestierten: Genusssucht, Habgier und Kaltschnäuzigkeit. Weitere hervorstechende Eigenschaften waren sein maßloser Ehrgeiz und eine Mischung von konsequenter Amoralität und gangsterhafter Gerissenheit. Seine Eitelkeit trieb groteske Blüten.

Bei einem privaten Tee erschien er »in einer Art römischer Toga … mit Sandalen, die mit Edelsteinen besetzt waren, an seinen Fingern zahllose Edelsteinringe und auch sonst mit Schmuck behangen, sein Gesicht war geschminkt und seine Lippen waren mit Rouge behandelt«.[107]

Der Vater war als Reichskommissar in Deutsch-Südwestafrika einem Minister gleichgestellt gewesen, die Jugend war halbfeudal, die Familienverhältnisse waren verwirrend. Schloss Mauterndorf, etwa auf halbem Weg zwischen Salzburg und Villach, und Burg Veldenstein bei Nürnberg gehörten dem Freund der Mama, dem reichen, national eingestellten Halbjuden Hermann von Epenstein.[108] Görings Vater, der gesundheitlich angeschlagen zurückgekehrt war, wohnte im Erdgeschoss, Görings Mutter ein Stockwerk höher beim Geliebten.

Nachdem im Ersten Weltkrieg der legendäre Manfred von Richthofen und auch dessen Nachfolger gefallen waren, wurde Göring Kommandeur des Jagdflieger-Geschwaders. Während eines Frontbesuches von Prinzessin Cecilie kam es zu einem französischen Artillerieüberfall. Nach einem sofortigen Start zur eher demonstrativen Strafexpedition galt Göring als »Retter der Prinzessin Cecilie«. Er hatte den Ruf, Luftsiege zu erfinden. Deutschlands angesehensten Tapferkeitsorden, den Pour le Mérite, der Jagdfliegern üblicherweise nach dem fünfundzwanzigsten Luftsieg verliehen wurde, bekam Göring bereits nach seinem zwanzigsten. Er konnte zwar mit seinen 22 bestätigten Abschüssen mit den 80 Erfolgen des toten Richthofen und den 62 des lebenden Udet bei weitem nicht mithalten, doch die gute Beziehung zu Mitgliedern des ehemaligen Kaiserhauses war auch später hilfreich, als Göring in Offiziers- und Adelskreisen für Hitler warb.

Im Herbst 1922 hatte er die schicksalhafte Begegnung mit Adolf Hitler, der für seine »Bewegung« auf der Suche nach einem Pour-le-Mérite-Träger war. Beim sogenannten Marsch zur Feldherrenhalle erlitt er einen lebensgefährlichen Durchschuss des Oberschenkels, wenige Millimeter von der Schlagader entfernt. Er wurde in ein Haus getragen und von Fremden verbunden: Juden, für deren sichere Ausreise er später sorgte.[109] Vom Morphium, das ihm nach der Verletzung ein österreichischer Arzt verschrieben hatte, kam er bis zur Zwangsentwöhnung in der Haft nicht mehr los. Nach Hitlers Münchner Putschversuch wurde Göring in Deutschland gesucht und arbeitete als Zivilpilot in Schweden. Eines Tages flog er während eines Schneesturms den schwedischen Grafen Fock zu dessen Schloss. Beim Abendessen wurde auf Deutschlands Zukunft getrunken. »Es«, nämlich die Begegnung mit Carin Gräfin von Fock im Treppenhaus des Schlosses, war schon vor dem Abendessen geschehen. Carin folgte ihm nach Deutschland, ließ sich scheiden und wurde Frau Göring.

Nach den Reichstagswahlen vom 20. Mai 1928 begann Görings Aufstieg. Er wurde Hitlers Rammbock im Reichstag und nach der »Machtergreifung« Oberbefehlshaber der Luftwaffe, Reichsjägermeister, Inhaber zahlreicher weiterer Würden und der korrupteste Politiker, den Deutschland jemals gesehen hatte. Carin starb im Oktober 1931, Göring heiratete 1935 die Schauspielerin Emmy Sonnemann, die 1938 bei einem Besuch in der Wiener Oper mit einem vielstimmigen »Emma – gemma!« empfangen wurde. Nach der Luftschlacht um England, bei der seine Luftwaffe 1.733 Maschinen verlor, hatte Görings Stern endgültig den Zenit überschritten. Doch an Rückschlägen waren immer andere schuld. Seinen alten Kameraden Ernst Udet und seinen Generalstabschef Hans Jeschonnek trieb er in den Selbstmord.

Als Hitler in Berlin eingeschlossen wurde, griff Göring etwas zu eilfertig nach der Macht und setzte sich damit in die Nesseln. Er wurde von der SS verhaftet, kam auf abenteuerliche Weise frei, und da er vor der SS mehr Angst hatte als vor den Amerikanern, fuhr er ihnen am 9. Mai 1945 in seinem gepanzerten Fahrzeug mit 17 Lastwagen Gepäck sowie Familie, Zofe, Leibkoch und Kammerdiener im Gefolge entgegen. In der Nähe von Wagrain gingen Göring und US-Brigadegeneral Stack gemessenen Schrittes auf einander zu. Offenbar wusste der Amerikaner nicht so recht, wie er sich benehmen sollte. Göring hob lässig seinen Marschallstab. Brigadegeneral Stack salutierte. Dann gab es bei ihm einen Kurzschluss, er reichte Göring die Hand. »Ein Händedruck für den Mörder« und »Shakehands mit Kriegsverbrechern« las man am nächsten Tag in den amerikanischen Zeitungen.

Doch auch Generalmajor Dahlquist und Brigadegeneral Quinn, die sofort herbeigeeilt waren, sollen Göring wie ihresgleichen behandelt haben. Er bekam zu essen, Huhn mit Kartoffelpüree und Bohnen, Fruchtsalat und Kaffee, den er sehr zu loben geruhte. Auch dieses Menü erregte Anstoß und Eisenhowers Hauptquartier gab bekannt, es habe sich um die Mahlzeit gehandelt, die an diesem Tag auch die amerikanischen Soldaten erhielten. Der kostbare Fang schimpfte auf Hitler, Heß und Ribbentrop und wollte wissen, wann er endlich zu Eisenhower gebracht werde. Göring im gepolsterten Sessel, ein runder Tisch, im Halbkreis die Journalisten. Sie stürzten davon, um das Interview so schnell wie möglich ihren Zeitungen zu übermitteln, aber sie kamen zu spät. Eisenhower hatte befohlen, die Telegramme zurückzuhalten. Nur eine Frage, die noch davor gestellt worden war, gelangte samt Antwort in die Presse:

»Wissen Sie, dass Sie auf der Liste der Kriegsverbrecher stehen?

Nein, das überrascht mich sehr, denn ich wüsste nicht, warum.«

Ihn zu verteidigen, war vergebliche Liebesmüh. Der Erlass vom 31. Juli 1941, womit er Heydrich beauftragte, alle erforderlichen Vorbereitungen für die Endlösung der Judenfrage zu treffen, hätte vollauf für ein Todesurteil genügt. Als »Generalbevollmächtigter für den Vierjahresplan« hatte er allerdings auch eine Weisung über die Behandlung polnischer Arbeiter in Deutschland erlassen und durch »Ausführungsbestimmungen an den SD, mit Einschluss der ›Sonderbehandlung‹«, das hieß: Mord, ergänzt. Auch das hätte für ein Todesurteil gereicht.

Durch Jacksons Blackout (siehe S. 105 ff.) wurden Göring die Fragen, die ihm hätten gestellt werden müssen, nicht gestellt: Was er unter »Endlösung« verstanden hatte? Ob das Wort von ihm kam oder von wem es vorgegeben worden war? Ob er wirklich behaupten wolle, nicht begriffen zu haben, was Himmler und Heydrich darunter verstanden? Ob und wann ihm Himmler und Heydrich den verlangten Entwurf für die »Endlösung der Judenfrage« vorgelegt hätten? Wer oder was ihn zu diesem Schreiben veranlasst habe? Hier, wo es angebracht war und wo er alle Trümpfe in der Hand hatte, machte Jackson nicht den geringsten Versuch, Göring auf seiner Mitschuld an der Auslöschung des europäischen Judentums festzunageln. In der Urteilsbegründung hieß es denn auch kurz und lapidar: »Mit der Verordnung vom 31. Juli 1941 wies er Himmler und Heydrich an, ›eine endgültige Lösung der Judenfrage innerhalb der deutschen Einflusssphäre in Europa‹ zustande zu bringen.«

Der Morderlass war nicht seinem eigenen Antrieb entsprungen. Wenige Wochen nach Jacksons Kreuzverhör, am 9. April 1946, wollte Ralph Thoma, der Verteidiger des Angeklagten Rosenberg, vom Zeugen Hans Heinrich Lammers, dem ehemaligen Chef der Reichskanzlei, wissen, ob er »etwas davon gewusst« habe, »dass Hitler sich entschieden hat, die Judenfrage durch die Endlösung, das heißt durch die Vernichtung der Juden, zu lösen?« Lammers antwortete, dass er 1942 erfahren habe, »dass der Führer angeblich über Göring einen Auftrag gegeben hat an den SS-Obergruppenführer Heydrich zur Lösung der Judenfrage. Den näheren Inhalt dieses Auftrages kannte ich nicht«.[110] Hitler hatte wieder einmal dafür gesorgt, dass sich einer seiner Obersatrapen noch tiefer in die Mordtaten seines Regimes verstrickte. In zeitlicher Nähe zur Weisung vom 31. Juli 1941 an Heydrich wurde übrigens den deutschen Konsulaten mitgeteilt, dass Göring die freiwillige Auswanderung von Juden aus Frankreich und Belgien verboten habe, weil diese eine ähnliche Auswanderung aus dem Reich behindere und weil die Endlösung der Judenfrage unmittelbar bevorstehe.[111]

Am 24. April 1946 – Görings Verteidigung war längst abgehandelt – versuchte er durch seinen Verteidiger Otto Stahmer den Zeugen Hans Bernd Gisevius zu beeinflussen. Gisevius sollte sowohl vom Verteidiger Fricks, Pannenbecker, als auch vom Verteidiger Schachts, Rudolf Dix, als Zeuge der Verteidigung vernommen werden. Stahmer ging zu seinem Kollegen Dix und ließ ihn wissen, Gisevius möge über gewisse Dinge schweigen, widrigenfalls Göring über Schacht auspacken werde. Gisevius stand in Hörweite. Ihm war die Botschaft eigentlich zugedacht. Statt sich Stahmers Warnung zu Herzen zu nehmen, unterbrach er, während er von Pannenbecker befragt wurde, seine Aussage und ersuchte, »von einem Zwischenfall Mitteilung machen zu dürfen, der sich heute morgen abgespielt hat«. Die Anwälte versuchten zu erklären, immerhin stand der Versuch, einen Zeugen zu beeinflussen, im Raum. Sie merkten gar nicht, wie sie sich wanden und im Kreis herumredeten.

Das Gericht wollte hören, was Gisevius zu sagen hatte. Er beschrieb seine Sicht der Blomberg-Fritsch-Krise des Jahres 1938 und die Rolle, die Göring dabei gespielt hatte. Er erzählte zunächst auf seine etwas betuliche Art, wie es zum Rücktritt von Reichskriegsminister Blomberg gekommen war: »Am 12. Januar 1938 wurde die deutsche Öffentlichkeit von der Meldung überrascht, dass der Reichskriegsminister von Blomberg geheiratet hätte« – und zwar, was aber nur wenige Eingeweihte wussten, eine ehemalige Prostituierte. Göring und Himmler wollten, so Gisevius, den sich anbahnenden Skandal dazu benützen, um Blomberg zu stürzen und die Führung der Wehrmacht Hitler in die Hände zu spielen. Der entließ den Marschall denn auch prompt. Der Mann, der ihm hätte nachfolgen müssen und Hitler noch im Wege stand, Generaloberst von Fritsch, war kein Freund Hitlers und, wie der »Führer« spätestens seit seinem von Oberst Hoßbach überlieferten Vortrag wusste, vor allem kein Freund seiner Angriffspläne.

Die Skrupellosigkeit der Intrige, die Göring und Himmler einfädelten, um Fritsch aus dem Weg zu räumen, war schwer überbietbar. Sie zauberten den Akt eines Häftlings herbei, der Homosexuelle erpresst und der Gestapo Unappetitliches über einen Herrn von Fritsch oder Frisch erzählt hatte. Dass es sich nicht um den Generalobersten und Oberkommandierenden des Heeres gehandelt hatte, wussten Göring und die Gestapo längst, doch Göring präparierte den Häftling und er spielte seine Rolle nach Plan. Alles, was er über den falschen Frisch oder Fritsch erzählt hatte, wurde nun dem in die Reichskanzlei bestellten Generalobersten vorgeworfen. Fritsch stritt empört ab, Hitler öffnete eine Tür, herein trat der »Zeuge«, hob den Arm, zeigte auf Fritsch und sagte: »Das ist er.« Fritsch konnte nur noch eine gerichtliche Untersuchung verlangen.

Hans Bernd Gisevius war ein Nationalkonservativer und ursprünglich alles andere als frei von Antisemitismus. Er war der NSDAP nahegestanden, hatte sie aber als Beamter der Geheimen Staatspolizei gut genug kennengelernt, um eine tiefe Wandlung durchzumachen, zum erbitterten Nazigegner zu werden und sich dem Widerstand anzuschließen. Er stand in Verbindung mit dem amerikanischen Geheimdienst OSS in der Schweiz, konnte am 20. Juli 1944 nach dem Attentat auf Hitler aus dem Berliner »Bendlerblock«, der Zentrale der Verschwörer, und im Jänner 1945 mit falschen Papieren, die ihm die Amerikaner besorgt hatten, in die Schweiz entkommen. Seine Aussage war lang, ausführlich und oft umständlich, doch Lawrence ließ ihn ausnahmsweise geduldig reden.

Gisevius schilderte die »Fritsch-Krise« aus der Sicht der konservativen Nazigegner, die auf einen Putsch der Wehrmacht gehofft hatten. Hitler bildete sein Kabinett um. Außenminister von Neurath wurde durch Ribbentrop ersetzt, Walther Funk definitiv Nachfolger des bereits im Herbst 1937 zurückgetretenen Hjalmar Schacht,

Oberkommandierender des Heeres wurde Generaloberst von Brauchitsch.[112] Keitel und Jodl halfen, dem Heer, der Marine und Luftwaffe ein Oberkommando der Wehrmacht überzustülpen, das Hitler selbst übernahm. Die Mitglieder des Reichskriegsgerichts stellten schnell fest, dass es sich bei dem erpressten Homosexuellen nicht um den Generalobersten von Fritsch gehandelt hatte, sondern um einen Hauptmann a. D. von Frisch und dass die Gestapo bereits am 15. Jänner in dessen Wohnung gewesen war und seine Haushälterin befragt hatte. Die Nazigegner und Hitlerskeptiker in der Wehrmacht, so Hans Bernd Gisevius, hofften auf die Verurteilung Görings durch das Reichskriegsgericht. Doch Hitler ernannte zum Vorsitzenden ausgerechnet Göring. Die Sitzung wurde unter dramatischen Umständen unterbrochen, denn die deutsche Wehrmacht marschierte nach Österreich ein.

»Gisevius: Es war uns schon damals kein Zweifel, weswegen der Präsident dieses Kriegsgerichts ein so unerhörtes Interesse hatte, dass an diesem Tage noch die Truppen den Marschbefehl kriegten, der sie nicht in Frontstellung nach innen, sondern mit dem Ziel nach außen marschieren ließ. Erst nach einer Woche konnte das Reichskriegsgericht wieder zusammentreten. Aber dann war Hitler der Triumphator. Die Generale hatten ihren ersten Blumenfeldzug hinter sich, eine Volksabstimmung war angesagt, der Jubel war groß und die Verwirrung bei den Generalen noch größer. Und so ging dieses Kriegsgericht auseinander. … Brauchitsch meinte, in dieser neuen psychologischen Situation, die durch die Annexion Österreichs verursacht war, könne er es nicht mehr verantworten, zu einem Putsch zu schreiten.«

Als das Reichskriegsgericht wieder zusammentrat, bestimmte Göring den Tenor, befragte die Zeugen und sorgte dafür, dass Fragen, die vielleicht hätten peinlich werden können, nicht gestellt werden konnten. Fritschs Unschuld wurde ausdrücklich festgestellt. Der Generaloberst fiel am 22. September 1939 als Kommandeur eines deutschen Artillerieregiments beim Angriff auf Warschau. Gisevius' Aussage trug zum Freispruch von Hjalmar Schacht bei und enthüllte das volle Ausmaß der Niedertracht, zu der Hermann Göring fähig war.

Gisevius sei es »in seinen letzten Jahren ziemlich elend ergangen«, erfahren wir von Robert Kempner, »er war krank und musste mit der Bonner Regierung ausführlich um seine Pension feilschen … Schließlich hat man ihm eine kleine Pension bewilligt. Widerstandstätigkeit ist nicht besonders hoch honoriert worden. Gestorben ist er in der Schweiz.«[113] Der Nürnberger Hilfsankläger Kempner meinte, als er das sagte, die Zeit um 1950, in der die deutsche Restauration ihre Sumpfblüten trieb, die Zeit, in der ein deutscher Minister einen verbalen Fußfall vor dem Hakenkreuz machte, indem er erklärte: »Ich beuge mich vor jedem Symbol, unter dem deutsche Soldaten gekämpft haben«, die Zeit, als der Witwe eines nach dem 20. Juli 1944 hingerichteten Offiziers der Versorgungsanspruch gestrichen wurde, schließlich sei ihr Mann wegen eines Hoch- und Landesverrates zum Tode verurteilt worden, die Zeit, als in einer Urteilsbegründung des Amtsgerichts Berlin-Tiergarten der Satz möglich war: »Strafverschärfend war auch die Eigenschaft der Angeklagten als Juden in Betracht zu ziehen.«[114]

Als Górings hochangesehener Verteidiger Stahmer ans Rednerpult trat, um das Plädoyer für seinen Mandanten zu halten, stieg er mit dem Verweis auf den Anstand und die Ritterlichkeit der deutschen Kriegführung sofort ins Fettnäpfchen. Offenbar hatte er Keitels Aussagen verschlafen. Auch seine Ansicht, Göring habe die Kunstwerke französischer Juden rechtmäßig erworben, weil sie doch vom »Führer« für verfallen erklärt worden seien, fand man durchaus originell.

Göring scheint noch gehofft zu haben. »Dass er … der zweite Mann im Staate gewesen sei«, meinte er am 31. August in seinem Schlusswort, werde als Beweis dafür angeführt, »dass ich alles, was geschehen sei, gewusst haben müsse …« Er habe keinen Mord befohlen, keine Grausamkeiten angeordnet oder geduldet, keinen Krieg gewollt, alles getan, ihn zu vermeiden. Als er ausgebrochen war, habe er aber alles für den Sieg getan.

Die Urteilsfindung stellte die Richter vor keine Probleme. Er wurde nach allen vier Anklagepunkten einstimmig für schuldig befunden und zum Tode verurteilt, einzig Donnedieu de Vabres enthielt sich in der ersten Beratung bei der Abstimmung über Punkt 1, weil er die Anklagen wegen Verschwörung grundsätzlich ablehnte. Bei der zweiten Beratung meinte er, Göring habe »etwas Edles an sich«, und kam auf seinen früheren Vorschlag zurück, zwischen »ehrenhaften« und »unehrenhaften« Strafen zu unterscheiden und Göring zu erschießen, worauf Nikitschenko »voller Abscheu« knurrte: »Verschonen Sie uns mit solchen lächerlichen Banalitäten!«[115]

Mit einem leisen Surren öffnete sich am 1. Oktober 1946 die kleine, in die Holzvertäfelung eingelassene Tür hinter der Anklagebank und Göring betrat, gefolgt von zwei Militärpolizisten, den Saal. Augenzeugen schilderten sein Gesicht als eingefallen und schlaff. Nach wenigen Worten von Sir Geoffrey Lawrence winkte er mit den Armen. Die Apparatur versagte. Ein Techniker eilte herbei. Vorsitzender und Dolmetscher begannen von Neuem: »Angeklagter Hermann Göring! Gemäß den Punkten der Anklageschrift, unter welchen Sie schuldig befunden wurden, verurteilt Sie das Tribunal zum Tode durch den Strang!« Göring nahm die Kopfhörer ab, drehte sich rasch herum und ging mit gesenktem Kopf ab.

Die Todesurteile sollten in den ersten Morgenstunden des 16. Oktober vollstreckt werden. Göring zerbrach am 15. Oktober um 22.30 Uhr in seiner Zelle seine Jagdpfeife und zerbiss die darin versteckte Zyankaliampulle. Wie sich später herausstellte, hatte er auch noch eine weitere Giftkapsel versteckt gehabt.

Rudolf Heß

** 26. April 1894, Alexandrien*
† 17. August 1987, Spandau (Selbstmord)
Angeklagt nach: 1, 2, 3, 4
Schuldig nach: 1, 2
Strafe: Lebenslang

Am Abend des 10. Mai 1941, einem Samstag, starteten 507 deutsche Bomber zum schwersten und zugleich letzten großen deutschen Luftangriff auf London. Der Mann, der am selben Tag um 17.45 Uhr in einem schweren Langstrecken-Jagdflugzeug mit Zusatztanks in Augsburg abhob und sich allein auf den langen Weg nach Schottland begab, konnte dies nicht wissen. Er fand sein Ziel, Dungavel Castle, flog zur Sicherheit bis zur nahen Westküste weiter, kehrte zurück, flog einer Maschine des Typs Defiant, die vom Flugplatz Prestwick aufgestiegen war, mühelos davon, stieg auf eine Höhe von 2.000 Metern und bereitete sich auf den einzigen Fallschirmabsprung seines Lebens vor. Nur mit sehr viel Glück kam er heil aus der Maschine. Er war noch dabei, sich mit einem verstauchten Knöchel aus den Fallschirmleinen zu befreien, als der Bauer McLean neben ihm stand. Er behandelte den Deutschen mit distanzierter Höflichkeit, nahm ihn mit in sein Haus und verständigte die Home Guard, die den Mann abholte und der Army übergab. Inzwischen war es 23 Uhr geworden.

Später in der Nacht rief ein Offizier der Luftbereichsüberwachung den Herzog von Hamilton an. Ob er herüberkommen könne. Douglas Douglas-Hamilton war schottischer Amateurboxmeister und ein berühmter Sportflieger gewesen, hatte als Erster den Mount Everest überflogen und war nun Chef eines Ausbildungsgeschwaders und Abschnittskommandeur der schottischen Luftverteidigung. Im Einsatzraum empfing er die Nachricht, der Pilot der deutschen Maschine, die abgestürzt und in Flammen aufgegangen war, habe nach ihm persönlich gefragt. Er heiße Alfred Horn. Da »Horn« bereits nach Glasgow gebracht worden war, fuhr Hamilton heim, ging die Namen der Luftwaffenoffiziere durch, die er anlässlich der Olympiade des Jahres 1936 in Berlin kennengelernt hatte, fand keinen Horn und legte sich wieder schlafen.

Am nächsten Morgen ging er zu dem Gefangenen in die Zelle und schickte, da dieser ihn unter vier Augen sprechen wollte, seine Begleiter hinaus, worauf ihm der Deutsche eröffnete, er sei Rudolf Heß. Sie hätten sich 1936 in Berlin kennengelernt[116], dass er selbst nach England gekommen sei, müsse als Beweis seiner Aufrichtigkeit und der Friedensbereitschaft Deutschlands gewertet werden.

Im weiteren Ablauf kommt alles vor, was zu solchen Geschichten gehört. Ungläubiges Staunen und ostentative Gelassenheit. Ein hochrangiger Herr im Foreign Ministry, der den Kecken, der den Unterstaatssekretär Sir Alexander Cadogan sprechen wollte, mit der kühlen Herablassung des englischen Beamten abfahren ließ. Ein Hamilton im Flugzeug, der von Flugplatz zu Flugplatz dirigiert und dann von Churchills Fahrer zu einem feudalen Landsitz gebracht wurde, wo der Kriegspremier übers Wochenende eingeladen war. Ein Churchill, der Hamilton etwas mitleidig betrachtete, »wie einen, dem die Nerven durchgegangen sind oder der an Halluzinationen leidet«, und »mit großem Nachdruck« fragte: »Sie wollen mir also sagen, dass der Stellvertreter des Führers in unserer Hand ist?« Der die von Hamilton mitgebrachten Fotos eingehend betrachtete und dann kopfschüttelnd sagte: »Also Heß oder nicht Heß, ich sehe mir jetzt die Marx Brothers an!«[117]

Hamilton wurde nach Mitternacht drei Stunden lang von Churchill ausgefragt. Eine Meldung des deutschen Rundfunks, Rudolf Heß habe sich offenbar in einem Anfall geistiger Verwirrung entgegen den Anweisungen des Führers in den Besitz eines Flugzeuges gesetzt und sei verschwunden, beseitigte jeden Zweifel an der Identität des Mannes. Der Flug von Rudolf Heß nach England mitten im Zweiten

Weltkrieg war eine der großen politischen Sensationen des 20. Jahrhunderts. James Douglas-Hamilton, Douglas Douglas-Hamiltons Sohn, konnte nach einem Studium von Jus und Geschichte in seinem 1973 erschienenen Buch »Geheimflug nach England« zumindest einen Teil des Dunkels um das untrennbar mit seiner Familie verbundene Ereignis erhellen. Viele Fragen sind bis heute offen, Heß' Flug nach England blieb geheimnisumwittert.

Rudolf Heß wurde als Sohn eines deutschen Kaufmannes in Ägypten geboren und lernte Deutschland erst mit zwölf Jahren kennen. 1914 wurde er Kriegsfreiwilliger in derselben Einheit wie Hitler, ohne diesen kennenzulernen. Hitler blieb Gefreiter, Heß wurde Flieger und Leutnant. Als Student lernte er den Geografieprofessor Karl Haushofer kennen, der einen später von den Nazis usurpierten Begriff kreiert hatte: »Lebensraum«. Haushofer war bemüht, die Geopolitik als Fach zu etablieren, taugte aber schon deshalb nicht zum Nazi, weil seine Frau Halbjüdin war. Sein Lieblingsschüler, der junge Heß, verteilte antisemitische Flugzettel und der Tag, an dem er zum ersten Mal Hitler reden hörte, wurde sein Schicksalstag.

Nach dem »Marsch zur Feldherrenhalle« saß er mit Hitler in der Festung Landsberg. Hitler schrieb »Mein Kampf« und Heß diente ihm als Schreibkraft. Nach der Haftentlassung trommelte er Geld für die Partei zusammen, trug Hitler Informationen zu, wurde seine rechte Hand und schließlich Stellvertreter des »Führers« in allen Angelegenheiten der NSDAP, Reichsminister ohne Geschäftsbereich, Mitglied des Geheimen Kabinettsrates und des Ministerrates für die Reichsverteidigung. Er freundete sich mit Karl Haushofers Sohn Albrecht an, der sich als Vierteljude plötzlich diskriminiert sah. Nach dem Blutbad vor der Feldherrenhalle hatten die Haushofers Heß versteckt – jetzt wurde er zum Schutzpatron der Haushofer-Söhne, machte sie zu »Ehrenariern« und verschaffte Albrecht Haushofer eine Dozentur für politische Geografie in Berlin.[118] Heß war – darüber waren sich nahezu alle, die mit ihm zu tun hatten, einig – nicht besonders intelligent. In den Monaten vor seinem Englandflug befand sich sein Stern im Sinken. Göring, der ihn seit jeher nicht mochte, hatte ihn bei Hitler angeschwärzt und Martin Bormann, ursprünglich der Stellvertreter des Stellvertreters des »Führers«, hatte alle Fäden, die einst bei Heß zusammengelaufen waren, längst selbst in der Hand. Mit Heß werde ihm jedes Gespräch zur quälenden Anstrengung, immer komme er mit unangenehmen Sachen und lasse nicht nach, vertraute Hitler nach einer stundenlangen Besprechung mit Heß Speer an, wenn er hingegen mit Göring spreche, »ist das für mich wie ein Stahlbad, ich fühle mich danach frisch. Der Reichsmarschall hat eine mitreißende Art, die Dinge vorzutragen.«[119] Heß hat offenbar geglaubt, als strahlender Held mit dem Frieden in der Tasche zurückzukehren. Hitler tobte. Er musste befürchten, dass Heß den bevorstehenden Angriff auf die Sowjetunion, in den er eingeweiht war, verriet.

Bei Bradley F. Smith findet sich dazu folgende Bemerkung: »Wenige Tage nachdem Heß in Schottland gelandet war, fielen die Deutschen in die Sowjetunion ein, und offenbar war Stalin davon überzeugt, Heß habe den Engländern ein gemeinsames Vorgehen gegen Russland angetragen. Damit hatte er ohne Zweifel recht, doch glaubte Stalin anscheinend, die Engländer hielten Heß gefangen, um durch ihn im Bedarfsfall einen Separatfrieden und einen gemeinsamen anglo-deutschen Krieg gegen Russland zu arrangieren. Von 1942 bis 1945 versuchten die Russen auf diplomatischem Wege und durch die öffentliche Meinung in den alliierten Ländern, die Engländer unter Druck zu setzen, obwohl die Regierung in London den Russen immer wieder versicherte, man beabsichtige nicht, sich mit Hilfe von Heß aus dem Krieg davonzustehlen, und schmiede auch keine antisowjetischen Pläne. … Die Engländer hielten Heß also gefangen und ertrugen geduldig Druck und Kränkungen seitens der Sowjets; doch als es Zeit wurde, über das Geschick der deutschen Hauptkriegsverbrecher zu beraten, war Heß der Erste, den sie nominierten.«[120]

In der Nacht, in der Heß über Schottland absprang, kamen in London 3.000 Menschen ums Leben und viele Gebäude wurden zerstört oder schwer beschädigt, auch das Parlament. Allerdings wurden auch 33 deutsche Bomber abgeschossen und es folgten bis zur Fertigstellung der V-Waffen keine weiteren Angriffe auf London mehr. Dass an der Notwendigkeit, Hitler niederzukämpfen, kein Weg vorbeiführte, war in Großbritannien längst breiter Konsens und die »Friedensbedingungen«, die Heß nannte, waren genau das, was Hitler ohne Krieg mit Großbritannien hatte erreichen wollen: Rückendeckung für die Beherrschung des Kontinents. Heß wurde zunächst in ein wahrhaft standesgemäßes Quartier gebracht, den Tower, wo er allerdings nur kurze Zeit blieb.

In Nürnberg tauchten schnell Zweifel an seinem Geisteszustand auf. Die englischen, sowjetischen und amerikanischen Sachverständigen, die ihn untersuchten, erklärten ihn für nicht geisteskrank, hielten aber seine Fähigkeit, »sich zu verteidigen, einem Zeugen entgegenzutreten und die Einzelheiten der Beweisaufnahme zu verstehen«, für beeinträchtigt. Lawrence beendete ein langes Hin und Her zwischen dem Pflichtverteidiger Günther von Rohrscheidt[121] und den Anklägern, indem er meinte, Heß könne selbst erklären, ob er sich für verhandlungsfähig hielt, und ihm das Wort erteilte. Heß erklärte, die Gründe für das Vortäuschen von Gedächtnisverlust seien taktischer Art, tatsächlich sei lediglich seine Konzentrationsfähigkeit etwas herabgesetzt. Ab nunmehr stehe sein Gedächtnis »auch nach außen hin wieder zur Verfügung«. Der Vorsitzende vertagte unter großem Lärm.

Heß' Verteidiger Alfred Seidl profilierte sich nicht nur mit der Aufdeckung des geheimen Zusatzprotokolls zum deutsch-sowjetischen Nichtangriffspakt (siehe S. 109 f.), sondern verfolgte offenbar auch beim Plädoyer eine schwer nachvollziehbare eigene Agenda. Er wollte offenbar das Gericht provozieren, hauptsächlich über den Friedensvertrag von Versailles reden und hatte keine Übersetzung veranlasst. Er musste ein neues Plädoyer schreiben und nach allen anderen Verteidigern nochmals antreten, doch wieder handelte er sich eine Rüge ein.

Der Text enthielt immerhin einen interessanten neuen Gedanken. Seidl hätte ihn im Interesse von Rudolf Heß besser garnieren können als mit seinen insistenten Verweisen auf Versailles: Ob nicht, wenn man Verbrechen gegen den Frieden und die Verabredung dazu schon als Straftaten gelten lasse, der Flug seines Mandanten nach England als Rücktritt von diesem Plan und als »Ausscheiden aus der Verschwörung« gelten müsse? Ein Ausscheiden aus einer Verschwörung sei nämlich »auch nach angloamerikanischem Recht möglich«, weshalb »auch nach dem Statut diese Möglichkeit grundsätzlich bestehen muss«. (Die Schuldsprüche nach Anklagepunkt 1 hatten allerdings keinen Einfluss auf die Strafen.)

In seinem Schlusswort stellte Heß noch einmal seinen Geisteszustand unter Beweis, indem er zuerst daran erinnerte, dass er zu Beginn des Prozesses prophezeit habe, es würden falsche Zeugen auftreten, einige Angeklagte würden schamlose Äußerungen über den »Führer« machen, und dann auf ein geheimnisvolles Mittel zu sprechen kam, welches das Verhalten von Menschen steuere, von den eigenartig glasigen Augen der Menschen in seiner Umgebung während seiner Gefangenschaft sprach. Das Wesentliche aber sei, dass auch bei den Prozessen in Moskau »die Angeklagten eigenartige Augen gehabt hätten«, nämlich »wie verglaste und verträumte Augen«, er schwöre, die Wahrheit zu sagen, Göring solle ihn doch nicht stören, bis ihn Lawrence nach zwanzig Minuten unterbrach, worauf Heß schloss, er bereue nichts und würde wieder so handeln, »auch wenn ich wüsste, dass am Ende ein Scheiterhaufen für meinen Flammentod brennt«.

Sowohl in der vorbereitenden Beratung am 2. September wie in der abschließenden Beratung am 10. September waren alle Richter für Schuldspruch nach Punkt 1 und 2. Über Punkt 3 und 4 waren die westlichen Richter noch unsicher. Auch General Nikitschenko hatte Bedenken, war aber eher dafür, Wolchkow war für schuldig in allen Anklagepunkten, weil auch Heß die Nürnberger Gesetze unterzeichnet hatte, er trage Schuld an der Ausrottung der Juden. Biddle notierte dazu, die Sowjets nähmen eine extreme Haltung ein.

Robert Falco eröffnete die endgültige Beratung mit dem Statement, er halte Heß nach allen vier Punkten für schuldig und sei für lebenslange Haft, Donnedieu de Vabres hingegen stimmte für schuldig nach den ersten beiden Punkten, nicht schuldig nach 3 und 4 und beantragte etwa zwanzig Jahre Haft. Lawrence hielt Heß nach allen vier Punkten für schuldig und wünschte lebenslange Haft, die sowjetischen Richter fanden Heß nach allen vier Punkten schuldig und forderten die Todesstrafe. Parker und Biddle befürworteten Verurteilung nach 1 und 2 und lebenslange Haft. Bei den Schuldsprüchen wogen die Stimmen von Donnedieu de Vabres und Biddle jene von Lawrence und Nikitschenko auf, Heß wurde also nur nach 1 und 2 schuldig gesprochen.

Da man über das Strafmaß nicht einig wurde, schlug Falco vor, »zuerst darüber abzustimmen, ob die Todesstrafe verhängt werden solle, dann darüber, ob lebenslange Haft angemessen sei, und schließlich über eine begrenzte Haftstrafe; das Strafmaß, dem zuerst drei Richter zustimmten, solle gelten. Diesem Vorschlag folgte man, und die Todesstrafe wurde rasch abgelehnt, denn Nikitschenko wurde drei zu eins überstimmt. Sodann fielen zwei Stimmen für und zwei Stimmen gegen lebenslange Haft, doch änderte Nikitschenko nun sein Votum und stimmte mit Biddle und Lawrence gegen Donnedieu de Vabres für lebenslange Haft. Dem sowjetischen Richter war wohl klargeworden, dass andernfalls das zwei zu zwei durch einen anglo-amerikanischen Kompromiss mit Donnedieu de Vabres in eine Haftstrafe von 20 bis 30 Jahren umgewandelt worden wäre. Indem Falco seinen Vorschlag machte, gelang es ihm, für Heß jenes Strafmaß zu erreichen, das er für geboten hielt, nämlich lebenslange Haft, und er durchkreuzte damit die Absicht des ordentlichen französischen Mitgliedes des Gerichtshofes, eine leichtere Strafe zu verhängen. Man kann nicht sagen, ob Falco gewusst hat, dass sein Vorschlag dieses Ergebnis haben würde, doch sollte dieser Vorgang jenen zu denken geben, die gern behaupten, die Richter hätten sich in ihren Urteilen strikt an die Wünsche ihrer Regierungen gehalten.«[122]

Allen Nürnberger Richtern und Hauptanklägern, meinte Taylor, sei bekannt gewesen, wie scharf die Sowjets darauf waren, gerade Heß zu »kriegen«, denn für Stalin sei er nach wie vor der Mann gewesen, der nach England geflogen war, um eine Allianz gegen die Sowjetunion zu schaffen. Heß schien nicht zuzuhören, während die Schuldsprüche verlesen wurden. Während Görings Schuldspruch verlesen wurde, kritzelte er vor sich hin und als ihm Göring erklärte, er sei nach den Punkten 1 und 2 schuldig gesprochen worden, zeigte er kein Interesse.

Heß bleibt der dunkle Punkt des Nürnberger Prozesses, das Fehlurteil – was das Strafausmaß betrifft, auf jeden Fall. Nach der Entlassung von Albert Speer und Baldur von Schirach, die ihre zwanzig Jahre verbüßt hatten, war er weitere zwei Jahrzehnte lang der einzige Gefangene in der Spandauer Haftanstalt mit ihren 600 Zellen. Bewacht von dreißig Soldaten der vier Mächte und versorgt von zahlreichen Hilfskräften, dürfte er der bei weitem teuerste Gefangene aller Zeiten gewesen sein. Hat Seidls Enthüllung des Geheimen Zusatzprotokolls den Zorn der Sowjets zusätzlich angeheizt? Trug sie zur Verhärtung ihrer Haltung gegenüber Heß bei? Wurde diese Verhärtung tradiert? Kann dies bei der Weigerung, einer Begnadigung zuzustimmen, mitgespielt haben? Dass die Begnadigung von der Sowjetunion verhindert werde, war lange die Lesart schlechthin.

Der ehemalige amerikanische Direktor des Spandauer Gefängnisses Eugene K. Bird deutete jedoch an, dass jede der vier Mächte die Möglichkeit gehabt hätte, Spandau von sich aus zu schließen, und dass dann die Häftlinge an jene Staaten ausgeliefert worden wären, von denen sie zuerst gefangen genommen worden waren. Es gelang Heß' Anwalt Seidl nicht, dies zu verifizieren. Die Dokumente, »in denen die Vereinbarungen und Entscheidungen zur Regelung der Verwaltung des Alliierten-Gefängnisses in Spandau niedergelegt sind«, blieben geheim.[123]

Dass Rudolf Heß über vier Jahrzehnte lang inhaftiert und dass selbst ein Gesuch um Hafturlaub, um angesichts drohender Erblindung seine Enkelkinder sehen zu können, erfolglos blieb, war ein im Grunde unbegreiflicher Verstoß gegen die Menschenrechte. Dadurch wurden Vermutungen genährt, die Hintergründe seines Fluges seien eben doch nicht völlig aufgeklärt, seine Freilassung könnte zu unangenehmen Enthüllungen führen.

Heß, der in Nürnberg erklärt hatte, er bereue nichts, wurde nach seinem Selbstmord am 17. August 1987 zur Ikone der Neonazis. Er wurde zu einem Märtyrer des Friedens stilisiert und sein Grab zum Ziel von »Rudolf-Heß-Märschen«. Längere Zeit markierte ein schwarzer Gedenkstein mit der fehlerhaften englischen Inschrift »the point where brave, heroic Rudolf Heß landed by parachute on the night of 10th May 1941 to end the war« die Stelle, an der er mit dem Fallschirm gelandet war. In mehreren Büchern, darunter bei Alfred Seidl, wurde behauptet, er sei von einem amerikanischen Aufseher ermordet worden.

Alfred Jodl

** 10. Mai 1890, Würzburg*
† 16. Oktober 1946, Nürnberg
Angeklagt nach: 1, 2, 3, 4
Schuldig nach: 1, 2, 3, 4
Strafe: Tod durch den Strang

Am 31. Jänner 1933, dem Tag nach Hitlers »Machtergreifung«, soll Alfred Jodls spontane Reaktion gelautet haben: »Um Gottes willen, das gibt den nächsten Krieg!«, und er soll ausgerufen haben: »Fallen

Sie doch bloß nicht auf diesen Scharlatan herein!«[124] Zu seinem Unglück fiel er dem Scharlatan alsbald selber herein. Am 7. Mai 1945 um 2.41 Uhr unterzeichneten Generaloberst Jodl und Generaladmiral von Friedeburg in Reims die bedingungslose deutsche Kapitulation. Als Totenmaske, völlig versteinert, beschrieb ein amerikanischer Radioreporter Jodls Gesicht. Nach der Unterschrift bat er die Sieger um Gnade für das deutsche Volk, aber bereits mit seinem ersten Satz gab er zu erkennen, dass er nichts begriffen hatte: Das deutsche Volk und die deutsche Wehrmacht hätten »in diesem Kriege mehr geleistet und mehr erduldet als vielleicht je ein Volk auf der Erde«.[125] An die Millionen toten Juden, die Millionen toten Russen und Polen, die Leiden der von der deutschen Wehrmacht unterjochten Völker dachte er nicht.

In den seit 1933 vergangenen zwölf Jahren hatte der ehrgeizige und befähigte Offizier Karriere gemacht und das Pech gehabt, als Chef des Wehrmachtführungsstabes eines der höchsten ausführenden Organe Hitlers bei der Führung seiner Kriege und seinen verbrecherischen Befehlen zu werden. Je mehr Geld Hitler in die Aufrüstung pumpte, umso weniger hielt ihn Jodl für einen Scharlatan. Sein Biograf Bodo Scheurig: »Die Wehrmacht jener Jahre stand in einem Bekenntnissog zum Reich Adolf Hitlers, mochten einige Zweifel aussehen, wie immer sie wollten.«[126] Auch so kann man es sagen: Der Bekenntnissog ist eine Wortschöpfung, die noch der tiefenpsychologischen Deutung harrt.

Jodl wurde 1890 in Würzburg geboren und hieß bis zu seinem neunten Lebensjahr Baumgärtler, weil der Vater als königlich bayerischer Offizier seine Lebensgefährtin wegen ihrer »niederen Herkunft« als Bauerntochter erst nach seiner Pensionierung heiraten konnte. Der Sohn trat in Vaters Fußstapfen, wurde im Ersten Weltkrieg verwundet und ausgezeichnet und zählte zu jener Minderheit unter den deutschen Berufsoffizieren, die loyal zur Weimarer Republik standen. Er wurde unmittelbar vor Beginn des Zweiten Weltkrieges als Chef des Wehrmachtführungsstabes (bis August 1940: »Wehrmachtführungsamt«) nach Berlin beordert. Die nächsten fünfeinhalb Jahre lebte er im täglichen Kontakt mit Hitler, trug die Meldungen von allen Fronten zusammen und die Lage vor, brachte Hitlers Entscheidungen in die militärische Form, überwachte die Ausführung, redigierte den täglichen, zur Veröffentlichung bestimmten Wehrmachtbericht und legte ihn Hitler zur Unterschrift vor. Er war schweigsam und sperrig, seine scharfen, ironischen Antworten waren berüchtigt. Mit seinem strategischen Talent machte er sich bei der Planung der deutschen Angriffe auf Dänemark, Norwegen und die Sowjetunion unentbehrlich, und damit, dass er allzu oft eine eigene Meinung äußerte, bei Hitler unbeliebt. Oft war er derjenige, der zu bedenken gab, Härten zu mildern versuchte, schwache Augenblicke nutzte, beschwor. Hitler hielt in seiner Umgebung auf Distanz, zum Bewunderer ohne Unterwürfigkeit Jodl war die Distanz besonders groß.

Er konnte dem Gericht überzeugend erklären, dass er versucht habe, dem »Führer« Befehle, die nach seiner, Jodls, Überzeugung dem geltenden Kriegsrecht widersprachen, auszureden, und wenn das nicht möglich war, die Ausführung zu mildern oder zu unterlaufen, wo er konnte. Er hatte den »Kommissarbefehl«, wonach die politischen Funktionäre unter den russischen Kriegsgefangenen zu erschießen waren, zwar nicht unterschrieben und nicht, wie Wilhelm Keitel, mit dem ganzen Gewicht seiner Person gedeckt. Doch seine Untergebenen hatten an der Formulierung mitgewirkt. Mit dem »Kommandobefehl« ordnete Hitler an, alliierte Soldaten, die hinter den deutschen Linien operierten, um Brücken oder Eisenbahntunnel zu sprengen, oder die in Norwegen mit dem Fallschirm absprangen, etwa um ein E-Werk zu zerstören, »niederzumachen«, selbst wenn sie sich ergeben wollten, beziehungsweise nach Gefangennahme und Vernehmung zu erschießen. Jodl war völlig klar, dass dieser Befehl glatten Mord darstellte, sah aber keine Möglichkeit, ihm offen entgegenzutreten, und sah bloß darüber hinweg und erstattete Hitler keine Meldung, wenn er erfuhr, dass er nicht befolgt worden war.

Zu seinem Unglück war er jedoch der Ansicht, dass Geiselerschießungen dem geltenden Kriegsrecht entsprachen, und vertrat den Standpunkt, dass Kämpfer gegen die von einer Besatzungsmacht eingesetzte Regierung nicht als Kriegsgefangene zu behandeln, sondern zu erschießen waren. Am 6. April 1945 hatte sich SS-Oberführer Fehlis beim Wehrmachtführungsstab gegen eine Verfügung beschwert, wonach »Angehörige der norwegischen Widerstandsbewegung, die in geschlossenen Einheiten auftreten und deutlich durch Armbinden oder sonstige Abzeichen als Kombattanten kenntlich sind, als Kriegsgefangene zu behandeln« seien. Jodl entschied im Sinne der SS: »Norwegen hat eine Regierung im eigenen Lande. Wer im Lande dagegen kämpft, ist ein Rebell.«

Er hatte in den Professoren Franz Exner und dessen Stellvertreter Hermann Jahrreiß zwar zwei hervorragende Verteidiger, doch sie scheiterten an der Halsstarrigkeit dieses Mannes. Er rechtfertigte Hitlers Angriffskriege und trug stolz seine Uneinsichtigkeit und Arroganz zur Schau. Seine Bewunderung für Hitler schlug noch immer bei vielen Antworten durch. US-Ankläger Roberts legte Jodl einen Befehl vor, in dem es hieß: »Die zur Sicherung der eroberten Ostgebiete zur Verfügung stehenden Truppen reichen bei der Weite dieser Räume nur dann aus, wenn alle Widerstände nicht durch die juristische Bestrafung der Schuldigen geahndet werden, sondern wenn die Besatzungsmacht denjenigen Schrecken verbreitet, der allein geeignet ist, der Bevölkerung jede Lust zur Widersetzlichkeit zu nehmen. … Nicht in der Anforderung weiterer Sicherungskräfte, sondern in der Anwendung entsprechender drakonischer Maßnahmen müssen die Befehlshaber das Mittel finden, um ihre Sicherungsräume in Ordnung zu halten.«

Ob Jodl daran mitgearbeitet habe? Aber sicher, es sei ja ein Operationsbefehl, die Ergänzung einer Weisung.

»Roberts: Das ist doch ein furchtbarer Befehl, nicht wahr?

Jodl: Nein, ist gar nicht furchtbar, denn es ist völkerrechtlich festgelegt, dass die Bewohner eines besetzten Gebietes die Befehle und Anordnungen der Besatzungsmacht zu befolgen haben. Ein Aufstand, ein Widerstand gegen die Wehrmacht, die dieses Land besetzt hat, ist untersagt und heißt Franktireurkrieg. Zur Bekämpfung dieses Franktireurkriegs sind keine völkerrechtlichen Mittel festgesetzt, sondern hier heißt es: ›Auge um Auge, Zahn um Zahn‹. Und das ist nicht einmal ein deutscher Grundsatz.« Dass in diesem Befehl nicht von jenen die Rede war, die sich widersetzten, sondern von einem Terror, der einer ganzen Bevölkerung jede Lust zur Widersetzlichkeit nehmen sollte, hat Jodl bei seiner Antwort wohl ganz übersehen.

War der Einmarsch in Österreich ein Aggressionsakt gewesen? Doch nicht für Jodl.

»Roberts: Und Österreich hat von diesem Tage an alle Wohltaten des Nationalsozialismus erfahren?

Jodl: Das ist eine politische Frage; es hätte jedenfalls vielleicht das glücklichste Land der Welt werden können.«

Hans Laternser, der den Generalstab und das Oberkommando der Wehrmacht gegen die kollektive Anklage als verbrecherische Organisationen verteidigte, sprach Jodl auf die Massenmorde der Einsatzgruppen an. Ob er glaube, »dass die Oberbefehlshaber der Armeen oder Heeresgruppen stillschweigend derartige Zustände hingenommen hätten?« Jodl antwortete, er halte es »für ausgeschlossen, weil sie in viel kleineren Vorfällen den heftigsten Protest erhoben haben. Hunderte von Dokumenten, die hier von der Anklage vorgelegt wurden, beweisen unaufhörlich Satz für Satz, wie an der Front und von der Truppe Einspruch erhoben wurde gegen Maßnahmen, die sie entweder für menschlich unzulässig oder für gefährlich hielten für die Ruhe und Ordnung in den besetzten Gebieten.« Hatte er die Aussage Otto Ohlendorfs vom 3. Jänner verschlafen? Im Protokoll findet sich kein Hinweis, dass er an diesem Tag gefehlt hätte.

Wenn Julius Streicher und Alfred Jodl sonst auch rein gar nichts verband, so hatten sie doch gemeinsam, dass sie es beide, der eine mit seinem ganzen abstoßenden Wesen, der andere durch Uneinsichtigkeit und zur Schau getragenen grenzenlosen Hochmut, hervorragend verstanden, Richter gegen sich einzunehmen. Bradley F. Smith stellt jedoch fest, dass Biddle und Birkett »Jodl Achtung entgegenbrachten«. Birkett notierte, er besitze erhebliche politische Kenntnisse und sei ungewöhnlich gescheit, und Biddle schrieb über sein Schlusswort: »Der aufrichtige und leidenschaftliche Idealismus vieler dieser Angeklagten erstaunt mich immer wieder, aber was für Ideale waren das!«[127]

In der ersten Beratung am 3. September wollten Lawrence und Donnedieu de Vabres Freispruch von den Verbrechen gegen die Menschlichkeit, de Vabres außerdem nach dem von ihm generell abgelehnten Anklagepunkt 1. Am 10. September forderten die Russen die Todesstrafe, die Franzosen weigerten sich, Jodl zum Tod zu verurteilen, Biddle und Lawrence waren unschlüssig, ob er aufgehängt oder erschossen werden sollte. Die Richter beschlossen, noch einmal über Jodl nachzudenken. Die Schlussberatung am 12. September war kurz. Die Franzosen stimmten angesichts der Mehrheit der Todesstrafe zu, auch Biddle unterstützte ihre Forderung und meinte, Keitel gehöre aufgehängt, Jodl erschossen, und löste die Pattsituation, indem er den Russen und Briten nachgab.

Die erschossenen norwegischen Widerstandskämpfer hätten vollauf für ein Todesurteil gereicht. Andererseits hatte Großadmiral Raeder den »Kommandobefehl« nicht nur weitergegeben, sondern berechtigt gefunden und kam trotzdem mit einer lebenslangen Strafe davon. Richter sind Menschen, auch Richter empfinden Sympathien und Antipathien für Angeklagte, die täglich, stündlich, an allen Gerichten der Welt, Urteile beeinflussen. In den Fällen Raeder und Jodl und bei Streicher könnten sie mitgespielt haben. Als sachlich ungerechtfertigt kann man meiner Ansicht nach keines dieser Urteile bezeichnen. Doch Verbrechen wie jene, die Alfred Jodl den Kopf kosteten, haben hohe amerikanische Offiziere in Vietnam und im Irak ebenfalls begangen und sie wurden nicht einmal disziplinarisch belangt.

Ernst Kaltenbrunner

** 4. Oktober 1903, Ried im Innkreis*
† 16. Oktober 1946, Nürnberg
Angeklagt nach: 1, 3, 4
Schuldig nach: 3, 4
Strafe: Tod durch den Strang

Auf Rebecca West wirkte Ernst Kaltenbrunner wie ein tückisches Pferd und der britische Schriftsteller Evelyn Waugh notierte, nur Kaltenbrunner sehe wie ein offenkundiger Verbrecher aus. Mit seiner Ernennung zum Chef des Reichssicherheitshauptamtes am 30. Jänner 1943 wurde ein SS-Führer von der Peripherie in eine Schlüsselstelle im Zentrum der Macht katapultiert. Am 4. Juni 1942 war Reinhard Heydrich den bei einem Attentat erlittenen Verletzungen erlegen und Himmler hatte das RSHA inzwischen selbst geleitet. Ein adäquater Ersatz für Heydrich, diese »unheimliche Erscheinung mit einem furchteinflößenden Auftreten«[128], stand nicht zur Verfügung, doch der SS-Jurist aus Oberösterreich war »weltanschaulich gefestigt« und ein fähiger Organisator.

Die Familie war kaisertreu und antisemitisch. Er besuchte dasselbe Realgymnasium, in das auch Hitler gegangen war, einer seiner Freunde war sein späterer Untergebener Adolf Eichmann. Bereits der Mittelschüler schloss sich der Burschenschaft »Hohenstaufen« an, »deren besonderer Hass den Katholiken und den Habsburgern galt«.[129] Als Student und trinkfestes Mitglied der schlagenden

Burschenschaft »Arminia« galt er als leidenschaftlicher Duellant, bald zierten zahlreiche Schmisse sein Gesicht. Nach zwei Jahren wechselte er vom Studienfach Chemie zu Jus, um die Kanzlei seines kranken Vaters zu übernehmen. Im oberösterreichischen Wahlkampf des Jahres 1931 zog er agitierend von »Marktplatz zu Marktplatz, von Wirtshaus zu Wirtshaus«.[130] Er wurde Führer der Linzer SS und seine Tätigkeit als Jurist bestand bald hauptsächlich darin, SS-Männer zu verteidigen. Im Jänner 1934 verhaftet, war er einer der Organisatoren jenes Hungerstreiks im Anhaltelager Kaisersteinbruch, der zur Entlassung von fast 500 NS-Häftlingen führte, und wurde Sekretär des »gemäßigten« Naziführers Anton Reinthaller.

Nach der Ermordung von Bundeskanzler Dollfuß am 25. Juli 1934 wurde Reinthaller Führer der »Nationalen Aktion«, die den Ständestaat von innen aushöhlte, und Kaltenbrunner half, den »revolutionären« NSDAP-Chef Josef Leopold auszubooten. Er übermittelte vertrauliches Material über innenpolitische Vorgänge »ins Reich«, manchmal drei Sendungen an einem Tag, gab dabei gern fremde Arbeit für seine eigene aus und wurde im Jänner 1937 illegaler SS-Führer für ganz Österreich. In den frühen Morgenstunden des 12. März 1938 kam Himmler in Wien an und bestimmte Kaltenbrunner zum Staatssekretär für das Sicherheitswesen in Seyß-Inquarts »Anschlusskabinett«. Die Verhaftung der Nazigegner begann sofort.

Kaltenbrunner gehörte zu denen, die bis zum Frühjahr 1945 nicht wahrhaben wollten, dass der Krieg verloren war. Er glaubte an die »Wunderwaffe« und an Hitlers Genie. Sein letzter persönlicher Triumph war die Hinrichtung von Admiral Canaris am 9. April, aber bereits im März hatte er versucht, sich über die Schweiz den Alliierten als Führer der österreichischen NS-Gegner anzubiedern, die geheimdienstliche Meldung darüber liegt noch heute in den National Archives der USA. Wenige Tage vor dem Ende Nazi-Deutschlands verlegte er sein »Hauptquartier« nach Altaussee, besuchte noch einmal Gisela Gräfin von Westarp, die wenige Wochen zuvor

Zwillinge von ihm geboren hatte, und sprach ein letztes Mal mit seinen Massenmördern Adolf Eichmann und Paul Blobel, dem ehemaligen Kommandanten eines der Mordkommandos der Einsatzgruppe C.[131] Wenige Tage nach der deutschen Kapitulation ließ er sich mit seinem Adjutanten und zwei SS-Männern von zwei Jägern auf eine Almhütte führen, wo sie sich von den Amerikanern ohne Widerstand festnehmen ließen. Aber der von den Alliierten gesuchte riesige Mann mit den Schmissen hatte ohnehin keine Chance. Der unauffällige Eichmann hatte es da leichter.

Der Chef des Reichssicherheitshauptamtes leugnete, in Mauthausen jemals eine Gaskammer gesehen zu haben, er leugnete die von ihm erteilten und nach Auschwitz, Mauthausen und anderen Lagern übermittelten Hinrichtungsbefehle, er leugnete die Anordnung, eine Gruppe entflohener, in Uniform festgenommener alliierter Offiziere in Mauthausen zu liquidieren, er leugnete schlicht alles, auch wenn es ihm noch so handfest bewiesen wurde. Er wusste nicht mehr, dass er Befehle zur Ermordung von Fremdarbeitern unterschrieben hatte, die wirklich oder angeblich mit Deutschen sexuellen Kontakt gehabt hatten, sowie Einzel- und Massenverhaftungsbefehle und Einweisungen ins KZ wegen »deutschfeindlicher Äußerungen«. Sein Entlastungszeuge Rudolf Höß war der schrecklichste unter allen Entlastungszeugen, die zu Belastungszeugen wurden. (Siehe S. 112 f.)

Kaltenbrunner wollte nicht einmal sein eigenhändiges »Lieber Blaschke!« über und sein »Dein Kaltenbrunner« unter jenem Brief vom 7. Juni 1944 an den Wiener Bürgermeister erkennen, in dem er ihm die Ankunft eines Transportes von 12.000 Juden in Wien ankündigte, von denen »schätzungsweise etwa 30 % (im vorliegenden Fall etwa 3600) an arbeitsfähigen Juden anfallen« würden. Die nicht arbeitsfähigen Frauen und Kinder seien »sämtlich für eine Sonderaktion« (sprich: Ermordung) bestimmt und bis zum Abtransport bereitzuhalten. »Ich hoffe«, schloss der Brief, »dass Dir diese Transporte bei Deinen vordringlichen Arbeitsvorhaben eine Hilfe sein werden«, worauf er mit Heil Hitler verblieb. Viktor von der Lippe fand, dass sich »Kaltenbrunner, der ja unter allen Umständen ein verlorener Mann ist … heute besser benahm als Keitel, welch Letzterer in einer gleichfalls verlorenen Position nicht die Kraft aufgebracht hatte, sich in ähnlicher Weise zur Wehr zu setzen«.[132] Für diese Mentalität war Eingeständnis der Schuld Schwäche und offenkundiges Lügen »kaltblütige Dialektik«.

In seinem Schlusswort beteuerte Kaltenbrunner, nie in Mauthausen gewesen zu sein, nur in einem benachbarten Lager für Kriminelle. Bei den Politischen nie. In der »Judenfrage« wollte er ebenso getäuscht worden sein wie andere, er habe »niemals die biologische Ausrottung des Judentums gebilligt oder geduldet«. Die Richter waren sich längst darüber einig, dass in diesem Fall nur die Todesstrafe in Frage kam, als eine lange Auseinandersetzung darüber entstand, ob sie ihn auch nach dem ersten Anklagepunkt schuldig sprechen sollten oder nur nach 3 und 4. Er wurde vom Vorwurf der Verschwörung freigesprochen und starb als Massenmörder.

Wilhelm Keitel

** 22. September 1882, Helmscherode bei Gandersheim*
† 16. Oktober 1946, Nürnberg
Angeklagt nach: 1, 2, 3, 4
Schuldig nach: 1, 2, 3, 4
Strafe: Tod durch den Strang

Als Hitler 1938 das Oberkommando der Wehrmacht selbst übernahm und einen Stabschef suchte, wollte er von Blomberg wissen, wer bisher die gesamte Stabsarbeit besorgt habe. Blomberg nannte den Namen Wilhelm Keitel und setzte hinzu, der sei aber nur sein subalterner Büroleiter gewesen. Worauf Hitler antwortete, das sei gerade der Mann, den er suche. So wurde Keitel Chef des Oberkommandos der Wehrmacht und Generalfeldmarschall.

Er ließ jede Gelegenheit, Rückgrat zu zeigen, konsequent aus. Albert Speer erinnerte sich an eine aufschlussreiche Episode. Hitler hatte der Sechsten Armee unter Feldmarschall Paulus befohlen, in Stalingrad, dem heutigen Wolgograd, bis zum letzten Mann zu kämpfen. General Zeitzler wollte Anfang Jänner 1943 Hitler überreden, Stalingrad zu räumen und die eingeschlossenen 250.000 Mann der Sechsten Armee zu retten. Er flehte Keitel an, ihn dieses eine Mal zu unterstützen, um eine unvorstellbare Katastrophe zu verhindern. Keitel versprach ihm feierlich Unterstützung. Aber als Hitler in der Lagebesprechung sagte, Stalingrad müsse gehalten werden, »ging Keitel bewegt auf ihn zu und deutete auf die Karte, dorthin, wo ein kleiner Rest dieser Stadt von dicken roten Ringen umgeben war: ›Mein Führer, das halten wir!‹«[133]

»Ich erlag der suggestiven Kraft dieses geistig überlegenen Kopfes und seiner dämonischen Willenskraft, die Kompromisse verachtete«[134], schrieb er in seiner Zelle. Hitler sagte es drastischer. Als sein Chefadjutant Schmundt und andere Keitel durch Kesselring ersetzen wollten, erklärte er, er könne auf Keitel nicht verzichten, er sei ihm treu wie ein Hund. Seine hündische Ergebenheit für Hitler brachte ihm bei den Generälen, die ihn verachteten, den Spitznamen »Lakeitel« ein.

Der Sohn eines Gutsbesitzers schlug die Offizierslaufbahn ein, wurde im Ersten Weltkrieg in Flandern schwer verwundet, nach dem Krieg als Hauptmann in die Reichswehr übernommen und schließlich im Wehrmachtamt der direkte Vorgesetzte des um acht Jahre jüngeren Alfred Jodl. Gemeinsam halfen sie Hitler, über die Dreiheit Heer, Luftwaffe und Marine ein Oberkommando der Wehrmacht zu stülpen und das letzte Hindernis für Hitlers direkten Zugriff auf die Wehrmacht zu beseitigen.

Als Keitel wenige Tage nach der Unterzeichnung der Kapitulationsurkunde verhaftet wurde, dachte Jodl spontan an die Erschießung von fünfzig Offizieren der Royal Air Force nach einer Massenflucht von 76 britischen Luftwaffen-Offizieren aus dem Kriegsgefangenenlager »Stalag Luft III« in Sagan nordöstlich von Dresden in der Nacht vom 24. auf den 25. März 1944. Mit Sicherheit, hörte man Jodl sagen, werde sie Keitel den Kopf kosten. Von den entflohenen Offizieren wurden fünfzig erschossen, gegenüber dem Schweizer Roten Kreuz wurde behauptet, »weil sie bei ihrer Wiederergreifung Widerstand geleistet hatten, andere, weil sie auf dem Rücktransport zum Lager zu fliehen versuchten«.

Tatsächlich wurden der Leiter der Allgemeinen Abteilung für Kriegsgefangene, Generalmajor Adolf Westhoff, sowie der Inspekteur der deutschen Kriegsgefangenenlager, General von Grävenitz, wenige Tage nach dem Vorfall zu Keitel befohlen, der ihnen erklärte: »›Meine Herren, diese Fluchtversuche müssen unterbunden werden. Wir müssen ein Exempel statuieren. … Ich kann Ihnen nur sagen, dass die Offiziere, die entkommen sind, erschossen werden; wahrscheinlich ist die Mehrzahl von ihnen bereits tot.‹ Als Grävenitz Einwände erhob, sagte Keitel: ›Ich kümmere mich verdammt wenig darum. Wir haben die Sache in Gegenwart des Führers besprochen und nichts kann daran geändert werden.‹«[135] Er gab sogar noch den Befehl, in den Kriegsgefangenenlagern eine Warnung auszuhängen, wieder eingefangene Ausbrecher würden nicht mehr in das Lager zurückkehren. Die Gefangenen dürften verstanden haben, was gemeint war.

Da die Opfer weder Juden noch »asiatische Untermenschen« waren, sondern britische Offiziere, fühlten sich viele hohe deutsche Offiziere von diesem Verbrechen tief in ihrer Soldatenehre getroffen, über die in Nürnberg vor allem Jodl viele große Worte verlor. Es handelte sich aber auch nach der Genfer Konvention[136], der Deutschland noch immer angehörte, um glatten Mord. Die Entflohenen, die nicht weit gekommen und von den Lagerwachen zurückgebracht worden waren, überlebten, unter ihnen ein Neffe Churchills.

Keitels Verteidiger Otto Nelte konnte nichts Substanzielles für ihn tun. Er hatte alle unmenschlichen Befehle Hitlers unterschrieben und gedeckt, den »Kommissarbefehl«, den »Kommandobefehl«, den Befehl, bei Überfällen im Osten für einen toten Deutschen fünfzig bis hundert Kommunisten zu erschießen, wobei er hinzufügte, dort gelte ein Menschenleben nichts. Er befahl den Kommandeuren, für diesen Zweck stets genügend Geiseln bereitzuhalten. Er schlug vor, in Norwegen die Angehörigen der Arbeiter für Sabotageakte verantwortlich zu machen, und als der dortige Reichskommissar Terboven Hitler wissen ließ, dies könne nur dann Erfolg haben, wenn Erschießungskommandos zugelassen würden, lautete Keitels Vermerk auf dessen Brief: »Ja, das ist das Beste.« Die von Admiral Canaris geübte Kritik an der Behandlung der sowjetischen Kriegsgefangenen schmetterte er mit folgenden Worten ab: »Die Bedenken entsprechen den soldatischen Auffassungen vom ritterlichen Krieg. Hier handelt es sich um die Vernichtung einer Weltanschauung. Deshalb billige ich diese Maßnahmen und decke sie.«

Da Keitel auch für die Kriegsgefangenen zuständig gewesen war, hielt ihm der Ankläger Pokrowsky einen Aktenvermerk vom 19. Februar 1942 vor, in dem von der Verwendung sowjetischer Kriegsgefangener als Arbeitskräfte in der Landwirtschaft die Rede war. Von 3,9 Millionen sowjetischen Kriegsgefangenen, hieß es darin, seien noch 1,1 Millionen übrig. Allein von November 1941 bis Jänner 1942 seien 500.000 Russen gestorben. Eine Zahl, die Lawrence erschrecken ließ. Keitel unterzeichnete den »Nacht- und Nebel-Erlass«, der anordnete, gegen Zivilpersonen, die in den besetzten Gebieten des Widerstandes gegen die deutsche Besatzungsmacht beschuldigt wurden, nur dann zu verhandeln, wenn ein Todesurteil zu erwarten war. In allen anderen Fällen waren sie der Gestapo zur Verschickung als Zwangsarbeiter nach Deutschland zu übergeben und ihr Verbleib gegenüber der Bevölkerung und den Angehörigen strikt geheim zu halten.

Keitel kämpfte nur noch um sein Gesicht und hat davon doch noch einen Rest retten können, indem er Schuldbewusstsein und Reue erkennen ließ. Göring machte ihm Vorwürfe: »Sie brauchen doch nicht so verdammt direkt zu antworten! Sie hätten sagen sollen, Sie waren ein guter Soldat und führten Befehle loyal aus! … Sie können solche gefährliche Fragen umgehen und auf eine Frage warten, die Sie gut beantworten können, und dann lassen Sie sich ausführlich darüber aus!« Keitel antwortete: »Aber ich kann nicht Weiß aus Schwarz machen!«[137]

In seinem Schlusswort nahm er nur noch in Anspruch, zur Aufklärung der Sachverhalte beigetragen zu haben. Käme er noch einmal in die gleiche Lage, »würde ich lieber den Tod wählen«. In den Augen Taylors schloss Keitel »mit dem mutigsten und nachdenklichsten Statement, das … an diesem Tag abgegeben wurde … Keitel gab niemand anderem als sich selbst die Schuld.«[138] Nicht echte oder vermeintliche Verbrechen gegen den Frieden kosteten den Generalfeldmarschall den Kopf, sondern dass er sich zum Mordgesellen hatte erniedrigen lassen. Die einzige Gefahr, die einem standhaften Keitel gedroht hätte, war das Frontkommando, das er sich angeblich so gewünscht hatte, oder, wahrscheinlicher, der Abgang in den Ruhestand.

Die Beratung über sein Urteil war die kürzeste. Nur die Meinung der französischen Richter (nicht nur in diesem Fall), er solle nicht gehängt, sondern erschossen werden, führte zu einer kurzen Debatte. Er weigerte sich, seine Frau noch einmal zu sehen, weil er ihr, wie er sagte, einfach nicht gegenübertreten konnte.

Konstantin von Neurath

** 2. Februar 1873, Kleinglattbach bei Vaihingen*
† 14. August 1956, Enzweihingen bei Vaihingen
Angeklagt nach: 1, 2, 3, 4
Schuldig nach: 1, 2, 3, 4
Strafe: 15 Jahre

Der größte Fehler im Leben Konstantin von Neuraths war, dass er sich von Hitler zum Reichsprotektor von Böhmen und Mähren machen ließ. Der Preis war hoch: Er musste seinen Lebensabend bis auf die letzten eindreiviertel Jahre im Gefängnis verbringen. Goebbels hielt ihn für viel zu weich für den Job, was sicher richtig war, aber Hitler antwortete ihm, Neurath gelte als vornehmer Mann, er werde international beruhigend wirken. Die Weichheit Neuraths war kein Problem, denn die gesamte Schmutzarbeit erledigte Karl Hermann Frank (nicht zu verwechseln mit dem Angeklagten Hans Frank). Doch unter allen Bekanntmachungen hatte stets seine Unterschrift geprangt.

Neuraths Großvater, Urgroßvater und Ururgroßvater waren württembergische Minister, er selbst war Reichsaußenminister in den Regierungen Papen, Schleicher und Hitler gewesen, Letzteres, weil Reichspräsident Hindenburg bei der Ernennung Hitlers zum Reichskanzler auf ihm bestand. Er hatte an der Hoßbach-Konferenz teilgenommen, war aber zu Hitlers Kriegsplänen auf Distanz gegangen. Bei der Regierungsumbildung anlässlich der Blomberg-Fritsch-Krise wurde er als Außenminister durch Ribbentrop ersetzt. Das Verhör seines Verteidigers Otto Freiherr von Lüdinghausen mit dem gealterten und hinfälligen Zeugen in eigener Sache stellte die Geduld der Richter auf eine harte Probe. Ein Samstagvormittag verging über der Lebensgeschichte, und sie waren, wie Lawrence bissig anmerkte, noch immer nicht beim Jahr 1933 angelangt. Auch bei Lüdinghausen offenbarte sich die Denkweise in der Sprache, als er nicht auf Neuraths Einstellung zu den Juden, sondern »zur Judenfrage« zu sprechen kam.

Der britische Ankläger Sir David Maxwell-Fyfe stürzte sich so heftig auf den zittrigen Greis, dass er im Gerichtssaal Emotionen zu dessen Gunsten mobilisierte. Neurath behauptete, nie ein Antisemit gewesen zu sein, doch Maxwell-Fyfe legte ihm im Kreuzverhör seine Äußerungen aus dem »Völkischen Beobachter« vom 17. September 1933 vor: »›Der Minister zweifelte nicht daran, dass das unsinnige Gerede des Auslandes über rein innerdeutsche Dinge, wie z. B. die Judenfrage, schnell verstummen wird, wenn man erkennt, dass die notwendige Säuberung des öffentlichen Lebens wohl vorübergehend in Einzelfällen persönliche Härten mit sich bringen müsste, dass sie aber doch nur dazu diente, in Deutschland die Oberhand von Recht und Gesetz umso unerschütterlicher zu befestigen!‹ War das Ihre Ansicht im September 1933 über die Aktionen gegen die Juden … War das Ihre Ansicht?

Neurath: Ich habe bei, bei, bei meiner … vorgestern, glaube ich, ausgesagt auf die Frage, wie ich zur Judenfrage gestanden hätte, habe ich gesagt, dass ich die nach dem letzten Krieg zutage getretene Überflutung und Beherrschung des öffentlichen Lebens in Deutschland durch Juden, dass ich deren Beseitigung beziehungsweise Einschränkung für absolut richtig gehalten habe. Darauf bezieht sich das.

Maxwell-Fyfe: Also stimmt es … ich meine, Sie bleiben bei dem, was Sie am 17. September 1933 gesagt haben, dass Ihrer Ansicht nach die Behandlung der Juden 1933 nur eine ›notwendige Säuberung des öffentlichen Lebens‹ in Deutschland gewesen sei? Sollen wir es so verstehen, dass Ihr damaliger Standpunkt auch noch Ihr heutiger Standpunkt ist und dass Sie nicht von ihm abweichen?

Neurath: Das ist genau mein Standpunkt heute noch, nicht wahr, nur hätte er mit anderen Methoden durchgeführt werden müssen.«

Neurath war bei Hitlers Plänen höchstens Mitwisser, gewiss kein Mittäter, aber der »Führer« sorgte dafür, dass auch er nicht mit sauberen Händen davonkam. Als er sich weigerte, sein Amt im »Protektorat Böhmen und Mähren« weiter auszuüben, war bereits zu viel geschehen, um ungeschoren davonzukommen. In der Begründung des Urteils wurde es aufgelistet: Die Proklamation vom August 1939, »dass die Verantwortung für alle Sabotageakte nicht nur die einzelnen Täter, sondern die ganze tschechische Bevölkerung trifft«; die Verhaftung von 8.000 Tschechoslowaken durch die Sicherheitspolizei am 1. September 1939, von denen viele in den Konzentrationslagern umkamen; die Erschießung von neun Studenten, die eine Reihe von Demonstrationen organisiert hatten, die darauf folgende Schließung aller Universitäten und Inhaftierung weiterer 1.200 Studenten. Die Aktion wurde durch eine Proklamation, die Neuraths Unterschrift trug, auf Plakaten im ganzen Protektorat angekündigt, was jedoch, wie er sagte, ohne seine Genehmigung geschehen sei.

Da das Einzelschicksal stets mehr erschüttert als die große, abstrakte Zahl, löste das Schicksal der neun Studenten besondere Emotionen aus. Bradley F. Smith übte Kritik am Gewicht, das ihm beigemessen wurde, »während der Saal doch angefüllt war mit den Schatten von Millionen Opfern, die anderswo in namenlosen Massengräbern lagen, auf teuflischere Weise und ohne den geringsten Verstand ermordet«[139], doch auch diese neun Studenten waren Teil jener Millionen und standen für alle.

Am 31. August 1940 übermittelte er eine eigene sowie eine mit seiner Zustimmung von Karl Hermann Frank verfasste Denkschrift an die Reichskanzlei. Beide schlugen vor, dass die Mehrheit der Tschechen in rassischer Hinsicht vom deutschen Volke aufgesogen werden solle, beide befürworteten die Ausschaltung der tschechoslowakischen Intelligenz und anderer Gruppen, die sich der Germanisierung widersetzen könnten; Neurath empfahl die Ausweisung, Frank die Ausweisung oder »besondere Behandlung«. Am 23. September

1941 teilte ihm Hitler mit, dass er nicht streng genug sei und dass Heydrich den Widerstand bekämpfen werde. Neurath versuchte vergeblich, Hitler von Heydrich abzubringen, und bot, als er damit keinen Erfolg hatte, seinen Rücktritt an. Als dieser nicht angenommen wurde, ging er am 27. September 1941 auf Urlaub und weigerte sich, danach weiter als Protektor zu amtieren. Erst im August 1943 wurde sein Rücktritt offiziell angenommen und Wilhelm Frick an seiner Stelle eingesetzt.

Ganz so wohl, wie er es in Nürnberg darstellte, fühlte er sich auf seinem Abstellgleis offenbar doch nicht. »Herr von Neurath macht mir einen Besuch und berichtet mir über seine Lebensweise«, vermerkte Goebbels in einer Tagebucheintragung, er komme »sich ziemlich ausgeschaltet vor und befindet sich dabei bei bester Gesundheit. Seine Stellung zum Führer ist eine denkbar positive. Überhaupt ist Herr von Neurath ein Gentleman, der sich niemals eine Unkorrektheit oder Illoyalität dem Führer gegenüber hat zuschulden kommen lassen. Ich werde bei meinem nächsten Vortrag auch dem Führer über diesen Besuch berichten.«[140] Glück für Neurath: Er blieb kaltgestellt. In seinem Schlusswort stand er »mit gutem Gewissen nicht nur vor mir selbst, sondern vor der Geschichte und vor dem deutschen Volk«.

In der Beratung bestand Lawrence auf der Verurteilung nach allen Anklagepunkten und wünschte lebenslange Haft, Nikitschenko die Todesstrafe, Biddle und Donnedieu de Vabres waren für eine milde Strafe. Für den Schuldspruch nach Anklagepunkt 1 waren nur Nikitschenko und Lawrence. Man einigte sich darauf, dass de Vabres und Biddle der Verurteilung nach Punkt 1 und Lawrence der Bestrafung zu 15 Jahren zustimmte, sodass Nikitschenko drei zu eins überstimmt werden konnte. Die Richter schrieben Neurath gut, »dass er bei der Sicherheitspolizei und dem SD für die Freilassung vieler am 1. September 1939 verhafteter Tschechoslowaken und später im Herbst für die Freilassung verhafteter Studenten eintrat«.

Vergleicht man Neuraths 15 Jahre mit den Strafen in den Fällen Dönitz, Raeder, Schirach und Speer, zeigt sich, dass die Strafe auch in seinem Fall den Verbrechen nach Punkt 3 und 4 entsprach. Auch er wurde aus der Haft entlassen, als sein Ende absehbar war – am 6. November 1954, offiziell wegen eines Augenleidens.

Franz von Papen

** 29. Oktober 1879, Werl*
† 2. Mai 1969, Obersasbach
Angeklagt nach: 1, 2
Urteil: Freispruch

Franz von Papen war einer jener deutschen Erzkonservativen, die Hitler als Rammbock gegen die Demokratie verwenden wollten und glaubten, ihn dann zur Seite schieben zu können. Sie waren Zauberlehrlinge, die vom Besen, den sie riefen, selbst hinweggefegt wurden. Papen war alles andere als ein Nazi, spielte aber eine Schlüsselrolle bei der Rutschpartie der Weimarer Republik in die wahnsinnigste Diktatur aller Zeiten. Er ging als »Hitlers Steigbügelhalter« in die Geschichte ein.

Geboren als Sohn eines Gutsbesitzers in Westfalen, trat er mit elf Jahren in das Kadettenkorps ein und wurde Page am Berliner Hof. Er entfaltete als Militärattaché in Washington und Mexiko eine rege, aber glücklose konspirative Tätigkeit, war im Ersten Weltkrieg Bataillonschef an der Westfront, Generalstabsoffizier im Vorderen Orient und Major in der türkischen Armee in Palästina und ging nach dem Krieg in die Politik.

Am 1. Juni 1932 wurde er auf Vorschlag des Staatssekretärs im Reichswehrministerium Kurt von Schleicher Reichskanzler. Auf den Einwand, Papen sei doch kein Kopf, soll Schleicher erwidert haben, das solle er auch nicht sein, aber er sei ein Hut. Das neue »Kabinett der nationalen Konzentration« ohne parlamentarische Mehrheit bestand aus konservativen, meist adeligen Beamten. Papen veranlasste den Reichspräsidenten Hindenburg zur Auflösung des Reichstages, regierte vorerst mit Notverordnungen, hob das Verbot der SA und der SS auf und holte zum »Preußenschlag« aus. Preußen wurde seit zwölf Jahren von einer stabilen Koalition unter dem sozialdemokratischen Ministerpräsidenten Otto Braun geführt und galt als »demokratisches Bollwerk der Weimarer Republik«. Am 20. Juli setzte Papen per Notverordnung die demokratisch gewählte Koalitionsregierung ab und sich selbst als »Reichskommissar« ein. Bei den Reichstagswahlen vom 31. Juli 1932 wurde die NSDAP mit 37,4 Prozent stärkste Partei und Göring Reichstagspräsident. Hitler wies Papens Angebot, als Vizekanzler in sein Kabinett einzutreten, zurück: Er wollte Kanzler werden oder nichts.

Als in der ersten Reichstagssitzung am 12. September ein Misstrauensantrag gegen Papen mit 512 gegen 42 Stimmen angenommen wurde, zog dieser noch während der Abstimmung einen weiteren Auflösungsbescheid Hindenburgs aus der Tasche. Bis zu den nächsten Reichstagswahlen wurde das Arbeitslosengeld um 23 Prozent reduziert, die Bezugsdauer von zwanzig auf sechs Wochen verkürzt und Geld in die Wirtschaft gepumpt. Am 6. November verlor die NSDAP gut zwei Millionen Stimmen und 34 Mandate. Da sie vier Wochen später in Thüringen einen weiteren schweren Einbruch erlitt, schien ihr Siegeszug gebrochen. Papens Lage wurde unhaltbar. Er erwog die endgültige Auflösung des Reichstages und den autoritären Umbau der Verfassung, eine Idee, die Hindenburg sehr gut gefiel, doch Schleicher ließ am 2. Dezember dem Kabinett ein Planspiel präsentieren, das ergeben hatte, dass eine große Streikbewegung auch mit Waffengewalt nicht unter Kontrolle zu bekommen sei. Papen trat zurück. Dicke Tränen, schreibt er, seien Hindenburg über die Wangen gerollt, als er sagte, er sei zu alt geworden, »um am Ende meines Lebens noch die Verantwortung für einen Bürgerkrieg zu übernehmen. Dann müssen wir in Gottes Namen Herrn von Schleicher sein Glück versuchen lassen.«[141]

Schleicher setzte arbeitnehmerfreundliche Akzente und gewann Gregor Strasser, den Führer des linken Flügels der NSDAP, für die Annahme der Vizekanzlerschaft in seinem Kabinett, was ein aufs Höchste alarmierter und erzürnter Hitler gerade noch verhindern konnte. Auch Schleicher scheiterte. Nochmalige Neuwahlen wurden nicht mehr erwogen, obwohl man in diesem Fall weitere schwere Verluste der NSDAP erwarten durfte. Nun war Papen wieder am Zug und ließ sich von Hindenburg grünes Licht für Koalitionsgespräche mit den Nazis geben. Da Hitler als Juniorpartner nicht zu haben war, akzeptierte Papen diese Rolle für sich und trat als Vizekanzler in die Regierung des neuen Reichskanzlers Adolf Hitler ein. Damit war das Schicksal Deutschlands und der Welt besiegelt.

Als er merkte, was er angerichtet hatte, war es zu spät. Das Konkordat mit dem Vatikan brachte der Katholik als Bevollmächtigter der Reichsregierung am 20. Juli 1933 noch unter Dach und Fach.[142] Nach einer Reihe von Reden, in denen er Hitler gepriesen hatte, hielt er am 17. Juni 1934 bei der Hauptversammlung des Marburger Universitätsbundes die Festansprache, in der er sich vom Machtanspruch der NSDAP distanzierte. Sie war rhetorisch brillant und eine einzige Provokation der Nazis, verfasst hatte sie sein Berater und Redenschreiber Edgar Julius Jung. Nur einer ihrer Kernsätze: »Mangelnder oder primitiver Intellekt berechtigen noch nicht zum Kampfe gegen Intellektualismus.« Der unverzüglich verständigte Goebbels unterband sofort jede Veröffentlichung der Rede, Jung wurde am 25. Juni verhaftet. Am 30. Juni entmachtete Hitler die SA und neben den SA-Führern wurden auch zahlreiche Hitlergegner und Missliebige erschossen. Unter ihnen Gregor Strasser, Kurt von Schleicher und dessen Frau, der antidemokratische, christliche Konservative Jung sowie ein weiterer Mitarbeiter des für fünf Tage unter

Hausarrest gestellten Papen. Papens Rücktritt als Vizekanzler und die Auflassung dieses Amtes durch Hitler kreuzten sich.

Papen schrieb ihm nach der Ermordung zweier Mitarbeiter noch einige unterwürfige Briefe und wurde Botschafter in Wien. In der Urteilsbegründung hieß es, er habe zur Herbeiführung des Anschlusses »sowohl Intrigen betrieben, als auch Drohungen gebraucht. Das Statut hat jedoch solche Verletzungen der politischen Moral nicht als verbrecherisch bezeichnet, so übel sie auch sein mögen.« Später gab er als Botschafter in Ankara Besuchern aus Deutschland zu verstehen, wie sehr er vor allem Hitlers Politik gegenüber der Kirche missbilligte, und zögerte den Abbruch der diplomatischen Beziehungen mit Deutschland durch die Türkei bis 1944 hinaus. Da keinerlei Beweise für die Teilnahme an einer wie auch immer gearteten Naziverschwörung oder gar für ein Verbrechen gegen den Frieden vorlagen, begnügte sich Sir David im Kreuzverhör damit, Papen menschlich zu demontieren. Dies war keine Aufgabe, die eines brillanten Anklägers würdig war. Es fiel ihm leicht, Papen dem Gericht als einen Meister im Wegschauen vorzuführen.

Mit seinem Schlusswort saß der »Herrenreiter« noch immer auf einem hohen Ross: »Will die Anklage wirklich alle Menschen, die sich ehrlichen Wollens zur Mitarbeit gestellt haben, verdammen? … Nur wenn dieses Hohe Gericht die historische Wahrheit erkennt und anerkennt, wird der geschichtliche Sinn dieses Prozesses erfüllt.«

Am 12. September kam es, schreibt Bradley F. Smith, bei der Schlussberatung zum Freispruch, »denn Biddle und Lawrence waren dafür, Donnedieu de Vabres und Nikitschenko dagegen. … Die Russen sahen mit Unbehagen, in welche Richtung Beratung und vermutlich auch Urteilsfindung gingen … um überhaupt eine Verurteilung zu erreichen, erboten sie sich, für diesmal von der Todesstrafe abzusehen, und wollten mit zehn Jahren für Papen zufrieden sein. Der Freispruch war aber nicht abzuwenden, denn Lawrence behauptete zwar, Papen noch weniger sympathisch zu finden als Schacht …

doch stimmte auch er für Freispruch … ›weil wir damit beweisen können, dass wir hier nicht als rachsüchtige Siegermächte zu Gericht sitzen‹. Und nach der Verurteilung Schachts und der Freisprechung Papens solle man doch gleich auch noch Fritzsche freisprechen.«[143]

So gerne auch Biddle und Lawrence Papen verurteilt hätten – sie sahen den Fall richtig. Papen hatte die Demokratie gehasst, eine Schlüsselrolle bei ihrer Beseitigung gespielt und Hitler an die Macht gebracht. Aber das fiel unter keinen der Nürnberger Anklagepunkte. Er wurde am 24. Februar 1947 im Spruchkammerverfahren als Hauptschuldiger eingestuft, zu acht Jahren Arbeitslager verurteilt und 1949 vorzeitig entlassen. Die Einziehung seines Vermögens wurde aufgehoben, seine Bemühungen um Pensionszahlungen blieben erfolglos.

Erich Raeder

** 24. April 1876, Wandsbek*
† 6. November 1960, Kiel
Angeklagt nach: 1, 2, 3
Schuldig nach: 1, 2, 3
Strafe: Lebenslang

Einmal war Hitler gescheiter als seine Militärs: als er Großadmiral Erich Raeder aufforderte, die deutschen Schlachtschiffe, die vor dem Krieg den ganzen Stolz der deutschen Kriegsmarine bildeten, zu verschrotten und ihre Geschütztürme für Küstenbefestigungen zu verwenden. Tatsächlich wurden sie im Zweiten Weltkrieg meistens nur eingesetzt, weil etwas mit ihnen geschehen musste, da man sie schon einmal hatte. Die »Bismarck« wurde also auf Feindfahrt geschickt, ein Glückstreffer in die Munitionskammer des britischen Schlachtschiffs »Hood« ließ dieses in die Luft fliegen. Wenig später wurde auch sie zur Strecke gebracht. Mit den beiden Schiffen gingen 3.500

Menschen ohne den geringsten militärischen Effekt unter. Aber Raeder war nun einmal auf die »Dickschiffe« fixiert.

Zwei Umstände wurden ihm zum Verhängnis. Erstens, dass ihn die Russen festgenommen hatten und auf seiner Anklage bestanden. Die anderen drei Mächte waren an ihm nicht interessiert. Aber ohne ihn hätte die Sowjetunion nur eineinhalb Angeklagte aufbieten können, Funk und Fritzsche, und Fritzsche zählte wahrlich nur als halbe Portion. Außerdem hatte Raeder den »Kommandobefehl« widerspruchslos an die ihm unterstehenden Marinedienststellen weitergegeben und im Kreuzverhör auch noch zugegeben, er habe ihn für begründet gehalten. Der britische Hilfsankläger Oberst Harry Phillimore hielt Raeders Entlastungszeugen Generaladmiral Gerhard Wagner eine Reihe von Morden aufgrund des »Kommandobefehls« vor und Wagner drückte im Zeugenstand herum und redete sich auf sein schlechtes Gedächtnis aus. Diese Morde waren unter Raeders Oberbefehl begangen worden.

Der Lehrersohn Raeder trat mit 18 Jahren in die kaiserliche Kriegsmarine ein, war im Ersten Weltkrieg Kommandant eines Kreuzers und wurde 1935 Oberbefehlshaber der Kriegsmarine. Sein Name ist untrennbar mit der Aufrüstung der deutschen Kriegsmarine nach 1933 verbunden. Da er bis zu seinem Rücktritt der direkte Vorgesetzte von Karl Dönitz gewesen war, musste für alle Kriegsverbrechen im Seekrieg, die Dönitz vorgeworfen wurden, auch Raeder einstehen. Auf die Vorwürfe im Zusammenhang mit dem U-Boot-Krieg ging aber Flottenrichter Kranzbühler, Dönitz' Verteidiger, ein. Mit ihnen brauchte sich Raeders Verteidiger Walter Siemers nicht zu befassen.

Der Großadmiral war der zweitälteste Angeklagte nach Neurath, hatte an der Hoßbach-Konferenz teilgenommen und war die treibende Kraft zum Angriff auf Norwegen gewesen, um, so die Verteidigung, einer britischen Landung zuvorzukommen. Das stimmte freilich nicht ganz, denn er hatte das »Unternehmen Weserübung«

Hitler gegenüber mit strategischen Vorteilen begründet. Raeders Verteidiger Walter Siemers versuchte, von der britischen Admiralität Dokumente über die britischen Landungspläne in Norwegen zu erhalten. Bradley F. Smith sieht darin, dass er dabei erfolglos blieb, einen Fall von Beweisunterdrückung. Dass die Deutschen den Briten tatsächlich um Stunden zuvorgekommen waren, wurde erst Jahre später belegt.

Siemers überschätzte nicht als einziger Verteidiger die Bedeutung der politischen Anklage und unterschätzte die der Mordanklage für das Urteil, vor allem für die ausgesprochene Strafe. So ging er überhaupt nicht auf die zwei uniformierten britischen Gefangenen ein, die in Bordeaux nicht dem SD übergeben, sondern von Mitgliedern der Kriegsmarine erschossen worden waren und die in der Urteilsbegründung als Beweis für Raeders Schuld an Kriegsverbrechen aufschienen. Absatz 3 des »Kommandobefehls« lautete: »Von jetzt ab sind alle bei so genannten Kommandounternehmungen in Europa oder in Afrika von deutschen Truppen gestellten Gegner, auch wenn es sich äußerlich um Soldaten in Uniform oder Zerstörertrupps mit und ohne Waffen handelt, im Kampf oder auf der Flucht bis auf den letzten Mann niederzumachen. Es ist dabei ganz gleich, ob sie zu ihren Aktionen durch Schiffe oder Flugzeuge angelandet werden oder mittels Fallschirmen abspringen. Selbst wenn diese Subjekte bei ihrer Auffindung scheinbar Anstalten machen sollten, sich gefangen zu geben, ist ihnen grundsätzlich jeder Pardon zu verweigern.« Dieser Befehl war völkerrechtswidrig, er war ein Mordbefehl, und Raeder hatte ihn, wie erwähnt, auf dem Dienstwege weitergeleitet und gab zu, dass er keinen Einspruch bei Hitler erhoben hatte.

Siemers verstand es, was nicht leicht war, noch besser als sein Mandant, die Richter durch weitschweifige Ausführungen gegen sich einzunehmen. Der Schuldspruch nach Anklagepunkt 1 und 2 beruhte überwiegend auf der Besetzung Norwegens, die Verurteilung wegen

Kriegsverbrechen ausschließlich auf der Weitergabe des »Kommandobefehls«, die nur im Falle Raeder als einziges Delikt zu einer Verurteilung wegen Kriegsverbrechen führte, aber durchaus auch zu einem Todesurteil hätte führen können.

In der Vorberatung waren die beiden US-Richter uneins, Biddle wollte Raeder erschießen lassen, Parker kein Todesurteil. In der Schlussberatung votierte Nikitschenko für die Todesstrafe, Donnedieu de Vabres für zwanzig Jahre, Lawrence und Biddle für Lebenslang. Nikitschenko steckte zurück, de Vabres legte zu und das Urteil stand. Raeder wurde 1954 aus der Haft entlassen, nach offizieller Lesart wegen eines Augenleidens. Er hatte noch sechs Lebensjahre vor sich.

Joachim von Ribbentrop

** 30. April 1893, Wesel (Niederrhein)*
† 16. Oktober 1946, Nürnberg
Angeklagt nach: 1, 2, 3,4
Schuldig nach: 1, 2, 3, 4
Strafe: Tod durch den Strang

Joachim von Ribbentrop verblüffte das Gericht durch eine geradezu phänomenale Unkenntnis seiner eigenen einstigen Amtstätigkeit. Als der Ankläger die deutsche Kriegserklärung an die USA zur Sprache brachte, sagte er ganz empört: »Ich soll den USA den Krieg erklärt haben? Unerhört!«[144] Seinem Ruf, nicht sehr intelligent zu sein, wurde er auch vollauf gerecht, indem er mehrere Wochen nach der deutschen Kapitulation bei einem Hamburger Weinhändler auftauchte, den er von früher kannte, und ihm eröffnete, er müsse ihn verstecken. Der »Führer« habe es so bestimmt. Er erklärte ihm auch, wo er ihn finden konnte. Am nächsten Morgen wurde der dringend gesuchte ehemalige Reichsaußenminister verhaftet. Eine glanzvolle Karriere war zu Ende.

Keine ganz typische Karriere, denn der Offizierssohn war mit 17 Jahren nach Kanada ausgewandert, hatte bereits eine Importfirma für deutsche Weine gegründet, spielte in der kanadischen Eishockeymannschaft und hätte, tüchtiger Geschäftsmann, der er war, seine Tage als reicher Selfmademan beschließen können. Der Erste Weltkrieg kam dazwischen. Er schlug sich nach Deutschland durch, um sich zum Kriegsdienst zu melden, wurde Oberleutnant, verwundet, bekam das Eiserne Kreuz Erster Klasse und wurde zur deutschen Militärmission in Istanbul versetzt. Dort lernte er einen deutschen Major der mit den Deutschen verbündeten Türken kennen, der Franz von Papen hieß.

Joachim Ribbentrop liebte Luxus und Pomp, war taktlos und humorlos und ein Mann von brennendem Ehrgeiz. Er heiratete in die Sektdynastie Henkell ein, wurde per Adoption durch eine entfernte adelige Tante Joachim von Ribbentrop, baute seine eigene erfolgreiche Handelsfirma für Getränke auf, ließ sich von einem Stararchitekten eine elegante Villa bauen, machte sich an Adolf Hitler heran und wurde zum Vermittler zwischen Papen und Hitler. Ribbentrops Villa in Berlin-Dahlem diente ihnen als Treffpunkt bei ihren Intrigen gegen den Reichskanzler Kurt von Schleicher und später bei ihren Koalitionsverhandlungen. Ribbentrop bewunderte Hitler, Hitler imponierten Ribbentrops großbürgerlicher Rahmen, sein sicheres Auftreten, seine Eleganz – und seine Beziehungen. Ribbentrop wurde einer mehr von denen, die Hitler wichtige Kontakte verschafften – und Hitler machte ihn zu seinem außenpolitischen Berater und schickte ihn 1935 als Sonderbotschafter nach London, um das deutsch-britische Flottenabkommen abzuschließen. Der knallende Hitlergruß bei der Überreichung seines Beglaubigungsschreibens machte in London großen Eindruck, wenn auch nicht ganz den gewünschten.

Bei der großen Kabinettsumbildung vom Februar 1938 musste Außenminister Neurath Ribbentrop weichen. Die Ernennung entsprach Hitlers Personalpolitik. Wer ihm die Wahrheit sagte, war unten durch. Ribbentrop brachte zwar außer Sprachkenntnissen keine Qualifikation für diesen Posten mit, konnte aber zum Außenminister aufsteigen und sich bis zum Ende halten, weil er Hitler stets das sagte, was er hören wollte. 1939 versicherte er Hitler, dass die Briten untätig zusehen würden, wenn Deutschland Polen überfiel. Als es anders kam, saß Hitler wie versteinert da, blickte vor sich hin und fragte dann den ebenfalls wie versteinert dastehenden Ribbentrop: »Was nun?«[145]

Nichts davon war todeswürdig. Doch Ribbentrop hatte auch Canaris die Anzettelung von Aufständen in der Ukraine befohlen, bei denen alle Gehöfte der Polen in Flammen aufgehen und alle Juden totgeschlagen werden sollten. Er hatte die deutschen Botschafter in den besetzten Ländern angewiesen, die Deportation der Juden zu forcieren. Die Forderung an den unter deutschem Druck eingesetzten französischen Ministerpräsidenten Pierre Laval, 50.000 Juden auszuliefern, kam im Juni 1942 nicht von der Gestapo oder von der SS, sondern von der deutschen Botschaft. Ribbentrop hatte aber nicht nur die deutsche Marionette Laval, sondern auch Mussolini unter Druck gesetzt, die Deportation der Juden zu beschleunigen, und Ungarns Reichsverweser Horthy ins Gesicht gesagt, die ungarischen Juden müssten entweder vernichtet oder in Konzentrationslager gebracht werden. Je mehr seine Bedeutung während des Krieges abnahm, desto vehementer verfolgte er die Juden. Noch im Februar 1945 beschwerte er sich bei Mussolini über die zu langsamen Deportationen aus der italienischen Besatzungszone Frankreichs.

Er war ein schlotternder, seine Todesangst offen zeigender Angeklagter. Er bekämpfte sie mit einer Unzahl immer wirrerer Eingaben und Memoranden; mit einer Mappe voll von Papieren unter dem Arm, als könnten sie ihm noch helfen, betrat er zuletzt den Saal, um sein Urteil zu hören. Göring rechnete schon vor dem Prozess mit seinem Zusammenbruch, Schacht war der Ansicht, er gehöre allein wegen seiner Dummheit aufgehängt, Schirach mokierte sich zwar über seinen falschen Adel, nicht aber über seine Außenpolitik, und Funk hielt sein Auftreten vor dem Gericht für beschämend.

Sein Fall stellte die Richter vor keine Probleme. In jeder der beiden Beratungen war er so schnell abgehakt wie die Fälle Göring und Keitel. Das einstimmig ausgesprochene Todesurteil entsprach dem Ergebnis des Beweisverfahrens im Mordprozess und er wäre zweifellos auch ohne den politischen Prozess gehängt worden. Am 16. Oktober hatte seine Exzellenz zum letzten Mal den Vortritt. Er schritt als Erster die Stufen zum Galgen empor.

Alfred Rosenberg

** 12. Jänner 1893, Reval (heute Tallinn)*
† 16. Oktober 1946, Nürnberg
Angeklagt nach: 1, 3, 4
Schuldig nach: 3, 4
Strafe: Tod durch den Strang

Hitler hielt Alfred Rosenberg für »zu weich« und machte ihn 1941 als »Reichsminister für die besetzten Ostgebiete« zum Gegenstück von Hans Frank. Frank amtierte in den besetzten Teilen Polens, Rosenberg in den besetzten Teilen der Sowjetunion. In dieser Position war es unmöglich, nicht schuldig zu werden. Er hatte allerdings noch eine ästhetisch dankbarere Aufgabe: Als Chef des »Einsatzstabes Rosenberg« war er für den größten Kunstraub der Geschichte zuständig. Unter seiner Leitung wurden Gemälde, Bildhauer- und andere Kunstwerke, aber auch kostbare Bibliotheken aus ganz Europa nach Deutschland verschleppt.

Der »Parteiphilosoph« hatte als Baltendeutscher in Reval und Moskau Architektur und Bautechnik studiert und war 1919 nach Deutschland gekommen. Er hatte früh Houston Stewart Chamberlain und den Grafen von Gobineau gelesen, und die aggressiv rassistische, deutschtümelnde Thule-Gesellschaft und der Kreis um Hitlers Mentor, den Judenhasser Dietrich Eckart, waren genau sein Fall. Er hatte auch bereits selbst einige kleinere, aggressiv antisemitische Schriften verfasst. Er trat in die Nazi-Partei ein, wurde Hauptschriftleiter der Parteizeitung »Völkischer Beobachter« (im NS-Staat gab es keine Redakteure und Chefredakteure, sondern nur »Schriftleiter« und »Hauptschriftleiter«), nahm am Münchener Hitlerputsch teil und zählte fortan zu jenen alten Mitkämpfern, die Hitler später mit Pfründen versorgte, aber auf Abstand hielt.

Von seinem 1930 erschienenen, 700 Seiten dicken Buch »Der Mythus des 20. Jahrhunderts – eine Wertung der seelisch-geistigen Gestaltenkämpfe«, der wichtigsten »theoretischen« Schrift des Nationalsozialismus, wurden zwar über eine Million Exemplare verkauft oder – ähnlich wie bei Hitlers »Mein Kampf« – tantiemenpflichtig verschenkt, doch Hitler hielt den »Mythus« für unverständliches Zeug und nur wenige Naziführer hatten ihn gelesen. Hitler dürfte aber manches daraus übernommen haben. Rosenberg überhöhte den Rassebegriff, indem er ihn zu einem geistigen Phänomen erklärte, und erfand nicht nur den Begriff der »Rassenseele«, sondern seine Idee war es auch, den Bolschewismus zu einer Ausgeburt des Judentums zu erklären.

Als Minister für die besetzten Ostgebiete wurde der Ideologe des Herrenmenschentums für die praktischen Folgen seiner Theorien haftbar. Er hatte zwar nichts zu reden, da die praktischen Entscheidungen vor allem Himmler traf, doch formal trug er die volle Verantwortung für alles, was geschah, von der Errichtung der Ghettos bis zur Ausrottung der Juden. Sein Verteidiger Alfred Thoma meinte offenbar, für Rosenberg etwas erreichen zu können, indem er der Frage nachging, »warum immer wieder in Deutschland Judenverfolgungen auftauchen. Und ich möchte damit behaupten, dass es sich bei diesem Tatbestand um irgendeine Tragik handelt, die wir rationell nicht begreifen«, und so weiter, viele Seiten lang.

Es scheint in dem Schriftsatz von antisemitischen Zitaten gewimmelt zu haben. Jackson platzte am Morgen des 9. April 1946 mit der Mitteilung heraus, dass er »den Dokumentenraum für die Vervielfältigung von Dokumenten für die deutschen Verteidiger schließen muss«. Bis geklärt war, ob der Verteidiger Thoma berechtigt, nicht berechtigt, noch nicht berechtigt oder nur vielleicht berechtigt gewesen war, dieses Dokumentenbuch bereits zum Druck zu geben, und bis auch das Missverständnis aufgeklärt war, Jackson habe mit dem Ausdruck »in die Presse gelangt« keine Indiskretion gegenüber den Zeitungen gemeint, sondern bloß, dass das Material in die hausinterne Druckerpresse gelangt sei, und bis auch einige Ankläger und Verteidiger ausführliche Stellungnahmen abgegeben hatten, war wieder ein halber Vormittag vorbei. Tatsächlich war ein Irrtum passiert. Die zur Streichung bestimmten Passagen waren markiert worden und hätten noch einmal durchgesehen werden sollen. Dass aber überhaupt hineingeraten konnte, was dann zu streichen gewesen wäre, illustriert nicht nur die Einstellung dieses einen Anwalts. Im Zeugenstand machte Rosenberg mit seiner Weitschweifigkeit sogar seinen Verteidiger ungeduldig. Über die Bedeutung des Wortes »ausrotten« stritt er sich im Kreuzverhör mit dem Ankläger Dodd herum. Ausrotten, meinte er, könne vieles bedeuten, sogar einfach »überwinden«.

Rosenberg kam am knappsten – nicht davon. Er wurde als Grenzfall gesehen. Biddle wollte das Problem erst überschlafen. Donnedieu de Vabres war, wie in mehreren Fällen, auch bei Rosenberg »sonderbar zartfühlend«, wie Biddle seinem Tagebuch anvertraute. Nach den Punkten 1, 3 und 4 angeklagt, wurde Rosenberg von der politischen Anklage freigesprochen und wegen Kriegsverbrechen und Verbrechen gegen die Menschlichkeit zum Tode verurteilt.

Fritz Sauckel

** 27. Oktober 1894, Haßfurt*
† 16. Oktober 1946, Nürnberg
Angeklagt nach: 1, 2, 3, 4
Schuldig nach: 3, 4
Strafe: Tod durch den Strang

Der »größte und grausamste Sklavenhalter seit den ägyptischen Pharaonen« (Robert Jackson) hatte vor seinem 20. Lebensjahr fast alle Kontinente und Menschen aus der ganzen Welt kennengelernt und wäre eher für eine Bewegung weltoffener, international denkender Menschen als zum engstirnigen Nationalisten prädestiniert gewesen. Fritz Sauckel, Gauleiter von Thüringen und »Generalbevollmächtigter für den Arbeitseinsatz«, war das einzige Kind eines kleinen Postbeamten und einer Näherin. Als die Familie das Gymnasium nicht mehr bezahlen konnte, ging er mit 15 Jahren zur See und lernte auf norwegischen, schwedischen und deutschen Schiffen die Welt kennen. Als der Erste Weltkrieg ausbrach, wurde das deutsche Segelschiff, auf dem er gerade nach Australien unterwegs war, gekapert und Sauckel für die nächsten fünf Jahre in einem französischen Lager interniert. In der Gefangenschaft begann er sich für Politik zu interessieren und geriet dabei wohl an die rechten, das heißt falschen, Leute. Heimgekehrt, trat er dem antisemitischen »Schutz- und Trutzbund« bei.

Er war noch kein Vollmatrose, außerdem wimmelten die deutschen Häfen von arbeitslosen Seeleuten. Er wurde Hilfsarbeiter und glaubte, das »Weltjudentum« sei an seiner Notlage schuld. Bei den Nazis fand er Geborgenheit und Aufstiegsmöglichkeiten, sie boten ihm einen anständigen Lohn, sodass er seine Jugendliebe Elisabeth heiraten konnte. 1924 kam das erste von zehn Kindern zur Welt. Durch Führungsstreitigkeiten im Landesverband entstand ein Vakuum, in dem es ihn nach oben trug. Fritz Sauckel brachte alles mit, was der »Führer« bei seinen Gefolgsleuten schätzte: Unterwürfigkeit, gepaart mit hoher Tatkraft, absoluten Gehorsam, gepaart mit Entscheidungsfreude, »weltanschauliche Gefestigtheit« ohne große Intelligenz. Er wurde Gaugeschäftsführer, Gauleiter, Ministerpräsident und Innenminister Thüringens. Das Konzentrationslager Buchenwald bei Weimar war Sauckels Gründung. Er initiierte an der Universität Jena den ersten Lehrstuhl der Welt für menschliche Züchtungslehre und Erbforschung und verschaffte seinem Freikorps-Kameraden Karl Astel, der später Tausende von Zwangssterilisationen verschuldete, ohne Habilitation die ordentliche Professur.

Im März 1942 wurde Sauckel »Generalbevollmächtigter für den Arbeitseinsatz« mit umfangreichen Vollmachten. Er gelobte feierlich, seiner neuen Aufgabe mit »fanatischem Eifer« nachzukommen, und ließ über fünf Millionen Menschen aus Polen, Russland, Frankreich und den anderen besetzten Gebieten nach Deutschland verschleppen.

In Nürnberg wurde er wieder gläubig, zeigte sich von den NS-Verbrechen tief erschüttert, bezeichnete Goebbels und Eichmann als die Schuldigen an den blutigen »Entgleisungen« des Nationalsozialismus und wies jede Schuld und Mitwisserschaft weit von sich. In einem Gespräch mit dem Gefängnispsychologen Gilbert verglich er seine Tätigkeit mit einer »Agentur für Seeleute. Wenn ich Arbeiter an ein Schiff liefere, bin ich nicht für irgendwelche Grausamkeit, die ohne mein Wissen an Bord passiert, verantwortlich. Auf Hitlers Befehl lieferte ich Arbeiter an Stellen wie die Krupp-Werke. Es ist nicht meine Schuld, wenn sie dann später schlecht behandelt wurden.«[146] In seinem Schlusswort erklärte er, er habe keinen Augenblick an der Rechtmäßigkeit seiner Aufgabe gezweifelt, weil er einen Völkerrechtsbruch durch die deutsche Regierung für ausgeschlossen hielt.

Sauckel war der einzige echte Proletarier auf der Anklagebank. Viele der von ihm aus allen Ländern Europas verschleppten Arbeitssklaven kamen ums Leben, doch er hatte keine Morde angeordnet oder zu Morden aufgehetzt. Bradley F. Smith sieht Sauckels Herkunft, seine Primitivität und Unbildung als Faktoren für das Todesurteil an, sein Fall sei so schnell erledigt worden, »dass man von einer Urteilsberatung kaum reden kann … Sauckel war außerstande, auf Fragen glattzüngig und irreführend zu antworten, und als Biddle ihn vom Richtertisch befragte, gab er gehorsam Antworten, die ihn belasteten … Tatsache ist, dass die geschmeidigeren Funk und Speer ins Gefängnis wanderten, Sauckel aber aufs Schafott.«[147]

Wie vor den meisten Gerichten hatten auch in Nürnberg einsichtige und sympathische Angeklagte aus der Ober- und Mittelschicht bessere Chancen als ein Verstockter wie Jodl, ein ehemaliger einfacher Matrose wie Sauckel oder ein so abstoßender Typ wie Streicher. Sauckel trieb Speer die Arbeitssklaven zu – insgesamt fünf Millionen, von denen keine 200.000 freiwillig gekommen seien, wie er in der NS-Zeit in einer Besprechung einmal selbst erklärt hatte. Nach der Urteilsverkündung soll er geweint haben – nicht weil er sterben musste, sondern weil Albert Speer mit dem Leben davonkam.

Hjalmar Schacht

** 22. Jänner 1877, Tingleff bei Tondern*

† 3. Juni 1970, München

Angeklagt nach: 1, 2

Urteil: Freispruch

»Hitlers Finanzgenie« hatte erstens immer recht und zweitens auch immer recht gehabt, und wenn ihm die Wirklichkeit einmal nicht recht gab, irrte sich die Wirklichkeit und nicht er. Er war geltungssüchtig, arrogant, halsstarrig und bis ins hohe Alter ein Mann von brennendem Ehrgeiz. Sein eiserner Aufstiegswille resultierte aus den Zurücksetzungen, die er in einem Hamburger Elitegymnasium als Armer unter Reichen erfuhr. Schachts Körpersprache auf der Anklagebank war eine einzige Ablehnung. Was hatte er mit diesen Verbrechern zu tun?

Er war ein Finanzmann mit unkonventionellen Ideen, wobei man stets damit rechnen musste, dass er plötzlich genau jene Methoden einsetzte, die er vorher bei anderen bekämpft hatte. Eine seiner Innovationen war die Deckung der Deutschen Reichsmark durch die deutsche Arbeit. Politisch war er wendig, wenn er das Lager wechseln wollte, war er nie um einen Grund verlegen. Reichskanzler Gustav Stresemann machte ihn in der Endphase der Hyperinflation zum »Währungskommissar« und wenige Tage später nach dem plötzlichen Tod von Reichsbankpräsident Rudolf Havenstein zu dessen Nachfolger. Schacht stabilisierte die Währung und bediente sich dabei der Rentenmark, die er vorher abgelehnt hatte.

Auch er glaubte, Hitler instrumentalisieren zu können. Als Papen »Hitlers Steigbügelhalter« wurde, hielt er längst das Pferd am Halfter und redete ihm gut zu. Er half Hitler, die Industriellen für sich zu gewinnen, und versicherte ihm brieflich, er könne auf ihn als seinen zuverlässigsten Helfer zählen. Schacht wollte keinen Krieg, war aber ein Gegner des Friedensvertrages von Versailles und schaffte das Geld für Arbeitsbeschaffung und Aufrüstung herbei. Als er gegen Hitlers gigantomanische Ausgaben auftrat und auf finanzieller Konsolidierung bestand, war der Bruch unvermeidlich. Er reichte seinen Rücktritt als Wirtschaftsminister ein, und als er im Jahr darauf auch noch die Begleichung der Staatsschulden und die Kürzung der Rüstungsausgaben forderte, wurde er auch als Reichsbankpräsident entlassen.

Wahrscheinlich hat er nicht nur den Krieg, sondern auch die unvermeidliche Niederlage frühzeitig vorausgesehen. Er blieb bis 1943 Minister ohne Geschäftsbereich, versuchte aber bereits ab 1938,

Generäle, die Hitler kritisch gegenüberstanden, zu einem Staatsstreich zu motivieren. Er stellte die Verbindung zwischen Carl Goerdeler[148] und dem militärischen Widerstand her und reiste zweimal mit Goerdeler und Gisevius, der den Kontakt des militärischen Widerstandes zu den Amerikanern hielt, in die Schweiz. Einmal, um die Briten und Franzosen vor Hitlers aggressiven Plänen gegen Polen zu warnen, und nochmals, um auf die Wahrscheinlichkeit eines Angriffes auf die Sowjetunion hinzuweisen. Nach dem Attentat auf Hitler kam er in das Konzentrationslager Flossenbürg. Der dortige Kommandant missachtete den Befehl, ihn bei der Annäherung der Alliierten zu erschießen – in der Endphase des Dritten Reiches besann sich mancher auf das Sammeln von Gutpunkten. Der Transport von 136 prominenten Häftlingen, dem außer Schacht auch der letzte österreichische Bundeskanzler Kurt von Schuschnigg angehörte, wurde am Pragser Wildsee von den Amerikanern übernommen. Schacht stand auf der Liste der Gesuchten.

Sein Verteidiger Rudolf Dix war der Doyen der Anwälte, ein anerkannter, aber altmodischer Herr, der fast zwei Tage benötigte, um den sich präzise ausdrückenden Schacht zu vernehmen. Der stellvertretende britische Richter Sir Norman Birkett schrieb nachher in sein Tagebuch: »Jackson ist an diesem Vormittag zweimal ans Mikro fon getreten, um gegen einige Fragen zu protestieren. Er hat dies auf eine überaus bockige und aggressive Art und Weise getan und ist offensichtlich mit seinen Nerven am Ende. Das ist auf sein Versagen gegenüber Göring zurückzuführen, und anscheinend hat er Angst vor einem ähnlichen Versagen gegenüber Schacht und bemüht sich verzweifelt, dies zu vermeiden.«[149]

Im anschließenden Kreuzverhör war Jackson tatsächlich in einer schwierigen Situation. Er wusste, dass Schacht einen Trumpf in der Hand hielt. Er hatte sich regelmäßig mit dem Ersten Sekretär der amerikanischen Botschaft in Berlin, Donald Heath, getroffen und ihn 1940 vor dem bevorstehenden deutschen Angriff auf Holland gewarnt. 1941 hatte Schacht zwei Wochen vor dem Angriff Heath mitgeteilt, Hitler werde am oder um den 20. Juni in Russland einfallen, was dann tatsächlich am 22. Juni geschah. Heath war damals aber gerade dabei, Berlin zu verlassen, und die Warnung wurde in verwässerter Form weitergegeben. Jackson wusste das alles direkt von Heath, also aus erster Hand. Einen überzeugenderen Beweis dafür, dass Schacht zum entschiedenen Gegner Hitlers geworden war und mit seinen Informationen an die Alliierten sein Leben riskierte, konnte es nicht geben. Damit drohte den USA eine Blamage ersten Ranges, doch Jackson konnte sich auch ausrechnen, dass Schacht darüber schweigen würde, um sich nicht bei den Deutschen zu schaden – außer, er würde in die Enge getrieben. Der Ankläger schritt also auf dünnem Eis in dieses wichtige Kreuzverhör.

Er legte Schacht Fotos vor, die ihn im Kreise der NS-Bonzen zeigten, um zu beweisen, was dieser nie bestritten hatte, nämlich, in welche Gesellschaft er sich begeben hatte, mühte sich stundenlang ab, ihn auf Widersprüche zwischen seinen Aussagen im Vorfeld des Prozesses und im Kreuzverhör festzunageln, und versuchte ihn als eidbrüchig hinzustellen. Schacht hatte 1938 nach dem deutschen Einmarsch den Angestellten der österreichischen Nationalbank den Eid auf Hitler abgenommen.

»Jackson: Behaupten Sie, dass Sie den Eid niemals gebrochen haben?

Schacht: Ich weiß nicht, was Sie damit sagen wollen. Ich habe selbstverständlich den Eid, den ich Hitler geschworen habe, Hitler nicht gehalten, weil Hitler leider Gottes selber ein Verbrecher, ein Meineidiger, war und kein anderes Oberhaupt des Volkes da war. Ich weiß nicht, was Sie mit ›Eidbruch‹ sagen wollen, aber ich habe ihm meinen Eid nicht gehalten und bin stolz darauf.

Jackson: Sie veranlassten also Ihre Angestellten, einen Eid zu leisten, den Sie selbst im gleichen Augenblick brachen oder zu brechen beabsichtigten?

Schacht: Sie werfen wieder die Zeiten durcheinander, Mr. Justice. Es war dies in einer Zeit, im März 1938, als ich, wie Sie von mir vorhin gehört haben, noch zweifelhaft war und mir infolgedessen noch nicht klar war, was für ein Mann Hitler war. Erst, als ich im Laufe des Jahres 1938 merkte, dass Hitler eventuell in einen Krieg hineingehen würde, habe ich den Eid gebrochen.

Jackson: Wann fanden Sie heraus, dass er auf den Krieg zusteuerte?

Schacht: Als ich im Laufe des Jahres 1938 nach und nach aus den Ereignissen entnahm, dass Hitler eventuell in einen Krieg hineinsteuern würde, und zwar absichtlich, erst da habe ich meinen Eid gebrochen.«

Der Widerspruch zwischen dieser Aussage Schachts und einer früheren seines wichtigsten Entlastungszeugen Gisevius fiel Jackson entweder nicht auf oder er hatte ohnehin nicht vor, Schacht wirklich in die Enge zu treiben. Gisevius hatte erklärt, dass Schacht nicht nach, sondern vor dem deutschen Einmarsch in Österreich versucht hatte, die Generäle zum Putsch gegen Hitler zu motivieren. Was im Sinne der Anklage nicht gegen, sondern für Schacht sprach, aber nicht unbedingt für die Glaubwürdigkeit jeder seiner Aussagen.

Der Angeklagte Fritzsche hat sich bei diesem Verhör offenbar nicht schlecht unterhalten: »Es begann in einem unerhörten Tempo. Bald war nicht mehr zu unterscheiden, wer angriff und wer sich verteidigte. … Dazu verwirrten sich die Sprachen. Schacht, der das Tempo bestimmte, wartete nicht auf die deutsche Übersetzung … sondern hörte sie englisch, um dann deutsch zu antworten. In der Hitze des Gefechtes sprach der Bankmann selbst plötzlich englisch und brachte damit die ganze Dolmetscherei durcheinander, wo die Mikrofone rasch von Hand zu Hand gingen. Auf einmal aber stand der viel gewandte Angeklagte hilflos vor einem typisch amerikanischen Slangausdruck, den er nicht kannte. Bescheiden fragte er nach seiner Bedeutung. In diesem Moment ging ein befreiendes Lachen durch den Saal … Einhelliges Vergnügen löste nur der Schluss des

Kreuzverhörs aus. Kläger und Angeklagter stritten sich um die Höhe der Pension, die Schacht einst bezogen hatte. … Das Ruhegehalt hoffe er sehr bald und recht lange noch zu beziehen. Wovon sollte er denn sonst leben? Da kaute Jackson mit dem Gesicht eines bösen Nussknackers die Worte: ›Nun, vielleicht werden die Kosten Ihres Unterhaltes gar nicht so hoch werden.‹ So kühl wie er hinausgegangen war, kehrte Dr. Hjalmar Schacht auf seinen Platz zurück. Ich glaube nicht, dass sein Puls schneller ging.«[150]

Er rechnete fest mit seinem Freispruch. War es denn ein Verbrechen, von der linksliberalen DDP zu den Nazis übergewechselt zu sein? War es ein Verbrechen, ein sogenannter gemäßigter Antisemit gewesen zu sein? War es ein Verbrechen, sich in Hitler geirrt zu haben? Um Schachts Verurteilung zu erreichen, hätte die Anklage beweisen müssen, dass er gewusst hatte, dass Hitler den Angriffskrieg plante, und an seiner Seite geblieben war. Herausgekommen war, dass er zum aktiven Widerstand übergegangen war und dabei sein Leben riskiert hatte, als sich sein Verdacht, Hitler plane den Krieg, verdichtete. Als wenig sympathischer Angeklagter war er aber für ein Fehlurteil prädestiniert und fast wäre es dazu gekommen.

Die Richter, offensichtlich auch Biddle, hatten keine Ahnung von den Risiken, die Schacht eingegangen war. Donnedieu de Vabres war auch in diesem Fall für eine milde Strafe, aber in der ersten Besprechung über Schacht noch grundsätzlich für keinen Freispruch zu haben. Er wäre, erklärte er, moralisch schockiert, zu erleben, dass Keitel zum Tode verurteilt und Schacht freigesprochen würde. Eine seltsame Haltung, denkt man an die vielen unmenschlichen Befehle, die Keitel gedeckt hatte. Zwischen den beiden Beratungen der Richter über Schacht sprachen sie jedoch Papen und Fritzsche frei.

Nach mehreren Frontwechseln und ebenso emotionalen wie lautstarken Auseinandersetzungen und nachdem sich Biddle, de Vabres und Nikitschenko bereits auf acht Jahre für Schacht geeinigt hatten, erklärte sich de Vabres in der zweiten Beratung plötzlich bereit, einen

Freispruch zu akzeptieren. Da er ursprünglich überhaupt keinen Freispruch hatte haben wollen, Papen und Fritzsche nun aber freigesprochen seien, komme es ihm auf Schacht auch nicht mehr an, worauf dessen Freispruch mit drei Stimmen gegen Nikitschenko nichts mehr im Wege stand.

Schacht wurde nach dem Nürnberger Freispruch mehreren deutschen Entnazifizierungsverfahren unterworfen und kam erst 1948 frei. Er wollte wieder in die Politik gehen, wo man ihn aber nicht mehr wollte. Er schrieb das Buch »76 Jahre meines Lebens« und arbeitete als Privatbankier und Berater ausländischer Regierungen.

Baldur von Schirach

** 9. Mai 1907, Berlin*
† 8. August 1974, Kröv/Mosel
Angeklagt nach: 1, 4
Schuldig nach: 4
Urteil: 20 Jahre

Junger Hungriger erkennt den kommenden Mann, bei dem man etwas werden kann, ergibt sich ihm mit Haut und Haar, steigt auf und wird auch etwas, aber nichts Erfreuliches. Sein Karrieremodell ist nach wie vor allenthalben in Gebrauch. Dass er Henriette, die Tochter von Hitlers Leibfotografen Heinrich Hoffmann, heiratete, passt ins Schema. Hitler wiederum gefiel Schirachs Herkunft: ein Vater, der nach einer preußischen Offizierskarriere Hoftheaterintendant in Weimar war, eine Mutter aus altem amerikanischen Geldadel, drei Viertel der Vorfahren Amerikaner. Unter ihnen ein Opa, der als Bürgerkriegsveteran mit seinem Korkbein am Sarg Abraham Lincolns Ehrenwache hielt, aber auch ein reicher Sklavenhalter und Vorkämpfer gegen die britische Kolonialherrschaft. Die ganze Familie national denkend und radikal antisemitisch – das war ein Milieu, aus dem sich Hitler gerne seinen dichtenden Reichsjugendführer holte.

Baldur von Schirach war 17, als er Hitler kennenlernte, war mit 21 Jahren Reichsführer der NS-Studenten, ohne ernsthaft zu studieren, und mit 24 Jahren Reichsjugendführer und jüngster Abgeordneter im Deutschen Reichstag. Er organisierte die »Hitlerjugend« und machte sich zeitweise sogar Hoffnungen, dereinst Hitlers Nachfolge anzutreten. Aber indem ihn dieser 1940 zum Gauleiter und Reichsstatthalter von Wien ernannte, um die über den instinktlosen, polternden und saufenden Gauleiter Bürckel (»Bierleiter Gauckel«) erzürnten Wiener zu versöhnen, katapultierte er Schirach ins Schussfeld seiner eifersüchtigen Paladine. Vor allem Goebbels flüsterte dem Wien-Hasser Hitler ein, dass Schirach die Wiener nicht nur versöhne, sondern mit einer allzu liberalen Kulturpolitik richtig verwöhne.

Am 24. Juni 1943 kam es auf Hitlers »Berghof« zum Eklat. Bei Schirachs Biografen Oliver Rathkolb kann man die verschiedenen Versionen nachlesen, in denen die Ereignisse dieses Tages überliefert sind. Allen gemeinsam ist die Verärgerung des »Führers« über die weiche Behandlung der Wiener durch den in Hitlers Augen »verwienerten« Schirach und die Szene, in der Henriette Schirach mit einem geradezu überdimensionalen Ausmaß von Naivität Hitler auf die brutalen Vorfälle beim Abtransport holländischer Juden anredete, die sie in Amsterdam miterlebt hatte. Die Schirachs mussten ziemlich plötzlich abreisen.[151]

Auch wenn er eine relativ liberale Kulturpolitik betrieb und den Schöngeist spielte – politisch profilierte sich Baldur von Schirach als Hardliner und auch mit seiner Raffgier stand er den anderen NS-Bonzen nicht nach. Er behauptete, er habe keinerlei Einfluss auf die Deportation der Wiener Juden und keine Ahnung von dem Schicksal gehabt, das sie »im Osten« erwartete. Doch Heydrich ließ den Gauleitern monatliche Berichte zukommen, einer davon wurde Schirach in Nürnberg vorgelegt und es hieß darin, »dass 29.000 Juden in Riga gewesen wären, die auf 2.500 reduziert worden seien, und dass 33.210 von der Einsatzgruppe erschossen worden sind«. Schirach hatte diese Berichte, obwohl sie sich immer mehr häuften, leider nicht gelesen oder nicht lesen wollen, aber er wusste Bescheid.

Im Oktober 1940 sagte er bei einem Essen mit Hitler, »dass er immer noch 50.000 Juden in Wien habe, die Dr. Frank übernehmen müsse«. Der mit am Tisch sitzende Hans Frank erklärte dies für unmöglich, doch kurze Zeit später wurde Schirach vom Chef der Reichskanzlei Lammers verständigt, der »Führer« habe »auf einen von Ihnen erstatteten Bericht entschieden, dass die in dem Reichsgau Wien noch wohnhaften 60.000 Juden beschleunigt, also noch während des Krieges, wegen der in Wien herrschenden Wohnungsnot ins Generalgouvernement abgeschoben werden sollen«. Sie waren schon viel früher von Wien fort. Am 14. September 1942 erklärte Schirach in einer Ansprache vor einem »Europäischen Jugendkongress«: »Wenn man mir den Vorwurf machen wollte, dass ich aus dieser Stadt, die einst die Metropole des Judentums gewesen ist, Zehntausende und aber Zehntausende von Juden ins östliche Ghetto abgeschoben habe, muss ich antworten: Ich sehe darin einen aktiven Beitrag zur europäischen Kultur.«

An der Verschickung der Wiener Juden in den Tod hatte er sich also sehr wohl aktiv beteiligt. Dem Gericht erzählte er treuherzig, beim Essen mit Hitler und Frank habe er ja nur die Wohnungsnot in Wien beheben wollen. Nach dem Mord an Reinhard Heydrich schlug er in einem Fernschreiben Hitler vor, zur Vergeltung eine englische Kulturstadt zu bombardieren. Den »Ratsherren« der Stadt Wien erklärte er damals in einer Sitzung, »dass noch im Spätsommer oder im Herbst des Jahres alle Juden aus der Stadt entfernt sein werden und dass dann mit der Entfernung der Tschechen begonnen werde, denn dies sei die notwendige und richtige Antwort auf das Verbrechen, das an dem stellvertretenden Reichsprotektor in Böhmen und Mähren begangen worden ist«. Er verteidigte sich damit, er sei eben

»in einer sehr großen Erregung über den Tod Heydrichs« gewesen, wichtig sei doch, dass er »diesen Plan bei ruhiger Überlegung fallen ließ und nichts weiter unternahm«. Was vielleicht auf die Tschechen, aber gewiss nicht auf die Juden bezogen werden konnte.

Als Kunsträuber war er ein Kenner, doch die Lebensversicherungspolizzen von Wiener Juden, von denen nach der Befreiung ein ganzes Bündel in seinem Tresor gefunden wurde, verschmähte er auch nicht. Schirach gab bis zuletzt Durchhalteparolen von sich, bevor er Wien am 9. April 1945 verließ. Da waren die Russen schon in der Stadt. Er mietete sich in Tirol unter dem Namen Richard Falk bei einem Handwerker ein, ließ sich einen Schnurrbart wachsen, gab vor, an einem Kriminalroman mit dem Titel »Die Geheimnisse der Mira Loy« zu schreiben, hörte die BBC-Meldung, er sei tot, unterhielt sich in seinem fließenden Englisch mit den amerikanischen Soldaten und stellte sich freiwillig. In Nürnberg schloss er sich halbherzig den »Reuigen« Speer und Fritzsche an und bekannte sich als ehemaliger Antisemit, schwieg aber über den aggressiven Antisemitismus des Elternhauses und führte seinen eigenen auf die Lektüre des Buches »Der internationale Jude« des amerikanischen Antisemiten Henry Ford zurück.

Das Gericht fand keinen Anhaltspunkt dafür, Schirach könnte an einer Verabredung teilgenommen haben, um einen Angriffskrieg zu führen. Nach dem Statut des Tribunals war dieses jedoch für in Deutschland an Deutschen, auch an deutschen Juden, begangene Verbrechen unzuständig. Daher konnte Schirach wegen seiner Mitwirkung an der Verfolgung und Ermordung österreichischer Juden nur dann schuldig gesprochen werden, wenn Österreich in der NS-Zeit kein Teil Deutschlands gewesen war. Dies wurde im allgemeinen Teil des Urteils mit der Feststellung bejaht, der Einfall in Österreich sei eine »im Voraus geplante Angriffsmaßnahme zur Förderung des Planes, gegen andere Länder Angriffskriege zu führen«, gewesen. Es sei behauptet worden, »dass die Annexion Österreichs in dem weitverbreiteten Wunsch einer Vereinigung Österreichs und

Deutschlands ihre Rechtfertigung gefunden habe, dass die beiden Völker vieles gemein hätten, das diese Vereinigung wünschenswert mache, und dass schließlich dieses Ziel ohne Blutvergießen erreicht worden sei. Selbst wenn dies alles zuträfe, wäre es ganz unerheblich, da die Tatsachen klar beweisen, dass die Methoden, deren man sich zur Erlangung jenes Zieles bediente, die eines Angreifers waren. Entscheidend war, dass Deutschlands bewaffnete Macht zum Einsatz für den Fall des Widerstandes bereitstand.«

Im Schirach betreffenden Teil des Urteils wurde darauf verwiesen: »Wie bereits erwähnt, wurde Österreich in Verfolgung eines gemeinsamen Angriffsplanes besetzt. Seine Besetzung ist daher ein ›Verbrechen, für das der Gerichtshof zuständig ist‹, gemäß Artikel 6 (c) des Statuts. Demnach stellen ›Ermordung, Ausrottung, Versklavung, Verschleppung und andere unmenschliche Handlungen‹ sowie ›Verfolgungen aus politischen, rassischen oder religiösen Gründen‹ in Verbindung mit dieser Besetzung ein unter diesen Artikel fallendes Verbrechen gegen die Menschlichkeit dar.«

Schirach schrammte an der Todesstrafe vorbei, über die sich Lawrence mit Nikitschenko einig war – wegen des Telegramms, mit dem Schirach nach der Ermordung Heydrichs Hitler die Bombardierung einer englischen Kulturstadt empfohlen hatte. In der Urteilsbegründung hieß es, der Gerichtshof sei zur Überzeugung gelangt, dass Schirach »zwar nicht Urheber der Politik der Deportation der Juden aus Wien gewesen ist, jedoch, nachdem er Gauleiter von Wien geworden war, an dieser Deportation teilgenommen hat. Er wusste, dass das Günstigste, was die Juden erhoffen konnten, ein elendes Dasein in den Ghettos des Ostens sein würde. Mitteilungen über die Ausrottung der Juden lagen in seinem Dienstraum.« Damit hätte sich auch ein härteres Urteil begründen lassen, die zwanzig Jahre Haft waren eine sehr milde Strafe.

Die Illustrierte »Stern« hatte sich bereits vor der Haftentlassung die Rechte an Schirachs Buch »Ich glaubte an Hitler« gesichert. Er schrieb es nicht selbst, sondern lieferte in langen Interviews das Rohmaterial. Man darf davon ausgehen, dass die Einschätzung des Zeitgeistes durch die »Stern«-Redaktion nicht unbeteiligt am Ergebnis war. Doch im Interview mit dem britischen Journalisten David Frost entlarvte sich der typische NS-Täter mit seinen Ausreden: Den Abtransport der Juden aus Wien habe er deshalb unterstützt, da er »befürchtet hätte, diese würden von der Wiener Bevölkerung umgebracht ... Kaltenbrunner hätte ihm versichert, dass sie in den Ghettos gut untergebracht und versorgt werden würden.«[153] Ausreden sind das Gegenteil von Reue.

Wie konnte sich ein Sohn aus kultiviertem großbürgerlichen Haus, der bis zu seinem siebenten Lebensjahr nur Englisch gesprochen hatte, so willig und so aktiv in ein verbrecherisches Regime integrieren? Sein Biograf Oliver Rathkolb definiert eine oft und gerne vernachlässigte Voraussetzung für eine ganze Reihe von NS-Karrieren, auch jene Reinhard Heydrichs, der mehrere Musikinstrumente spielte oder die des hochgebildeten Ökonomen Otto Ohlendorf: »Als Folge der ersten Turboglobalisierung, Industrialisierung und europäischen Binnenmigration boomten bei gleichzeitiger Innovation um die erste Moderne antisemitische Rassen- und Verschwörungstheorien, die seit Ende des Ersten Weltkrieges in aggressiver Weise explodierten. Ihre elitären Protagonisten, zu denen auch Carl von Schirach, sein intellektuelles und künstlerisches Umfeld und sein Sohn gehörten, bekämpften in weiterer Folge die parlamentarische Demokratie und die Weimarer Republik permanent mit allen Mitteln. Diese intensive Erosion aus bürgerlichen rechtskonservativen Netzwerken heraus war eine zentrale Voraussetzung für den Erfolg der NSDAP vor und nach 1933. Der Ungeist von Weimar, der Goethe und Schiller in politische Geiselhaft genommen und für seine menschenverachtenden Ideologien missbraucht hatte, ist eine wichtige Voraussetzung für die Ernennung Hitlers zum Reichskanzler. Längst wurde er von Angehörigen der ›alten‹ kaiserlichen und bürgerlichen Eliten umschwärmt, wie der frühe Besuch im Hause Schirachs 1925 dokumentiert. Die rasche Systemstabilisierung nach der Machtergreifung trotz vielfacher eindeutiger Gesetzesbrüche und Terrorakte ist ohne diese andere Kulturgeschichte des deutschen Kaiserreiches, die die Schirachs symbolisieren, nicht zu verstehen.«[154]

Arthur Seyß-Inquart

** 22. Juli 1892, Stannern (Stonařov) bei Iglau (Jihlava)*

† 16. Oktober 1946, Nürnberg

Angeklagt nach: 1, 2, 3, 4

Schuldig nach: 2, 3, 4

Strafe: Tod durch den Strang

Es war ein wahrhaft tragisches österreichisches Nazischicksal: Als Arthur Seyß-Inquart am 11. März 1938 österreichischer Bundeskanzler wurde, war er am Ziel seiner Wünsche. Doch seine Regierung musste am 13. März 1938 in einem wenige Minuten dauernden Ministerrat das berühmt-berüchtigte »Anschlussgesetz« über die »Wiedervereinigung Österreichs mit dem Deutschen Reich« beschließen – und damit auch schon ihr eigenes Ende.

Der Vater war Direktor des deutschen Gymnasiums in Olmütz und forderte seine Kinder auf: »Lernt's Tschechisch!«[155] Keines von ihnen befolgte den Rat, denn Deutschnationalismus und Antisemitismus fraßen vereint am Gemäuer einer immer brüchigeren Welt und die Mutter erzog sie »deutschbewusst«. Sohn Arthur wandte sich ihrem Lager zu und seine Verlobte Gertrud, die Tochter eines Generalauditors im Kriegsministerium, bestärkte ihn dabei nach Kräften. Ihr Herr Papa war ein sudetendeutscher Judenhasser. Er sorgte dafür, dass der künftige Schwiegersohn im Ersten Weltkrieg sein Studium abschließen konnte, statt in den mörderischen Winterkämpfen an der Italienfront den Heldentod zu sterben.

Seyß-Inquart war ein eifriger Hörer der im Deutschen Klub gehaltenen Vorträge über »Die wirtschaftliche Macht des Judentums in Deutschösterreich«, über »Rassenhygiene« und rassistische Vererbungslehre. Als sich das Nazilager über revolutionären oder evolutionären Kurs zerstritt, schlug er sich auf die Seite derer, die auf Unterwanderung statt Konfrontation setzten, und wurde im Juni 1937 von Bundeskanzler Schuschnigg, der ihm vertraute, als Verbindungsmann zur »nationalen Opposition« in den österreichischen Staatsrat berufen. Er konnte sich gut verstellen. »Ich bin kein trojanischer Pferdeführer!« war eine beliebte Phrase von ihm.

Wie weit es mit Österreich aber 1938 schon gekommen war, illustriert ein Gespräch Seyß-Inquarts mit Guido Zernatto, Schuschniggs Vertrautem, am Abend vor der Abreise des Bundeskanzlers zu Hitler nach Berchtesgaden am 12. Februar 1938. Sie einigten sich, so Seyß-Inquart am 10. Juni 1946 als Zeuge in eigener Sache, bereits »weitgehend über die Heranziehung von Nationalsozialisten, zum Beispiel Jury, Reinthaler (sic!) und Fischböck, für gewisse öffentliche Funktionen, aber nicht für Ministerposten. Die Frage einer Ministerschaft habe ich nicht angeschnitten, weil ich keine Verständigung hatte, wie sich Adolf Hitler zu meinen Vorschlägen an Herrn von Papen verhalten hat.«

Es lag also an Seyß-Inquart und nicht an Zernatto, dass nicht bereits vor Berchtesgaden über Ministerposten für Nazis geredet wurde. Vollends gespenstisch mutet an, dass sich Zernatto, der Generalsekretär der Vaterländischen Front und ein Todfeind der Nazis, der ihnen einen Monat später buchstäblich im letzten Augenblick entkam, und der spätere »Anschluss-Bundeskanzler« über den Wesensunterschied zwischen »österreichischer nationalsozialistischer Weltanschauung« und »nationalsozialistischer Weltanschauung« verbreiteten, und dass sie dies auch noch schriftlich festhielten. Der ehemalige österreichische Außenminister Guido Schmidt bestätigte als Zeuge in Nürnberg das Gespräch. Schon einige Monate vorher hatte er vor dem Wiener Volksgericht ausgesagt: »Es wollte ja auch schon seinerzeit Dollfuß den Seyß-Inquart in die Regierung haben. Der war aber damals nicht auffindbar, worauf Dollfuß erklärte: ›Wenn er nicht da ist, wird er eben nicht Minister!‹ So ist das damals gegangen. (Heiterkeit.)«[156]

Auch Guido Schmidt war noch am Abend vor seiner Abreise mit Schuschnigg nach Berchtesgaden ahnungslos über die tatsächliche Rolle Seyß-Inquarts. Vertrauensselig nach rechts, jede Hilfe der Linken im Abwehrkampf gegen Hitler bis zuletzt ausschlagend, erfüllte Schuschnigg Hitlers Forderung und ernannte Seyß-Inquart zum Innen- und Polizeiminister. Damit sprach er Österreich das Todesurteil: »Der Kanzler hat wohl Zweifel an Seyß-Inquart gehabt, es waren aber auch Anzeichen dafür da, dass man ihm die Gewalt geben könnte, weil ja von seiner Loyalität dann alles abhing«, erzählte Guido Schmidt dem Tribunal, einen Tag nach seiner Ernennung fuhr Seyß-Inquart zum mehr als zweistündigen Vier-Augen-Gespräch mit Hitler nach Berlin.

Österreichs zensurierte Presse wiegte die Österreicher nach Berchtesgaden noch einen Monat lang in Sicherheit. Umso schrecklicher war das Erwachen. Zahllose Gefährdete, vor allem Juden und bekannte Nazigegner, verloren dadurch die kostbaren Tage und Stunden, in denen sie hätten fliehen können. In der Nacht des 11. März versuchte Seyß-Inquart den Einmarsch in letzter Minute abzuwenden, da Österreich bereits eine nationalsozialistische Regierung habe und Ordnung im Lande herrsche. Göring verübelte ihm, dass Hitler deswegen geweckt worden war. So wurde Arthur Seyß-Inquart zum betrogenen Betrüger.

Er dürfte sich die Rolle des »Anschluss-Bundeskanzlers« glanzvoller vorgestellt haben. Am 12. März 1938 flog er gemeinsam mit Himmler von Wien nach Linz, um dort Hitler zu empfangen. Der ehemalige Sicherheitsdirektor für Oberösterreich, Peter Revertera, schrieb im April 1946 nieder, wie er Seyß-Inquarts Ankunft erlebte: »Gegen Mittag kamen dann die beiden angeflogen, und als Erster entstieg der Ju 52 Seyß-Inquart, der auf mich zueilte und, als er bei mir stand, seinen Kopf mit beiden Händen erfasste und rief: ›Was sagen Sie, es ist entsetzlich, wir schlittern ja mit vollen Segeln in den Anschluss hinein!‹ Worauf ich noch schnell antwortete: ›Ja, was haben Sie sich denn von Ihrer Politik anderes erwartet?‹ Aber schon war Himmler bei uns. Seyß-Inquart stellte mich vor.«[157]

Viele Fotos zeigen Seyß-Inquart in unmittelbarer Nähe Hitlers, der allen Grund hatte, ihm dankbar zu sein. Trojanischer Pferdeführer oder selbst Trojanisches Pferd, ohne Seyß-Inquart als Innen- und Polizeiminister hätten die Nazis im letzten Monat vor der Okkupation nicht derart massiv mit Massendemonstrationen in Erscheinung treten können. Nach dem 11. März lässt sich keine eigene Entscheidung Seyß-Inquarts in Österreich von einiger Wichtigkeit mehr nachweisen. Er war nur noch eine Marionette. Zunächst führte er die Liquidation der österreichischen Zentralstellen durch. Nach dem Ausbruch des Zweiten Weltkrieges wurde er zuerst nach Polen geschickt, wo er sich als Chef der Zivilverwaltung und Stellvertreter von Hans Frank an der AB-Aktion und damit an der Ermordung polnischer Intellektueller zumindest als Mitwisser schuldig machte. Ein Satz seiner Abschiedsrede, als er Polen verließ und seine Stellung in den Niederlanden antrat, spricht Bände: »Mit dem Herzen bin ich hier; denn ich bin meiner ganzen Einstellung nach auf den Osten eingerichtet. Im Osten haben wir eine nationalsozialistische Mission, drüben im Westen haben wir eine Funktion, das ist vielleicht ein Unterschied.«

In Holland war er sodann als Reichsstatthalter die höchste Instanz des Besatzungsregimes – und damit voll verantwortlich für die Deportation der holländischen Juden und alle anderen dort begangenen Verbrechen. Hitler konnte mit ihm zufrieden sein: »In Seyß habe ich jemanden gefunden, der ebenso gefällig und freundlich wie im Prinzipiellen unbarmherzig ist.«[158] Der gewesene Kurzzeit-Vizekanzler im »Anschlusskabinett« Glaise-Horstenau reiste im Sommer 1938 mit dem Ehepaar Seyß-Inquart von einer Reihe nationalsozialistischer Festlichkeiten in Hamburg und Helgoland im Schlafwagen nach Hause. In seinen Erinnerungen berichtet Glaise von einem nächtlichen Zwiegespräch: »Als ich Seyß über Sorgen nächtlicher Stunden klagte, meinte er, beinahe gerührt: ›Oh, ich habe bis zum 11. März sehr schlecht geschlafen; jetzt schlafe ich ausgezeichnet, weil ich weiß, dass der Führer für mich denkt.‹«[159]

Arthur Seyß-Inquart hinkte leicht, blickte durch dicke Brillengläser und ließ kaum jemanden hinter seine Maske blicken. Im Gegensatz zu Speer und Schirach, deren »offene Geständnisse« einem Überlebenskonzept dienten, machte Seyß-Inquart den Eindruck eines Menschen, der offen aussagte, weil er mit dem Leben abgeschlossen hatte und ihn nichts mehr berührte. Nicht unter dem Druck eines Kreuzverhörs, sondern im Verhör mit seinem Verteidiger Gustav Steinbauer sagte er ganz einfach, was er wusste und wie es gewesen war:

»Steinbauer: Was wissen Sie über die Geiselerschießungen nach dem Anschlag auf den SS- und Polizeiführer Rauter?

Seyß: Der Anschlag … ist von der Widerstandsbewegung ausgegangen und wurde ausgeführt mit englischen Waffen. … Himmler hat damals die Erschießungen von 500 Geiseln verlangt. Der Stellvertreter Rauters, Dr. Schöngarth, hat das abgelehnt und teilte mir mit, dass in den Gefängnissen eine Anzahl von Niederländern wären, die nach dem Führerbefehl zu erschießen seien, weil sie eben andere Sabotagehandlungen verübt hätten. Er habe gezögert, weil die Zahl etwas größer wäre. Er könne jetzt aber nicht mehr zögern. Die Zahl selbst hat er mir nicht genannt. Ich konnte in dieser Situation nach meinem Dafürhalten ihn nicht an der Durchführung des Befehls hindern, denn wir mussten mit allen Mitteln die

Widerstandsbewegung niederhalten, die ja von der Niederländischen Regierung von London her organisiert und bewaffnet worden war und eine schwere Gefahr für die deutsche Besatzungsmacht bildete. Es sollen 230 Niederländer erschossen worden sein, darunter 80 allein in Apeldoorn. Mir erschien das sehr viel. Aber Dr. Schöngarth sagte mir, dass nördlich Apeldoorn ein Zentrum der illegalen Bewegung sei.«

Auch sein Verteidiger schätzte die politische Anklage falsch ein, indem er sie für gravierender als die Mordanklage hielt. So verlor sich Gustav Steinbauer in seinem Plädoyer in endlosen historischen Erläuterungen, bis ihn Lawrence unterbrach: »Ich glaube, dass der Gerichtshof sich mit der Geschichte Österreichs bekannt machen kann, ohne dass Sie sie uns im Laufe Ihres Plädoyers verlesen. Bis jetzt haben Ihre zwanzig Seiten nichts anderes enthalten als die Geschichte Österreichs.« Auf der anderen Seite tat er zu wenig, um auszugleichen, was Seyß-Inquart selbst versäumt hatte: Er hatte am Kriegsende Zerstörungen, darunter die Sprengung der Deiche und damit die Überflutung großer Teile Hollands, verhindert, dies aber kaum für sich verwendet. Statt diesen mildernden Umstand groß herauszustellen, ging Steinbauer nur kurz darauf ein. In der Urteilsbegründung wurde eingeräumt, »dass in gewissen Fällen Seyß-Inquart gegen besonders scharfe Maßnahmen, die von anderen Dienststellen getroffen wurden, protestierte, wie zum Beispiel, als er die Armee erfolgreich daran hinderte, die Politik der verbrannten Erde zur Anwendung zu bringen, und ferner, dass er beim Höheren SS- und Polizeiführer darauf drang, die Zahl der zu erschießenden Geiseln herabzusetzen«.

Seyß-Inquart blieb in seinem Schlusswort standhaft: »Diesem Manne habe ich gedient … Ich vermag nicht heute ›Kreuziget ihn!‹ zu rufen, da ich gestern ›Hosianna‹ gerufen habe.« So spreche nur ein mutiger Mann, schrieb Taylor. Die Richter wurden sich schnell über die Todesstrafe einig, »und zwar weitgehend deshalb, weil er sehr zurückhaltend war und sich weigerte, seine Loyalität gegenüber Hitler aufzukündigen«, wie Taylor meinte, aber vielleicht im Grunde doch eher deshalb, weil die Mitwirkung an der AB-Aktion in Polen und seine Verantwortung für die von den Nazis in Holland begangenen Verbrechen seinen Fall als einen klaren Fall erscheinen ließen.

Albert Speer

** 19. März 1905, Mannheim*
† 1. September 1981, London
Angeklagt nach: 1, 2, 3, 4
Schuldig nach: 3, 4
Strafe: 20 Jahre

Adolf Hitler und Albert Speer. Das ist zunächst die Geschichte eines mächtigen Bauherrn und seines Architekten. Es ist aber auch die Geschichte eines geplatzten Traumes, der erst, wenn er Wirklichkeit geworden wäre, zum Albtraum geworden wäre. Die neue Reichskanzlei, die Speer baute, war pompös, doch verglichen mit der Welthauptstadt Germania, die Hitler vorschwebte und die Speer für ihn entwarf, hatte sie noch menschliches Maß. Ein gigantomanischer Albtraum wäre dieses Germania mit seinen im Hinblick auf Massenaufmärsche und Paraden konzipierten Verkehrsachsen geworden, gigantomanisch die 290 Meter hohe »Große Halle« mit ihrer Kuppel, durch deren Lichtöffnung man das römische Pantheon hätte hineinwerfen können. Speer muss sich gefühlt haben wie Vitruv, wenn Kaiser Augustus zu ihm gesagt hätte: Baue mir Rom neu, aber schnell muss es gehen!

Speers Großvater hatte bei Karl Friedrich Schinkel studiert, dessen Bauten ihre Noblesse nicht zuletzt dem Umstand verdanken, dass ein vorgelagerter Portikus mit seinen Säulen jede Baumasse veredelt, sei es eine Kirche oder ein Munitionsdepot, und, was Schinkel noch nicht wissen konnte, selbst den Kühler eines Automobils in einen Tempel verwandelt. Der Enkel gierte nach Ruhm, als Hitler auf ihn aufmerksam wurde: »Für einen großen Bau hätte ich wie Faust meine Seele verkauft. Nun hatte ich meinen Mephisto gefunden. Er schien nicht weniger einnehmend als der von Goethe.«[160] Mephisto verstand es, sich Faust mit tiefen Blicken und kleinen Gesten zu kaufen. Faust Speer war ihm sofort verfallen.

Er plante die Parteitagsbauten in Nürnberg, er errichtete den nächtlichen »Lichtdom« aus den himmelwärts gerichteten Lichtstrahlen von 130 Fliegerabwehr-Scheinwerfern, die in mehreren Kilometern Höhe ineinanderflossen, er wurde immer monumentaler, er verkaufte seine Seele und alle Grundsätze, die er von seinem Lehrer Heinrich Tessenow gelernt hatte, und Faust bekam den großen Bau. Einen prominenteren Auftrag als die neue Reichskanzlei hatte Deutschland nicht zu bieten. Planungs- und Bauzeit: ein Jahr. Speer bestellte Bauteile, bevor die Details entworfen waren, und gab die geknüpften Teppiche für mehrere Säle vor der Detailplanung der Räume in Auftrag. Zwei Tage vor dem festgesetzten Termin führte er Hitler durch das fertige Gebäude. Mephisto war des Lobes voll.

Der Fertigstellung der neuen Reichskanzlei folgte die Planung Germanias. Speer begann mit den Abbrucharbeiten für die neuen Paradestraßen und schob jeden, der sich nicht fügte, unsanft zur Seite. Als sich der Berliner Oberbürgermeister Julius Lippert nicht sofort bedingungslos unterordnete, sorgte Speer dafür, dass ihn Hitler absetzte, und leitete »die Unterlagen dem Reichsführer SS ›zur vertraulichen Kenntnisnahme‹«[161] zu.

Matthias Schmidt stieß bei den Recherchen für seine Dissertation bei Speers einstigem Mitarbeiter und ehemaligem Freund Rudolf Wolters auf die einzige ungereinigte Fassung der »Speer-Chronik«, eines dienstlichen Tagebuches, das Wolters von 1941 bis 1944 geführt hatte. Demnach wurden bei den Vorarbeiten für die

künftige Reichshauptstadt Germania ganze Viertel abgerissen und die »Volksgenossen«, die dadurch ihre Wohnungen verloren, unter Speers Zuständigkeit in die »entmieteten« Wohnungen von Juden eingewiesen, die entweder deportiert oder einstweilen irgendwo zusammengepfercht wurden. Als die Bombenangriffe begannen, wurden auch die »Ausgebombten« in »entmietete Judenwohnungen« eingewiesen, auch dafür war Speer zuständig, der den Wunsch des Führers, für »obdachlos gewordene Volksgenossen« 1.000 Wohnungen zur Verfügung zu stellen, an seine Mitarbeiter weitergab.[162] Im August 1941 wurde »gemäß Speer-Anordnung ... eine weitere Aktion zur Räumung von 5000 Judenwohnungen gestartet«[163], um Abrissmieter unterzubringen.
Im November 1942 gab Speer die Umsiedlungsabteilung an die Berliner Gauleitung ab und sein Abteilungsleiter Willi Clahes erstattete ihm einen Tätigkeitsbericht, in dem 23.765 erfasste Judenwohnungen und 75.000 umgesiedelte Personen gemeldet wurden. Damit war bewiesen, dass Speer von der Deportation der Berliner Juden gewusst und sie für seine Bauprojekte ausgenützt hatte, freilich nicht, dass er das Schicksal der Deportierten (damals schon) gekannt hatte.

Speer hatte seit Kriegsbeginn weitere Erfahrungen mit großen Bauprojekten gesammelt, als am Vormittag des 8. Februar 1942 um halb zehn Uhr die Maschine des Superministers Fritz Todt, der drei Ressorts leitete, nach einem Besuch bei Hitler unmittelbar nach dem Start abstürzte. Todt hatte unter anderem den Bau der deutschen Autobahnen, des »Westwalls« und der deutschen U-Boot-Bunker an der französischen Atlantikküste geleitet. Um 13 Uhr wurde Speer von einem feierlich stehenden Adolf Hitler empfangen und in alle Ämter von Fritz Todt eingesetzt. Er war nun mit 36 Jahren als jüngster und mächtigster Minister Hitlers zuständig für die gesamte Kriegsproduktion, den Straßenbau, alle Wasserstraßen und Kraftwerke, für die Bauwirtschaft, sowie Chef der »Organisation Todt«.[164]

Unter den Militärs war Karl Dönitz der für die Alliierten gefährlichste Mann. Doch der Beitrag von Albert Speer zur Verlängerung des Zweiten Weltkrieges war um vieles größer. Innerhalb eines halben Jahres konnte er (nach eigener Angabe) die Munitionsherstellung verdoppeln, die Erzeugung von Panzern und anderen Waffen um ein Viertel und die Gesamtleistung der Rüstung um fast 60 Prozent steigern. Zum Glück für die Welt stellten sich ihm von Jahr zu Jahr größere Schwierigkeiten in den Weg. Seine Forderung, die deutschen Frauen zur Arbeit in den Fabriken zu verpflichten, scheiterte am Veto Hitlers, der einen Popularitätsverlust befürchtete, und des »Bevollmächtigten für den Arbeitseinsatz« Fritz Sauckel, der Speer mit ausländischen Arbeitssklaven versorgte, aber stets nur einen Teil der versprochenen Arbeitskräfte zusammentreiben konnte.

Dönitz, Keitel und Jodl hatten nach der Kapitulation nur noch mit den Mitgliedern der alliierten Kontrollkommission zu tun. Speer hingegen empfing in seinem hochfeudalen Quartier (der Herzog von Mecklenburg und Holstein hatte ihn eingeladen, im Schloss Glücksburg zu wohnen) prominente Besucher: George Ball, Paul Nitze und John Kenneth Galbraith. Ball, der später Wirtschaftsberater von Präsident Kennedy, amerikanischer UNO-Botschafter und ein scharfer Gegner des Vietnamkrieges wurde, leitete damals das US Strategic Bombing Survey, das den Effekt des alliierten Bombenkrieges evaluieren sollte; Nitze, der später in führenden Positionen die amerikanische Ostpolitik mitbestimmte, war Balls Stellvertreter; Galbraith, der Klassiker des amerikanischen »Linkskeynesianismus«, hatte unter Roosevelt die US-Preisüberwachungsbehörde geleitet. Das Trio beschäftigte sich volle zehn Tage lang mit Speer, wobei es vor allem um deutsche Erfahrungen ging, die sich im Luftkrieg gegen Japan, der noch im vollen Gange war, verwerten ließen. Galbraith, der als einziger bereits deutsche Konzentrationslager gesehen hatte, nahm Speer zumindest dessen Nichtwissen über die Behandlung der Zwangsarbeiter nicht ab und erinnerte sich im Gespräch mit Speers

Biografin Gitta Sereny noch daran, wie Speer »zu uns sagte: ›Sie sollten Sauckel aufhängen‹, und dann, ein paar Wochen später, sagte Sauckel uns: ›Sie sollten Speer aufhängen.‹ Nette Menschen, nicht wahr?«

Am zehnten Tag, den sie mit Speer verbrachten, dessen letztem Tag in Freiheit, redeten sie bei einer Flasche Whisky bis vier Uhr früh. Speer sprach stundenlang über Hitler und gab seiner Verachtung für dessen gesamte Umgebung Ausdruck. Nitzes Mitarbeiter Captain Burt Klein versuchte ihn zu stellen, indem er meinte, Speer habe jahrelang gewusst, dass der Krieg verloren war, er habe die Männer in Hitlers Umgebung gekannt, ihre Ziele seien die von Hyänen gewesen, ihre Methoden die von Mördern, ihre Moral die der Gosse – wie er diese Menschen mit aller Kraft habe unterstützen können, wie er das rechtfertigen, wie er es ertragen könne, mit sich selbst zu leben? Speer blieb einige Zeit stumm und meinte dann, sie könnten das Leben in einer Diktatur nicht verstehen, vor allem aber hätten sie keine Vorstellung vom Charisma eines Mannes wie Hitler.

In Glücksburg fand Speer die Linie, die er in Nürnberg und später in seinen Büchern mit verführerischer Beredsamkeit verfolgte. Wenn sich alle herausredeten, würde er sich mannhaft zu einer allumfassenden Verantwortung bekennen – aber allem aus dem Weg gehen, was die Einzelheiten der Verbrechen betraf. Er bekannte sich dazu, dass er hätte wissen sollen, bekannte sich zur Schuld, den Dingen nicht auf den Grund gegangen zu sein, aber gewusst hatte er nichts.

Seine bürgerliche Herkunft, seine Bildung und Ausdrucksfähigkeit kamen ihm ebenso zugute wie die Intelligenz, mit der er sein Überleben plante. Kein Angeklagter verstand seinen persönlichen Charme so geschickt einzusetzen wie er und einen überzeugenden Eindruck auf die Richter und Ankläger zu machen. Und er war ein Meister der Balanceakte am Rande der Wahrheit. Ein intelligenter Schachzug war die von Papens Verteidiger Kubuschok gestellte Frage an den Zeugen Ohlendorf, ob er von einem Attentatsplan Speers gegen Hitler gehört habe. Ohlendorf hatte zwar nichts davon gehört, doch kam bei dieser Gelegenheit heraus, dass der Kreis um Goerdeler und Stauffenberg die Absicht gehabt hatte, Speer nach dem geglückten Anschlag auf Hitler das Rüstungsministerium weiterführen zu lassen. Ein guter Schachzug vor Beginn des Prozesses war auch ein Wink an die Adresse Jacksons, Speer werde sich im Kreuzverhör auskunftsbereit verhalten – aber nur, wenn er von Jackson persönlich verhört wurde. Jackson entschloss sich tatsächlich, dies zu tun, und behandelte ihn mit auffallender Höflichkeit, woraus der eine oder andere Richter den Schluss gezogen haben soll, Speer sei vielleicht doch etwas Besonderes. Riskant und zugleich psychologisch perfekt kalkuliert, stellte er seine Beziehung zu Hitler als tief emotional dar und verlieh damit seiner Absage an Hitler das Flair einer klassischen Tragödie. Ein großer Schachzug auch, wie er seine Aussage mit dem Geständnis eröffnete: »Wenn Hitler überhaupt Freunde gehabt hätte, wäre ich bestimmt einer seiner engen Freunde gewesen.« Doch Hermann Gieslers Modell für die Umgestaltung von Linz und keines von Speer hatte sich Hitler in den Bunker bringen lassen, mit Giesler hatte er bis kurz vor dem Untergang vertrauliche Gespräche geführt, wehmütig auf Gieslers Linz-Modell blickend, war er noch kurz vor seinem Tod fotografiert worden.

In der Vorberatung war Nikitschenko für Schuldspruch nach allen Anklagepunkten, Lawrence, Biddle und Donnedieu de Vabres nur nach 3 und 4. Bei der nächsten Zusammenkunft forderten Biddle und Nikitschenko die Todesstrafe, Lawrence und de Vabres schlugen 15 Jahre Haft vor. Als daraufhin der britische stellvertretende Richter Birkett zehn Jahre ins Spiel brachte, veranlasste dies die anderen, sich sofort zu vertagen. Am nächsten Morgen verzichtete Biddle auf die Todesstrafe, Lawrence und de Vabres legten fünf Jahre zu und Speer wurde mit drei Stimmen gegen die Nikitschenkos zu zwanzig Jahren Haft verurteilt.

Nach der Entlassung aus dem Spandauer Gefängnis etablierte er sich mit seinen Büchern auch für viele, die das Naziregime vorbehaltlos verurteilt hatten, als zeitgeschichtlicher V-Mann im innersten Kreis um Hitler. Die Haft, meinte auch der ehemalige Nürnberger Hilfsankläger Robert Kempner, sei den »Erinnerungen« sehr zugutegekommen. Die enorme Wirkung der »Erinnerungen« und der »Spandauer Tagebücher« beruhte auf dem Gegensatz zwischen der Konsequenz, mit der er den Nationalsozialismus und den Kreis um Hitler verurteilte, und der Intensität der Zuwendung, die er Hitler entgegengebracht hatte und die, so wie Speer diese Beziehung sah oder sehen wollte, nicht weniger intensiv erwidert worden war, nicht zuletzt aber auch auf ihrer sprachlichen Qualität. Auch wenn er nicht ganz so sine ira et studio geschrieben hatte, wie Kempner meinte, sondern dabei manche alte Fehde fortführte[165] – die »Erinnerungen« zählen heute zu den klassischen Werken über die NS-Zeit. Albert Speer wäre nicht mit zwanzig Jahren davongekommen, wenn man damals alles über ihn gewusst hätte, was man heute weiß, aber er bleibt unter den Nürnberger Angeklagten die interessanteste Persönlichkeit.

Nach seiner Haftentlassung beharrte er auf der in Nürnberg eingenommenen Position: Er hätte wissen können, er hätte wissen müssen, aber er hatte nicht gewusst. Er konnte, nachdem er sich auf sie festgelegt hatte, diese Position ohne massive Beeinträchtigung seiner Glaubwürdigkeit nicht mehr verlassen. Andererseits brachte ihn das verzweifelte Beharren auf seinem Nichtwissen aber in einen immer unangenehmeren Konflikt mit den Ergebnissen der historischen Forschung.

1971 erklärte der Historiker Daniel Goldhagen in der Zeitschrift »Midstream« Speers Behauptung, nichts von der Ermordung der europäischen Juden gewusst zu haben, für eine Lüge. Im Herbst 1943 ließ Hitler einem größeren Kreis von Funktionären klarmachen, dass alle Brücken verbrannt waren, und sie als Mitwisser in die Schuld am Holocaust verstricken. Himmler weihte in Posen am 4. Oktober die Generäle der SS, am 6. Oktober die Reichs- und Gauleiter und im Jänner 1944, zwei Jahre nach der Wannsee-Konferenz, auch noch eine Reihe ranghoher Generäle der Wehrmacht mit nahezu gleichen Ansprachen in die Tatsache der »Endlösung« ein.

Speer kam am 6. Oktober 1943 nach Posen und verursachte – die Darstellung folgt Gitta Sereny – einen Eklat, indem er den Gauleitern erklärte, sie könnten sich nicht länger vor der Stilllegung der Verbrauchsgüterproduktion drücken: »Ich habe mit Reichsführer-SS gesprochen, und ich werde von jetzt an die Gaue, die diese Maßnahmen nicht durchführen, entsprechend behandeln.«[166] Die Gauleiter fassten dies als Drohung mit dem KZ auf, und der vom anwesenden Bormann prompt informierte Hitler gab Speer zu verstehen, es sei bedauerlich, dass er mit den Gauleitern nicht umgehen könne.

Am späten Nachmittag sprach Himmler Klartext über die »Endlösung«, selbstverständlich ohne Erwähnung der Gaskammern: »Ich bitte Sie, das, was ich Ihnen in diesem Kreise sage, wirklich nur zu hören und nie darüber zu sprechen. Es trat an uns die Frage heran: Wie ist es mit den Frauen und Kindern? – Ich habe mich entschlossen, auch hier eine ganz klare Lösung zu finden. Ich hielt mich nämlich nicht für berechtigt, die Männer auszurotten, sprich also umzubringen oder umbringen zu lassen – und die Rächer in Gestalt der Kinder für unsere Söhne und Enkel groß werden zu lassen. Es musste der schwere Entschluss gefasst werden, dieses Volk von der Erde verschwinden zu lassen. Für die Organisation, die den Auftrag durchführen musste, war es der schwerste, den wir bisher hatten. Er ist durchgeführt worden, ohne dass – wie ich glaube sagen zu können – unsere Männer einen Schaden an Geist und Seele erlitten hätten. … Die Judenfrage in den von uns besetzten Ländern wird bis Ende dieses Jahres erledigt sein … Dass ich große Schwierigkeiten mit vielen wirtschaftlichen Einrichtungen hatte, werden Sie mir glauben. Ich habe in den Etappengebieten große Judenghettos ausgeräumt.

In Warschau haben wir in einem Judenghetto vier Wochen Straßenkampf gehabt … Dieses ganze Ghetto machte also Pelzmäntel, Kleider und Ähnliches. Wenn man früher dort hinlangen wollte, so hieß es: Halt! Sie stören die Kriegswirtschaft! Halt! Rüstungsbetrieb!

Natürlich hat das mit Parteigenossen Speer gar nichts zu tun, Sie können gar nichts dazu. Es ist der Teil von angeblichen Rüstungsbetrieben, die der Parteigenosse Speer und ich in den nächsten Wochen und Monaten gemeinsam reinigen wollen. … Sie wissen nun Bescheid, und Sie behalten es für sich… Ich glaube, es ist besser, wir – wir insgesamt – haben das für unser Volk getragen, haben die Verantwortung auf uns genommen … und nehmen dann das Geheimnis mit in unser Grab.«[167]

Goldhagens Artikel brachte Speer in Gefahr, das Vertrauen in seine Ehrlichkeit und damit in die Echtheit seiner Reue zu verlieren, die eine tragende Säule seines Selbstmarketings darstellte. Er wendete größte Mühe darauf, zu beweisen, dass er zwar am 6. Oktober 1943 zu den Gauleitern gesprochen, aber kurz nach dem Mittagessen Posen verlassen habe, um zu Hitler zu fahren, und angeblich hatte ihm auch keiner der vielen, die die Rede gehört hatten, nachher davon erzählt, dem Entsetzen der Anwesenden zum Trotz.

Speers Freund, der ehemalige Generalfeldmarschall Milch, sprang in die Bresche und erzählte dem amerikanischen Historiker John Toland, der gerade an seiner großen Hitler-Biografie schrieb, Speer habe die Versammlung zu Mittag verlassen. Speer selbst argumentierte, Redner hätten des Öfteren Parteigenossen angeredet, auch wenn diese gar nicht da gewesen seien, zudem hätten rund 70 Personen in diesem großen Raum gesessen, so dass ein Redner keinen Überblick über die einzelnen Teilnehmer hätte gewinnen können. Er legte zwei eidesstattliche Erklärungen vor. Harry Siegmund, der für die Organisation der Tagung verantwortlich gewesen war, erinnerte sich noch genau, wie Speer nach dem Essen weggefahren sei, und vergaß auch nicht, Himmlers extreme Kurzsichtigkeit zu erwähnen, sodass zu bezweifeln sei, »dass Himmler während seiner Rede im Einzelnen bemerken konnte, wer anwesend sei, umso mehr als der große Raum … nicht hell erleuchtet war«.[168] Speers ehemaliger Mitarbeiter Walter Rohland aber wollte sofort nach dem Essen gemeinsam mit Speer in dessen Wagen nach Rastenburg gefahren sein, um Hitler, der am nächsten Tag ebenfalls zu den Gauleitern sprach, »zu veranlassen, den Gauleitern gegenüber hart zu bleiben«.[169]

Speer und Rohland waren tot, als Gitta Sereny Speers Alibi für Himmlers Rede in Posen nachging. In den Aufzeichnungen von Hitlers Diener Heinz Linge, der jeden Abend penibel die Namen aller Besucher Hitlers verzeichnete, war Speer nicht am 6., sondern lediglich am 7. Oktober eingetragen. Hitlers ehemalige Sekretärin Traudl Junge erklärte sich überzeugt, »dass Linges Aufzeichnungen das beste Beweismaterial seien … Er habe ihn morgens als Erster gesehen und nachts, wenn er ihn zu Bett brachte, als Letzter. Und immer erst dann – also spätnachts – habe Linge (ähnlich wie Goebbels in seinem Tagebuch) die Ereignisse des Tages rückblickend im ›Terminkalender‹ notiert.« Harry Siegmund aber erklärte der Autorin, Speer habe ihn »mit ich weiß nicht wie vielen Telefonanrufen bombardiert, also gab ich ihm schließlich, was er wollte«.[170]

Viele haben versucht, der Sphinx Albert Speer auf die Schliche zu kommen. Auch ich konnte 1975 dieser Versuchung nicht widerstehen. Vor dem Treffen fuhr ich ins Deutsche Rundfunkarchiv in Frankfurt, um für zwei einstündige Radiosendungen des Österreichischen Rundfunks, eine über den Nürnberger Prozess und eine über Speer, Tonaufnahmen vom Prozess auszuwählen. Ein Kollege warnte mich, ungefähr so: Rechnen Sie nicht damit, dass er bei Ihnen aufmacht. Bei jungen Leuten ist er gesprächig, aber bei Leuten, von denen er annehmen muss, dass sie die NS-Zeit noch mitbekommen haben, wird er schweigsam, da macht er zu. Ich hatte dann noch etwas Zeit, mir eine Frage zurechtzulegen, mit der ich hoffen durfte, Speer aus der Reserve holen zu können. Als ich alles Routinemäßige im Kasten hatte, fragte ich ihn: »Herr Speer, ich glaube, Ihre beiden Bücher Satz für Satz sehr genau gelesen zu haben. In den ›Spandauer Tagebüchern‹ äußern Sie sich oft über Ihre Haftbedingungen, Ihr Leid in der Haft und so weiter. Habe ich eigentlich die eine, einzige Stelle übersehen, an der Sie sich auch einmal Gedanken über die Qualen der Gefangenen in deutschen Konzentrationslagern und Gefängnissen während der NS-Zeit machen? Oder gibt es diese Stelle nicht?«

Er antwortete, nein, ich hätte diese Stelle nicht übersehen, eine solche Stelle gebe es nicht.

Ich fragte: »Warum nicht?«

Er meinte, es gebe in seinen Büchern keine solche Stelle, weil man das überhaupt nicht vergleichen könne.

Ich fragte, wieso man das nicht vergleichen könne.

Er sagte, diese Menschen, die Gefangenen unter Hitler, seien doch in einer ungleich günstigeren Situation als er, Speer in Spandau, gewesen.

Ich fragte, leicht erstaunt, wieso die Gefangenen in einem deutschen KZ besser dran gewesen seien als er.

Speer antwortete: »Sie wussten doch, dass sie unschuldig waren. Ich aber musste eine Schuld abarbeiten, die vorhanden war.«

Albert Speer war angeheitert, als er am Abend des 7. August 1981 Gitta Sereny anrief und endlich ehrlich aussprach, wie er sein Leben sah: »›Was ich Ihnen sagen wollte‹, sagte Speer fröhlich, ›war, dass ich finde, dass ich's alles doch ganz gut gemacht habe. Schließlich war ich Hitlers Architekt, ich war sein Minister für Rüstung und Kriegsproduktion, war dann zwanzig Jahre in Spandau und hab' dann, als ich herauskam, doch noch einmal Karriere gemacht. Gar nicht so schlecht, nein?‹«[171]

Und dann hatte er noch ein weiteres Mal Karriere gemacht, diesmal eine ganz private. Es sei erstaunlich, lesen wir bei Sereny, was Speer damals zu seinem Verleger Wolf Jobst Siedler sagte: Es sei erstaunlich, doch »ich musste in die Siebziger kommen, um ein erstes wirklich erotisches Erlebnis mit einer Frau zu haben«.[172] Dabei hat er sich wenige Wochen später in London übernommen.

Julius Streicher

** 12. Februar 1885, Fleinhausen bei Augsburg*
† 16. Oktober 1946, Nürnberg
Angeklagt nach: 1, 4
Schuldig nach: 4
Strafe: Tod durch den Strang

Julius Streicher war der erfolgreichste Mordhetzer und Mordanstifter aller Zeiten. Der einzige Inhalt der Wochenzeitung »Der Stürmer«, die er 1923 gegründet hatte, war Antisemitismus in seinen aggressivsten und widerwärtigsten Erscheinungsformen. Die Zeitung lag während der NS-Zeit in Kaffeehäusern und Frisiersalons auf und war im ganzen Deutschen Reich in prominent platzierten Schaukästen ausgehängt – das zum Mord anstiftende programmatische Zentralorgan des Antisemitismus war allgegenwärtig.

Streicher war das neunte Kind eines Volksschullehrers und wurde nach dem Besuch des Augsburger Lehrerseminars ebenfalls Volksschullehrer. Nach dem Ersten Weltkrieg betätigte sich der Leutnant der Reserve in völkischen Organisationen. 1919 war er unter den Gründern einer Nürnberger Ortsgruppe der antisemitischen Deutsch-Sozialen Partei, mit der er sich 1922 Hitlers NSDAP anschloss. Seine erste Begegnung mit Hitler schilderte er wie eine religiöse Erweckung: »Man kann dieses Drama nur begreifen, wenn man nicht nur materiell zu sehen vermag, sondern wenn man die höheren Schwingungen in sich aufzunehmen vermag, die heute noch zu erfühlen sind.« Wegen Teilnahme am Münchener Hitler-Putsch vom Schuldienst suspendiert, erhielt er 1925 von Hitler den Auftrag, die NSDAP in

Nordbayern aufzubauen. Er wurde Gauleiter von Mittelfranken und ging besonders scharf gegen Juden und politische Gegner vor. Er gab antisemitische Kinderbücher heraus und bereitete die Deutschen mit »Stürmer«-Kampagnen auf die Nürnberger Rassengesetze vor.

Die meisten Nazibonzen empfanden seine Gesellschaft als peinlich. Seine Reden waren eine solche »Flut von antisemitischen Schimpfwörtern und Drohungen«[173], dass er 1939 Redeverbot bekam. 1940 wurde Streicher, gegen den parteiinterne Untersuchungen wegen Unterschlagungen und sexuellen Exzessen liefen, als Gauleiter suspendiert. Eine von Göring eingesetzte Kommission enthob ihn seiner Ämter, auf Anweisung Hitlers musste er sich auf sein Gut Pleikershof bei Nürnberg zurückziehen und durfte Nürnberg nicht mehr betreten. Dank der Zeitung war er aber finanziell unabhängig. Die Auflage war von 1923 bis 1933 von 2.000 auf 25.000 und ab 1935 auf 600.000 und mehr Exemplare gestiegen, anlässlich der Reichsparteitage auf über zwei Millionen. Als im Krieg das Papier knapp wurde, musste auch Streicher seine Auflage reduzieren.

»Der Stürmer« war von unüberbietbarer Primitivität, voll von Geschichten über die angeblich von Juden begangenen Schandtaten, vor allem sexueller Natur, oft genug mit Nennung konkreter Namen, von Denunzianten zugetragen oder überhaupt frei erfunden. Die »Karikaturen« des unter »Fips« firmierenden Philipp Rupprecht verstärkten die Ausstrahlung von aggressiver Primitivität. In der Rubrik »Der Pranger« wurden Fotos von »Ariern« gebracht, die bei Juden einkauften oder mit Juden spazieren gingen, oder sie wurden von Denunzianten beschuldigt, sexuelle Kontakte mit Jüdinnen oder Juden zu haben.

Die eigentliche Botschaft des Blattes war aber der unverblümte, dem Leser immer wieder eingehämmerte Aufruf zum Mord. Auf der ersten Seite jeder Ausgabe prangte der bekannte Spruch »Die Juden sind unser Unglück« von Heinrich von Treitschke, und auch die Folgerung aus Treitschkes »Erkenntnis« wurde in klare Worte gefasst: »Die Sonne wird den Völkern der Erde nicht scheinen, bis der letzte

Jude tot ist.« Oder, ausgerechnet in der Weihnachtsnummer vom 25. Dezember 1941: »Soll die Gefahr der Weiterzeugung jenes Gottesfluches im jüdischen Blute endlich ihr Ende finden, dann gibt es nur einen Weg: Die Ausrottung des Volkes, dessen Vater der Teufel ist.«

Streicher in Nürnberg: Er hatte zum Mord aufgehetzt? Er sah das ganz und gar nicht so. Wenn im »Stürmer« von Ausrotten die Rede gewesen war, war niemals Töten gemeint gewesen. Auch wenn von Töten geredet worden war, war niemals wirklich Töten gemeint gewesen. Und gewusst hatte Streicher selbstverständlich von gar nichts.

Das Zustandekommen des Urteils, das er mit einem heftigen Aufstampfen zur Kenntnis nahm, fand weder bei Taylor noch bei Smith Gnade. Es beweise »einmal mehr, dass gerade bei Prozessen gegen die unappetitlichsten Mitglieder der menschlichen Gesellschaft die Grundrechte besonders geschützt werden müssen«.[174] Parkers Berater Bob Stewart, so Taylor, habe leider dem Gericht nicht klarmachen können, »dass sogar ein unappetitlicher, fanatischer alter Nazi das Recht auf ein sorgfältiges Urteil hat, bevor er aufgehängt wird. Keinem der Richter kann man diesen Vorwurf ersparen, aber besonders nicht Biddle und Parker, die schließlich mit verfassungsmäßigen Freiheitsgarantien groß geworden waren, mit denen ihre Kollegen weniger vertraut waren. (Was wohl Taylors englische und französische Leser zu diesem Satz sagten? – Anm. d. A.) … Die unbekümmerte Art und Weise, mit der die Mitglieder des Gerichtshofs ihn an den Galgen brachten, als ob sie einen Wurm zerträten, ist im Grunde unerträglich.«[175] Tatsächlich hatten die Richter Streichers Schuld so schnell und eindeutig bejaht wie etwa die Keitels, weil sie ihnen in beiden Fällen eindeutig gegeben schien.

Taylor meinte, Streicher sei wegen Verbrechen gegen die Menschlichkeit, begangen durch »Aufreizen« zur Verfolgung der Juden, angeklagt worden und es sei ihm nicht vorgeworfen worden, dass er sich selbst an den Ausschreitungen gegen die Juden beteiligt habe. Die einzige schwierige juristische Frage habe darin bestanden, ob »Aufreizen« für eine Verurteilung ausreiche. Selbstverständlich hätte es korrekt »Anstiften« heißen müssen – möglicherweise ein Lapsus mehr, welcher der beiläufigen Beschäftigung der Amerikaner mit den Anklagepunkten 3 und 4 bei der Vorbereitung des Prozesses zuzuschreiben war. Als Anstifter werde gleich einem Täter bestraft, wer einen anderen zu dessen vorsätzlich begangener rechtswidriger Tat bestimmt habe, steht so oder mit etwas anderen Worten im Strafgesetz aller Rechtsstaaten.

Bei Bradley F. Smith geriet die überzogene Auffassung von Fairness auf gefährliche Wege: Man müsse bezweifeln, meinte er, »dass zwischen Streichers Agitation für die Ausrottung der Juden und den tatsächlichen Massenmorden während des Krieges ein Zusammenhang bestand. In Nürnberg wurde der jedenfalls nicht nachgewiesen, und in späteren wissenschaftlichen Untersuchungen ebenfalls nicht. … es dürfte kaum gelingen, zwischen Personen wie Julius Streicher und Taten wie denen von Rudolf Höß eine Verbindung herzustellen. Man könnte eine solche darin erkennen wollen, dass Streicher half, jenes Klima zu schaffen, in dem die Deportationen stattfinden konnten, und doch liegt eine ganze Welt zwischen jenem kleinen Mann und seinen pervertierten Ansichten über die Anwendung des Ochsenziemers oder die Niederbrennung von Synagogen und der Mordapparatur, die von Eichmann und Heydrich 1941 in Gang gesetzt worden war.

Streicher wurde verurteilt und hingerichtet, ohne dass dies ausreichend bedacht worden wäre. … Der Ankläger Jackson warnte davor, diesen Hauptkriegsverbrecher nicht wichtig genug zu nehmen, doch … hat es den Anschein, als habe der Prozess von Nürnberg kein ausreichendes Symbol der Sühne für den Massenmord an Juden gesetzt, und zwar zum Teil darum nicht, weil die Richter einen Rudolf Höß im Zeugenstand hörten, um einen Julius Streicher aufs Schafott schicken zu können.«[176] Heute sind wir wieder mit dem von Smith leichtfüßig gestreiften antisemitischen Klima konfrontiert, in dem Verdrängung und Verniedlichung der Naziverbrechen gedeihen. Der

Zusammenhang zwischen Streichers Mordhetze und der Mordapparatur von Eichmann und Heydrich wurde nicht nur nicht bewiesen, er wurde Streicher auch nicht vorgeworfen. Er verfolgte bloß den Fortgang der Endlösung und fuhr fort, zur Ausrottung der Juden aufzurufen. Er war im höchsten Maß verantwortlich für ein Klima, in dem die Kennzeichnung der Juden mit dem Stern und ihre Unterdrückung als selbstverständlich hingenommen wurden, und für die kontinuierliche antisemitische Radikalisierung bis zur Stufe, auf der selbst der Befehl, das Kommando über eine Einsatzgruppe zu übernehmen, als Selbstverständlichkeit befolgt wurde.

Bradley F. Smith widerlegte, was nicht behauptet wurde, und ignorierte das Offensichtliche: Streichers Täterschaft bei der Verbreitung von Hass und Fanatismus, deren Verinnerlichung die zahlreichen SS-Männer bewiesen, die noch in den Tagen unmittelbar vor und in vielen Fällen sogar nach der deutschen Kapitulation eine Unzahl von Juden ermordeten, denen es sonst gelungen wäre, die Befreiung zu erleben. Zumindest hier ist der direkte Zusammenhang zwischen Anstiftung zum Mord und Tat erkennbar, wenn auch im Einzelfall schwer nachzuweisen: Dass das radikalisierte antisemitische Klima gerade bei den Endphasenverbrechen massiv mitgespielt hatte, ist evident. Daher waren Streichers Platz unter den Hauptkriegsverbrechern und das Urteil gerechtfertigt.

Am Tag der Vollstreckung weigerte er sich, sich anzuziehen und zu gehen, und wurde in die Turnhalle geschleift. Als er auf den Galgen zutrat, rief er »Heil Hitler!«, worauf der pingelige, ordnungsversessene, allen Gefangenen verhasste Gefängniskommandant Burton C. Andrus reflexhaft einem Untergebenen zurief: »Notieren Sie sich den Mann!« Viele Jahre später, bei der Arbeit an seinem im Jahre 2000 erschienenen Film »Julius Streicher und der ›Stürmer‹«, entdeckte Michael Kloft im Nürnberger Stadtarchiv die von den Mördern angefertigten Fotos ihrer Taten, die sie Julius Streicher von der »Ostfront« zugeschickt hatten.

Der französische Chefankläger François de Menthon bei seiner Eröffnungsrede.

4.

VON DER SCHULDVERMUTUNG ZUR UNSICHTBAREN HAND

Die Unschuldsvermutung ist eine Säule jeder rechtsstaatlichen Justiz und die Feststellung, dass am Beginn des Nürnberger Prozesses die Schuldvermutung stand, dass sie alle Angeklagten betraf und dass dieser Prozess anders gar nicht möglich war, mag für heutige Ohren befremdlich und wie ein Rückfall in das Zeitalter der Hexenprozesse klingen. Und doch war es so, denn der Nürnberger Prozess war die mühsam durchgesetzte Alternative zur Justiz eines Erschießungskommandos, die den Briten vorschwebte, und zum Schauprozess mit vorgegebenen Todesurteilen für alle Angeklagten, den Stalin vorgezogen hätte.

Aber auch für die Amerikaner und die Franzosen war ein Freispruch nicht mehr als eine höchst unwahrscheinliche theoretische Möglichkeit. Der Gedanke, es könnte in Hitlers engerer Umgebung jemanden gegeben haben, der keine Schuld auf sich geladen hatte, lag der Mehrzahl der Menschen in einer gegen Hitler im Krieg stehenden Welt, aber auch den NS-Gegnern in Deutschland und im okkupierten Österreich, mit so guten Gründen so fern, dass sich die Schuldvermutung geradezu als Selbstverständlichkeit ergab. Wer zur Führung des Nazistaates gehört hatte, durfte und musste zunächst für schuldig gehalten werden, und dass er die Gelegenheit bekam, sich zu verteidigen, wiegt alle gegen den Nürnberger Prozess vorgebrachten Einwände auf.

Auch zur Todesstrafe für die Hauptschuldigen gab es keine Alternative. Die Abschaffung der Todesstrafe ist eine sehr junge

Errungenschaft in der Geschichte der Menschheit, in den meisten Ländern gab es sie damals noch. Wo immer sie überwunden wurde, geschah dies durch den Konsens einer genügend großen Zahl von Menschen, für die sie unerträglich geworden war. Am Ende der NS-Herrschaft war es damit für einige Zeit vorbei. Wurde einst für immer mehr Menschen die Todesstrafe zu etwas Unerträglichem, so war es nun der Gedanke, die Ungeheuer am Leben zu lassen. Auch in Ländern, die die Todesstrafe bereits abgeschafft hatten, wurde sie nach dem Zweiten Weltkrieg vorübergehend wieder eingeführt.

Die große Leistung des Nürnberger Gerichtes besteht darin, angesichts eines Berges von Schuld die jedes einzelnen Angeklagten so zu beurteilen, dass sich das Ergebnis auch heute noch sehen lassen kann. Am Beginn ihrer Beratungen über die Urteile legten die Richter in einer vertraulichen Beratung fest, dass für Schuldsprüche nach den Anklagepunkten 1 und 2 nur zwischen November 1937 und Mai 1945 gesetzte Handlungen in Frage kamen. Donnedieu de Vabres hatte in den vergangenen Monaten von allen Richtern am wenigsten geredet und gefragt. Nun legte der Franzose ein Memorandum vor, in dem er erklärte, dass es sich bei der Verschwörung (sowohl in der Charta wie in der Anklageschrift) um rückwirkendes Recht handle. Er schlug vor, der Gerichtshof möge die Anklagen wegen Verschwörung offiziell zurückweisen, und trat damit eine Lawine zum Teil erbitterter Debatten los, von denen damals nichts nach außen drang. Francis Biddle kam ihm zu Hilfe: »Die Entscheidung, wer wegen Verschwörung verurteilt werden konnte und wer nicht, musste sich auf ein grundlegendes Gerechtigkeitsgefühl stützen. Ich erklärte daher, dass ich mit dem französischen Standpunkt sympathisierte. Ich würde aufgrund der Anklage wegen Verschwörung derzeit nicht für die Schuld eines Angeklagten stimmen. … Die Briten waren aufgebracht, als hätte ich sie im Stich gelassen. Das Herz des Prozesses würde entfernt, wenn wir die Verschwörung zurückwiesen, meinte Parker, die Nazis hätten von Anfang an den Krieg geplant und darauf hingearbeitet … schließlich wurde ein Kompromiss gefunden. Herbert Wechsler, der von der Sache mehr verstand als wir alle, verfasste eine Darstellung, an die wir uns bei unseren Urteilsfindungen hielten. Die kriminellen Zwecke der Verschwörung mussten klar umrissen sein und sie durfte von der Ausführung zeitlich nicht zu weit entfernt sein.«[177] Mit dem 5. November 1937, dem Tag der von Oberst Hoßbach überlieferten Konferenz, als Stichtag, waren die nebulosen Anklagen wegen Verschwörung immerhin zeitlich stark eingegrenzt. Der Nürnberger Prozess ließ nicht nur eine Fülle juristischer Streit-, sondern auch die Frage zurück, wie die Urteile zustande gekommen waren und welche Überlegungen die Richter geleitet hatten. Sie konnte auf verlässliche Weise erst beantwortet werden, als die während der Beratungen entstandenen Aufzeichnungen zugänglich wurden. Die folgende Darstellung beruht, ebenso wie bereits weiter oben die Angaben zu den Beratungen über die einzelnen Angeklagten, auf den Arbeiten von Bradley F. Smith und Telford Taylor, der den Nürnberger Prozess zum Großteil am Tisch der US-Ankläger erlebte und in den sogenannten Nachfolgeprozessen als amerikanischer Hauptankläger fungierte. Auch Taylor griff auf das Archivmaterial über die Beratungen der Richter zurück. In den Wochen, in denen die Verteidiger ihre Plädoyers verlasen, fand bereits eine Reihe von Konferenzen des Gerichtshofes über die Vorgangsweise bei der Urteilsfindung, über juristische Fragen und über die Formulierung des Urteils statt. Francis Biddles Bemerkung, die Richter seien in den langen Monaten des Prozesses Freunde geworden, mag übertrieben sein, doch sie hatten einander schätzen gelernt und Vertrauen zueinander gefasst, was ihnen, übermüdet und überreizt, wie sie bereits waren, in der Phase der Urteilsberatungen sehr zugutekam. »Die Eintracht wurde auch von den abweichenden Meinungen der Sowjets nicht berührt. Sie drückten keinen Widerspruch mit den Grundsätzen des internationalen Rechtes aus, die General Nikitschenko teilte.«[178] Iona T. Nikitschenko wurde des Öfteren überstimmt, nahm es aber gelassen und redete, wenn er unterlegen war, weiter über die Sache, von der die Rede war, mit.

Absage an die Anklage wegen Verschwörung

Anhand einer einfachen Strichliste lässt sich leicht feststellen, dass die Richter die Anklagen unter dem Titel »Gemeinsamer Plan oder Verschwörung« völlig negierten.

Kriegsverbrechen und Verbrechen gegen die Menschlichkeit waren durchwegs Mordtaten (Mord, Teilnahme am Mord, Beihilfe zum Mord, Anstiftung zum Mord etc.) im Sinne der Strafgesetze aller Rechtsstaaten, die auch vor jedem ordentlichen Strafgericht hätten verhandelt werden können. Es gab in Nürnberg jedoch keine einzige Anklage nur wegen »klassischer« Verbrechen, sondern es kam immer auch die Anklage wegen Verschwörung oder Angriffskrieg oder beidem hinzu.[179] Frank, Fritzsche, Kaltenbrunner, Schirach und Streicher waren wegen Verschwörung, aber nicht auch nach Punkt 2 (Angriffskrieg) angeklagt, sie alle wurden von dieser Anklage freigesprochen, Frank, Kaltenbrunner und Streicher jedoch unter den Mordanklagen zum Tode verurteilt. Die Richter vermieden den direkten Affront, den ein absoluter Nichtgebrauch des ersten Anklagepunktes bedeutet hätte, vergaben aber Schuldsprüche wegen Verschwörung ausschließlich in Verbindung mit Punkt 2. Diese Absage an den Verschwörungsparagraphen war so deutlich, dass man zu der Meinung gelangen konnte, die Richter hätten sich frühzeitig darüber abgestimmt. Die Anklage war ja jede Konkretisierung, wann und wie die Verschwörung zustande gekommen sein sollte, schuldig geblieben.

Als sich die Beweise für die Morddelikte eines großen Teiles der Angeklagten häuften, hatte sich der Anklagepunkt Verschwörung eigentlich erübrigt. Er war ja nur erfunden worden, um Angeklagte fassen zu können, denen man nichts anderes nachweisen konnte, als dass sie eines Sinnes mit den anderen gewesen waren. Mit einer Erklärung, dass sie bei den individuellen Anklagen nicht mehr darauf bestanden, hätten die US-Ankläger viel für das Ansehen des ganzen Prozesses tun können. Aber nachzugeben oder zurückzuziehen, wo es die Vernunft gebot, war noch nie Robert Jacksons Sache gewesen.

Auch die Gestapo, die SS und der SD hätten ohne Annahme einer Übereinkunft ihrer Mitglieder, Verbrechen zu begehen, für verbrecherisch erklärt werden können. Zum Glück schob das Gericht der automatischen Strafbarkeit der Mitglieder allein aufgrund ihrer Mitgliedschaft den dringend gebotenen Riegel vor. In den rein amerikanischen »Nachfolgeprozessen« gingen die Richter mit den Anklagen wegen Verbrechen gegen den Frieden noch zurückhaltender um als das Internationale Militärtribunal. Von weiteren 52 wegen Verbrechen gegen den Frieden angeklagten Personen wurden 49 freigesprochen. In den drei verbleibenden Fällen wertete das Gericht übrigens den Einmarsch nach Österreich 1938 »trotz des mangelnden Widerstandes von Seiten der Bevölkerung, als militärische Intervention und damit als Angriffskrieg«.[180]

»Dann wurde sich hingesetzt«

Es war auch längst sonnenklar, dass es die wichtigste Voraussetzung einer Verschwörung, nämlich so etwas wie Beratung, Ideenaustausch oder Gemeinsamkeit mit Hitler, höchstens für Göring hatte geben können, aber auch für Göring nur in der sogenannten Kampfzeit und auch da mit großen Einschränkungen. Unter Hitler wurde gehorcht und sonst nichts. Er spielte seine Mitarbeiter gegeneinander aus, zog aber niemanden ins Vertrauen. Vor der »Machtergreifung« mag es einen Anschein von Kollegialität gegeben haben, nachher nicht einmal mehr dies. Wie er sich mit seinen Generälen »beriet«, schilderte niemand so anschaulich wie Keitel: Man wartete, »dann wurde sich hingesetzt, der Führer erschien, sprach und ging heraus. Irgendjemand hätte in dieser Situation überhaupt nicht den Punkt gefunden, etwas zu sagen.« Das »dann wurde sich hingesetzt« ist ein köstliches Fundstück aus der Sprache des deutschen Militärs. Nur die täglichen militärischen Lagebesprechungen mit ihrem hierarchischen Ritual hatten eine oberflächliche Ähnlichkeit mit einer echten Gesprächssituation.

Von einem gegenseitigen Austausch der Richter in dieser Frage konnte jedoch keine Rede sein, wie die von Donnedieu de Vabres losgetretene Debatte beweist. Die anderen Richter scheinen teils vom Vorliegen einer Verschwörung überzeugt, doch skeptisch hinsichtlich der Beweisbarkeit gewesen zu sein, teils scheinen sie aber auch gefürchtet zu haben, die nationalsozialistischen Organisationen ohne die Annahme einer Verschwörung nicht für verbrecherisch erklären zu können. Heß war unter allen Anklagepunkten angeklagt, wurde aber nur nach Punkt 1 und 2 für schuldig befunden und zu lebenslanger Haft verurteilt. Zwei weitere Angeklagte, Papen und Schacht, waren lediglich unter den beiden ersten Anklagepunkten angeklagt und wurden freigesprochen. Außer Heß wurde also niemand für schuldig befunden, dem nicht auch die Schuld oder Mitschuld nach den Punkten 3 und/oder 4 nachgewiesen worden war. Hingegen wurden Frank, Kaltenbrunner, Sauckel und Streicher nach den beiden ersten Anklagepunkten freigesprochen und ausschließlich nach den Punkten 3 und/oder 4 zum Tode verurteilt.

Dönitz, Frick, Funk, Göring, Jodl, Keitel, Neurath, Raeder, Ribbentrop, Rosenberg und Seyß-Inquart wurden sowohl wegen Punkt 2 (Angriffskrieg), zum Teil in Verbindung mit Punkt 1 (Verschwörung), als auch wegen Kriegsverbrechen und/oder Verbrechen gegen die Menschlichkeit verurteilt, bis auf Dönitz, Funk, Neurath und Raeder zum Tode. In diesen Fällen ist nicht feststellbar, wie das Gericht die Verbrechen gegen den Frieden und die Mordverbrechen gewichtete.

In den Fällen Dönitz, Funk, Neurath und Raeder kann eine solche Gewichtung festgestellt werden. Schirach und Speer liefern damit, dass sie nur wegen der klassischen Straftaten verurteilt wurden, die Möglichkeit, nach Anhaltspunkten für die Bewertung der nicht für todeswürdig erachteten Kriegsverbrechen und Verbrechen gegen die Menschlichkeit ohne zusätzliche politische Schuld zu suchen.

Der Laconia-Befehl war mit seiner Aufforderung, hart zu sein und an die bombardierten Frauen und Kinder in der Heimat zu denken, das Musterbeispiel eines zweideutigen Befehls, der sehr wohl als Aufforderung verstanden oder missverstanden werden konnte, auf die Überlebenden versenkter Schiffe zu schießen. Außerdem hatte Karl Dönitz den Kommandobefehl nicht zurückgenommen. Zehn Jahre waren eine so milde Strafe, dass darin nicht auch noch ein Anteil für den Schuldspruch nach Punkt 2 enthalten sein konnte.

Mehrere Autoren waren der Meinung, dass Walther Funk das Todesurteil verdient hätte, doch die Urteile lassen insgesamt die Tendenz erkennen, ohne Schuld am Tod von Menschen kein Todesurteil zu verhängen. Funk hatte keine Mordbefehle zu verantworten, war aber nicht nur der Hehler des blutigen Goldes aus Auschwitz, sondern auch Urheber der Gesetze, mit denen die Juden nach dem Novemberpogrom entrechtet wurden, und in seinen sonstigen Funktionen ein reiner Jasager. Dafür war sein Lebenslang angemessen. Ein »Zuschlag« für den Schuldspruch wegen Verbrechen gegen den Frieden hätte das Todesurteil bedeutet.

Anklage und Schuldspruch nach allen vier Punkten, trotzdem nur 15 Jahre Haft für den Mann, der formal die Verantwortung für alle im »Protektorat« verübten Verbrechen trug: Die Richter haben alle für Konstantin von Neurath sprechenden mildernden Umstände berücksichtigt. Die Urteile lassen insgesamt auch die Tendenz erkennen, die Angeklagten für alle Morde haftbar zu machen, die unter ihrer formalen Verantwortung begangen worden waren, und unter Neuraths allerdings widerwilliger Oberhoheit war eine ganze

Reihe von Kriegsverbrechen und Verbrechen gegen die Menschlichkeit begangen worden. Auch Neuraths Strafe war sehr milde und lässt keinen Raum für eine zusätzliche Berücksichtigung der Schuldsprüche nach Punkt 1 und 2.

Erich Raeder hatte an der »Hoßbach-Konferenz« teilgenommen, war Mitwisser von Hitlers Kriegsplänen geworden und die treibende Kraft bei der Besetzung Norwegens durch die Deutschen gewesen. Raeder hatte aber auch den Kommandobefehl für gerechtfertigt gehalten und weitergegeben. In Befolgung dieses Befehls hatten Mitglieder der Kriegsmarine in Bordeaux zwei in Uniform gefangen genommene Briten erschossen. Damit war er der Einzige, der mit einer Haftstrafe davonkam, obwohl unter seiner direkten Befehlsgewalt und ohne, dass er dagegen Einwände erhoben hätte, Morde begangen worden waren. Auch in seinem Fall entspricht die Strafe dem Schuldspruch nach Punkt 3 (Kriegsverbrechen), also seiner Schuld oder Mitschuld am Tod von Menschen.

Schuldsprüche ohne Auswirkung auf die Strafe

Albert Speer wurde nach Punkt 3 und 4 verurteilt, weil er die Rüstungsproduktion mithilfe von Millionen Arbeitssklaven aus ganz Europa angekurbelt und Sauckel unter Druck gesetzt hatte, immer weitere Millionen herbeizuschaffen, obwohl er genau wusste, dass dies nur unter Anwendung von Gewalt möglich war. Das Gericht hielt ihm zugute, dass er die von Hitler kurz vor Kriegsende angeordneten Zerstörungen »unter beträchtlicher persönlicher Gefahr bewusst sabotierte«. Das Urteil kam aber nicht zustande, weil das Gericht seine Schuld an irgendwelchen Maßstäben gemessen hätte, sondern weil Nikitschenko und Biddle die Todesstrafe, Lawrence und Donnedieu de Vabres Speer aber nur pro forma verurteilen wollten und die 20 Jahre Haft unter der Bedingung akzeptierten, dass Biddle nicht auf der Todesstrafe beharrte, sodass eine Mehrheit gegen Nikitschenko entstand.

Baldur von Schirach hatte sich an der Deportation der Juden aus Wien mitschuldig gemacht. Seine 20 Jahre Haft waren ebenfalls eine sehr milde Strafe, die er aber, ebenso wie Speer, keinem an seine Schuld angelegten Maßstab verdankte. In seinem Fall wollten nicht Nikitschenko und Biddle, sondern Nikitschenko und Lawrence die Todesstrafe verhängen, wobei Lawrence nicht mit dem Tatbestand, sondern mit Schirachs Charakter argumentierte: Damit, dass er nach dem Heydrich-Mord die Bombardierung einer englischen Stadt vorschlug, habe er »seine verbrecherische Mentalität enthüllt«. Es scheine, meinte Bradley F. Smith, in diesem Fall Biddle und Donnedieu de Vabres, die beide 20 Jahre für angemessen hielten, gelungen zu sein, Lawrence »zu sich herüberzuziehen, und so kam es denn zu einer Verurteilung zu zwanzig Jahren Haft«.[181]

Mit Ausnahme des Lebenslang für Rudolf Heß waren alle in Nürnberg verhängten Strafen gerechtfertigt, auch wenn man das eine oder andere Urteil zu hart und einige andere zu milde finden kann. Sie entsprachen im Großen und Ganzen überraschend genau dem Ausmaß, in dem sich jeder Verurteilte gegen das Leben von Menschen vergangen hatte. Diese Entsprechung war jedenfalls so überzeugend, dass nicht zu erkennen ist, wie sich die politischen Schuldsprüche auf die Strafen ausgewirkt haben könnten. Bei den Freiheitsstrafen fielen die Schuldsprüche wegen Verbrechen gegen den Frieden nicht einmal verschärfend ins Gewicht.

Angelegt als Tribunal der USA, die auf dem Weg zu den Sternen eines neuen Völkerrechts drei widerwillige Verbündete hinter sich herzogen, landeten die Richter den Prozess trotz aller ihrer Kontroversen nicht mit den Schuldsprüchen, aber doch mit den ausgesprochenen Strafen auf dem sicheren Boden des herkömmlichen Strafrechts. Ohne Kenntnis der Hintergründe konnte man geradezu einen gemeinsamen Plan der westlichen Richter mit ihrer

Stimmenmehrheit vermuten, das völkerrechtliche Minenfeld zu meiden und, wenn sie schon die Schuldsprüche wegen Verschwörung und Verbrechen gegen den Frieden nicht umgehen konnten, ohne das gesamte Verfahren in Frage zu stellen, so doch die ausgesprochenen Strafen dem Ausmaß nach im klassischen Strafrecht zu verankern. Genau dies war auch meine Vermutung, als ich im Jahre 1966 zum Abschluss einer 16-teiligen Artikelserie anlässlich des 20. Jahrestages der Eröffnung des Prozesses, meines Wissens erstmals, darauf hinwies, dass die Richter etwas völlig anderes als das Geplante aus dem Prozess gemacht und Jacksons Sterne eines neuen Völkerrechts auf die Erde heruntergeholt hatten.[182]

Damals waren die Quellen zur Urteilsfindung noch nicht zugänglich, und die ergeben ein völlig anderes, überraschendes und mit Blick auf das ausgewogene Ergebnis zum Teil verstörendes Bild. Es gibt nämlich keinen Hinweis darauf, dass eine gemeinsame Absicht auch nur zweier Richter in dieser Richtung bestanden haben könnte. Im Gegenteil, in strittigen Fällen gingen auch die Meinungen der Briten und Amerikaner oft diametral auseinander und mitunter vertraten auch die Richter und ihre Stellvertreter gegensätzliche Standpunkte. In manchen Fällen haben die Richter, statt sich auf die Beweise und auf feste Maßstäbe zu stützen, in ihren Debatten mit Gefühlen und irrationalen Argumenten herumgefuchtelt. Dass Parker Dönitz für schuldig hielt, weil er nach seiner Ansicht ein kriegslüsterner Mensch sei, war gewiss kein sachbezogenes Argument, und wer sich jemals für das Zustandekommen von Justizirrtümern interessiert hat, kann über die Begründung von Lordrichter Lawrence für Fricks Schuld, er habe ja nicht als Zeuge in eigener Sache aussagen wollen, nur erschrecken. Schweigen vor seinen Richtern hat so manchen Unschuldigen den Kopf gekostet. Parkers Argument für mildernde Umstände, Frick sei ja bloß ein Bürokrat gewesen, verriet ein tiefes Unverständnis für die Rolle der Schreibtischtäter im Nazistaat, Donnedieu de Vabres' Entdeckung,

Göring habe »etwas Edles an sich«, zählt eher ins Genre der heiteren Einlagen.

Im Falle Schacht hatte die Forderung der französischen Richter, ihn zu einer milden Strafe von fünf Jahren zu verurteilen, wenig mit Schuld oder Unschuld und sehr viel damit zu tun, dass sie angesichts der von den Nazis begangenen Verbrechen noch nicht bereit waren, auch nur einen einzigen Freispruch zu akzeptieren. Als es ihnen nach den Freisprüchen für Papen und Fritzsche auf Schacht auch nicht mehr ankam, klopften Lawrence und Parker de Vabres auf die Schulter und gratulierten ihm zu seiner richtigen Rechtsauffassung, während ihm Biddle vorwarf, nur seinem zarten Gemüt statt seinem Verstand zu folgen, und Nikitschenko ihm Pflichtwidrigkeit vorwarf, weil er die Beweise nicht genügend gewürdigt habe. Der Streit steigerte sich bis zu Nikitschenkos mehrmaliger Drohung, eine abweichende Meinung zu publizieren und die Gründe bekannt zu machen, aus denen de Vabres seine Meinung geändert hatte, worauf Biddle erklärte, »niemals sollten die Richter sich öffentlich über etwas äußern, was nicht im Protokoll oder im Urteil steht oder was in den geheimen Beratungen stattgefunden hat«[183] – genau das, was er später als Buchautor selber tat.

Die Frage der Organisationen

Über eine seiner schwierigsten Rechtsfragen gelangte das Gericht erst vier Tage vor Verkündung der Urteile zu einer Entscheidung. Der Vorschlag von Oberst Bernays, die NS-Organisationen selbst unter Anklage zu stellen, war trotz aller Einwände ins Statut des Gerichtshofes eingegangen, weil die Angst vor einem Beweisnotstand größer war als die juristischen Bedenken. Biddle hatte ursprünglich zu den Befürwortern der Idee bei Präsident Roosevelt gehört, doch bereits bei den Gesprächen, die auf der Überfahrt auf der »Queen Elizabeth«

nach Europa stattfanden, waren ihm schwere Bedenken gekommen und am 3. September 1946 lautete sein Vorschlag, alle sechs Anklagen gegen das Führerkorps der NSDAP, Gestapo und SD, die SS, die SA, die Reichsregierung sowie Generalstab und OKW abzuweisen. Er fand damit aber bei keinem der übrigen sieben Richter Zustimmung und Donnedieu de Vabres meinte, einen Freispruch der SS werde kein französischer Dorfbewohner verstehen.

Die SA war bereits 1934 ausgeschaltet worden. Da sich der Gerichtshof auf den 1. November 1937 als Stichtag für Verbrechen gegen den Frieden festgelegt hatte, war der Freispruch unausweichlich. Die Reichsregierung war seit 1933 zu keiner Sitzung mehr zusammengetreten und ohnehin eine kleine Personengruppe, von der die meisten tot waren oder auf der Anklagebank saßen. Die Übrigen konnten einzeln vor Gericht gestellt werden. Wer als junger Mann Offizier geworden war, hatte nicht wissen können, dass er dereinst bis in die Sphären von Generalstab und OKW aufsteigen und damit nolens volens einer verbrecherischen Organisation angehören würde. Die drei Organisationen wurden freigesprochen, NSDAP-Führerkorps, Gestapo und SD sowie die SS zu verbrecherischen Organisationen erklärt.

Das Gericht nahm aber, nachdem es ihn in zwei Sitzungen diskutiert hatte, mit drei zu einer Stimme einen Vorschlag Parkers an und hielt fest, dass die Angehörigen dieser Organisationen nur dann zu bestrafen waren, wenn ihnen die Freiwilligkeit ihres Beitritts und die Kenntnis der verbrecherischen Ziele nachgewiesen wurden. »Diese Mitteilung wurde in den vier Besatzungszonen in den Zeitungen veröffentlicht, in den Internierungslagern bekanntgemacht und im Rundfunk verlautbart.«[184] Das war mehr, als Nikitschenko in Moskau vertreten konnte. Er teilte den westlichen Richtern mit, die sowjetischen Richter würden nun doch ihre abweichende Meinung veröffentlichen.

Bradley F. Smith: »Parkers Vorschlag verschaffte dem Tribunal Gelegenheit, sichtbar für Rechtsgrundsätze und Humanität einzutreten, zugleich aber in aller Stille das ganze System der Strafverfolgung von Organisationen zu begraben. Die Richter dürften nämlich gewusst haben, dass die Besatzungsmächte mit der Aburteilung von zwei bis drei Millionen Betroffenen nicht weit kommen würden, wenn sie jedem Mitglied nachweisen müssten, dass es freiwillig beigetreten war und Kenntnis von den verbrecherischen Zielen der Gruppe hatte. Parkers Vorschlag war zwar ungemein schlau, er war aber auch typisch für die Lösungen, zu denen das Nürnberger Gericht neigte: es umging möglichst unauffällig die Kernfragen und verhinderte doch, dass bei der Aburteilung der Kriegsverbrecher grobe Fehler vorfielen.«

Die verinnerlichte unsichtbare Hand

Nach all den absurden Statements, Argumenten von haarsträubender Emotionalität, seltsamen Partnerschaften und Meinungsumschwüngen kann man sich über das überzeugende Endergebnis, zu dem diese vier Richter mit ihren Stellvertretern und Beratern insgesamt doch noch gelangten, nur wundern. Von Adam Smith stammt bekanntlich die Idee, eine »unsichtbare Hand« lenke die Vielzahl eigennütziger Einzelentscheidungen im Wirtschaftsgeschehen zu einem optimalen und für alle nützlichen Ergebnis. Man mag nun glauben oder auch nicht, dass diese unsichtbare Hand in der Wirtschaft jemals erfolgreich am Werke war oder gar noch ist – über dem Nürnberger Gericht mit seinen selbstgerechten Vätern, seinen juristischen Fehlkonstruktionen, seinem Sprachenbabel, seinen Mentalitätsbarrieren, seinem Anklage gewordenen Nichtwissen über den Nazistaat, mit seinen streitbaren Richtern musste tatsächlich so etwas wie eine »unsichtbare Hand« schweben, die alles in einem vernünftigen Urteil münden ließ. Wahrscheinlich waren die hochqualifizierten, öffentlich nicht in Erscheinung tretenden juristischen Zuarbeiter und Berater mindestens zwei Finger an dieser unsichtbaren Hand. Versuche, von außen Einfluss zu nehmen, waren, soweit bekannt, an den westlichen Richtern abgeprallt. Sie verstanden sich als unabhängig, waren zum Teil äußerst ausgeprägte Individualisten und die westlichen Richter waren sich dessen bewusst, dass sie einen Ruf zu verlieren hatten.

Aber vielleicht war die unsichtbare Hand doch kein ganz so nebuloses Gebilde. Vielleicht war es nicht zuletzt auch das verinnerlichte Rechtsgefühl dieser Juristen, das dazu führte, dass sie, jeder mit seinen Erfahrungen und seinem Instinkt folgend, das Glatteis eines neuen Völkerrechts mieden, sich vom – nur zu menschlichen – Vergeltungsbedürfnis angesichts der Millionen Toten und singulären Untaten nicht beirren ließen und auf teilweise abenteuerlichen Umwegen am Ende doch zu ausgewogenen Strafaussprüchen gelangten. Bedenkt man, wie haarscharf sie an etlichen schweren Fehlurteilen vorbeischlitterten, nur leider nicht in der Causa Rudolf Heß, kann man angesichts des Resultats trotzdem nur staunen.

Eines muss allerdings auch gesagt werden: Ohne die Franzosen mit ihrem mäßigenden Einfluss, ohne Donnedieu de Vabres mit dem »zarten Gemüt«, das ihm Biddle vorwarf, wären wahrscheinlich auch Speer, Schirach und Funk zum Tod verurteilt worden, und das wäre um zwei Todesurteile zu viel gewesen. Die an Hitlers Tisch erhobene Forderung Schirachs, Frank müsse die 50.000 in Wien noch vorhandenen Juden »übernehmen«, hieß, sie in den Tod zu schicken, und hätte in Anbetracht Hitlers daraufhin erfolgten Befehls, sie nach Polen zu transportieren, ohne Weiteres ein Todesurteil gerechtfertigt. Speer und Funk hingegen hatten keine Mordbefehle auf dem Gewissen. Ohne Donnedieu de Vabres hätten im Falle Speer Nikitschenko und Biddle gegen Lawrence, im Falle Funk Nikitschenko und Lawrence gegen Biddle für die Todesstrafe gestimmt und man könnte heute nicht sagen, das Tribunal habe ohne Blutschuld niemanden zum Tode verurteilt.[185]

So erstaunlich es klingen mag: Den Selbstzeugnissen der Richter ist nicht zu entnehmen, dass ihnen ihre größte Leistung, nämlich, mit einer Ausnahme Strafen auszusprechen, die der Schuld der Verurteilten nach den gesicherten Normen des herkömmlichen Strafrechts entsprachen, jemals bewusst geworden wäre.

Am Vormittag des 1. Oktober 1946 ertönte zum vorletzten Mal der Ruf des Gerichtsmarschalls. Zum vorletzten Mal das Scharren der Füße und Stuhlbeine, dann betraten die sechs Männer in schwarzen Roben und die zwei Männer in sowjetischen Uniformen mit undurchdringlichen Gesichtern den Saal, und die Verlesung der individuellen Schuld- und Freisprüche mit ihren Begründungen begann. Die Richter lösten einander ab. Die meisten Angeklagten bemühten sich, unbeteiligt zu erscheinen. Keitel hielt sich kerzengerade, Kaltenbrunner bewegte nur seine Kinnlade, Rosenberg war zusammengesunken. Frick riss sich mit einem Ruck zusammen, als sein Name fiel. Frank schüttelte den Kopf, während sein Regime in Polen beschrieben wurde. Funk rutschte unruhig hin und her. Streicher lehnte sich lässig zurück und verschränkte die Arme. Während Görings Schuldspruch verlesen wurde, kritzelte Heß auf einem Blatt Papier. Am Vortag hatte er auf seinem Platz einen schweren Anfall erlitten, hatte sich blau anlaufend vor- und zurückgeworfen und war schnell hinausgebracht worden. Schacht war der Erste, der hörte, er sei »nach dieser Anklage nicht schuldig« und der Gerichtshof ordne an, »ihn durch den Gerichtsmarschall zu entlassen, sobald der Gerichtshof sich jetzt vertagt«. Biddle wandte sich Jackson zu, der auf Schachts Bestrafung größten Wert gelegt hatte, und sah ihn direkt an, während er die letzten Absätze von Schachts Freispruch verlas.

In der Mittagspause gab es eine Pressekonferenz für die Freigesprochenen. Wo werden Sie wohnen? Was gedenken Sie nun zu tun? Fritzsche aß und trank nach Kräften, Schacht verkaufte sein Autogramm für Schokolade. Nach dem Essen gab es eine Orange. Fritzsche schickte seine Schirach, Papen seine Neurath, Schacht aß seine

Orange selbst. Indessen umstellte deutsche Polizei das Gericht, auf die Freigesprochenen warteten Spruchkammerverfahren, in denen es um jene Straftaten gehen sollte, die das Tribunal ausgeklammert hatte. Noch hatte die große Restauration nicht begonnen. Sie durften vorerst im Gerichtsgebäude logieren, aber das nützte ihnen nichts, sie wurden schließlich doch festgenommen.

Am Nachmittag wurden in der 407. und letzten Sitzung des Internationalen Militärtribunals die Strafen verkündet. Die Anklagebank war leer. Alle Scheinwerfer, alle Kameras und Stative waren verschwunden. Die Militärpolizisten achteten darauf, dass niemand heimlich fotografierte. Mit einem leisen Surren öffnete sich die kleine, in die Holzvertäfelung eingelassene Tür hinter der Anklagebank und der Nächste trat ein, um seine Strafe zu hören. Biddle fühlte sich »krank und elend. Wir hatten sie ein Jahr lang tagein, tagaus gesehen. Welches Recht hatten wir … Ich wusste, sie hatten es verdient.«[186] Ribbentrop: kalkweiß, eine Mappe mit Papieren unter dem Arm. Keitel: kerzengerade, militärisch stramm. Kaltenbrunner: mit einem absurden Anflug von Lächeln. Rosenberg hielt sich mit letzter Kraft aufrecht. Frank erstarrte, die Hände nach dem Zurechtrücken der Kopfhörer noch erhoben, sodass zufällig eine wie ein Flehen um Gnade wirkende Geste entstand. Streicher nahm sein Urteil mit einem heftigen Aufstampfen zur Kenntnis. Jodl zischte verächtlich, riss sich die Hörer vom Kopf und schritt ostentativ erhobenen Hauptes hinaus. Nur Rudolf Heß wehrte den ihm hingereichten Kopfhörer ab, blickte gelangweilt zur Decke, hörte nicht das »zu lebenslangem Kerker …« oder gab vor, es nicht zu hören, und drehte sich erst, nachdem ihm einer der Soldaten sacht auf die Schulter geklopft hatte, mit einer tänzerisch wirkenden Bewegung um und ging hinaus.

Justice Robert H. Jackson, Chef der Anklagedelegation der USA.

5.

GESCHLOSSENE GESELLSCHAFT IN SPANDAU

Die Arbeit der Richter war getan. Auf alles Weitere hatten sie keinen Einfluss mehr. Gnadengesuche waren an den Alliierten Kontrollrat zu richten. Göring, Frank und Streicher wünschten keine Gnadengesuche, doch ihre Verteidiger reichten trotzdem welche ein. Unter den zum Tode Verurteilten durfte nach damaliger allgemeiner Ansicht am ehesten Jodl auf Gnade hoffen. Alfred Seidls für seinen Mandanten Heß wahrscheinlich ohne dessen Wissen eingebrachtes Gnadengesuch sprach nicht für den Willen des Anwalts, ihm wirklich zu helfen: Nicht Heß, sondern Stalin habe sich mit Hitler gegen Polen verschworen. Gustav Steinbauer hatte eine wahrhaft glorreiche Idee. Sein Mandant Seyß-Inquart habe, indem er vor dem Krieg 90.000 österreichische Juden zur Auswanderung zwang, deren Leben gerettet. Kranzbühler versuchte zu erreichen, dass Dönitz wenigstens seine Haftzeit angerechnet wurde.

Doch Robert Jackson hatte bereits jeder Begnadigung vorgebeugt. Er hatte dem amerikanischen Vize-Justizminister Petersen geschrieben, »da keiner der Angeklagten ›der Anklagevertretung irgendeinen Dienst erwiesen‹ habe, gebe es keinen Grund, Milde walten zu lassen«.[187] Das britische Mitglied des Alliierten Kontrollrates, Luftmarschall Sir Sholto Douglas, hielt die Entscheidung für seine ureigenste Gewissensfrage und begann sich in die Fälle zu vertiefen, doch wurde ihm aus London unmissverständlich klargemacht, dass er zu keiner selbstständigen Entscheidung befugt sei. Der Kontrollrat folgte geschlossen Jacksons Empfehlung, er »solle die

Petitionen ›als politische Angelegenheit‹ behandeln« und »es sollte keine Überprüfung aus juristischen Gründen erfolgen«[188], und lehnte alle Gesuche ab.

Für die zum Tode Verurteilten gab es in den letzten Tagen ihres Lebens keine Hafterleichterungen. Die Gymnastik im Gefängnishof wurde gestrichen, wenn sie ihre Zellen verließen, dann nur in Handschellen. Bei ihren letzten Gesprächen mit den Angehörigen waren Wachen zugegen. Dass der Armeescharfrichter Sergeant Woods die Fallhöhe falsch beurteilt hatte, sodass zumindest einige nicht durch Genickbruch, sondern durch Strangulierung starben und dass Ribbentrop erst nach 15 Minuten für tot erklärt wurde, ist keine Nazipropaganda, sondern Fakt. Die zu Haftstrafen Verurteilten blieben noch bis zum Sommer des nächsten Jahres in dem Nürnberger Zellentrakt, in dem sie während des Prozesses untergebracht gewesen waren, während das Gefängnis in Spandau für sie adaptiert wurde. 600 Insassen mussten aus dem mächtigen Backsteinbau aus dem Jahr 1876 in andere Gefängnisse verlegt werden, als der gesamte Komplex von den Alliierten zur Unterbringung der sieben Häftlinge beschlagnahmt wurde. Es gab im Spandauer Kriegsverbrechergefängnis auch eine Krankenstation mit einem einfachen Operationsraum. Er hatte in der NS-Zeit als Hinrichtungsraum gedient. Die Guillotine und der Galgen für acht Personen waren kurz vor der Ankunft der sieben entfernt worden.

Am 19. Juli 1947 flog eine zweimotorige DC-3 über Berlin. Ein Mann starrte aus dem Fenster. Es gelang ihm, einen letzten Blick auf *seinen* Bau zu erhaschen – Hitlers Reichskanzlei. Sie war beschädigt, aber sie stand noch. Etwas später wurden Albert Speer und den sechs anderen die Handschellen, die man ihnen im Flugzeug abgenommen hatte, wieder angelegt. Eine Autokolonne setzte sich in Bewegung.

Die sieben bekamen Sträflingshosen, Sträflingsjacken, raue Hemden, eine schirmlose Mütze, Leinenschuhe mit Holzsohlen: Häftlingsbekleidung aus deutschen Konzentrationslagern, wie ihnen ausdrücklich gesagt wurde. Die Asche Unzähliger, die solche Kleidung getragen hatten, war längst verweht. Jede der vier Mächte stellte einen Gefängnisdirektor und jeden vierten Monat die für die Bewachung des Gebäudes nach außen zuständige Mannschaft von einem Offizier und 37 Mann. Dazu kamen die Aufseher aus vier Nationen, die Köche, das Hilfspersonal. Der Kommandant des Landes, das die militärische Mannschaft stellte, führte den Vorsitz in der Kommandantenkonferenz.

Einige der sieben schrieben später Autobiografien, doch an die »Spandauer Tagebücher« von Albert Speer kommt keine der anderen heran. Er war ein subjektiver, tief involvierter Beobachter und Selbstbeobachter. Dass die Jahr um Jahr auf lose Zettel, Kalenderblätter und Toilettenpapier gekritzelten und aus dem Gefängnis geschmuggelten Aufzeichnungen zum Weltbestseller werden, dass die Verleger der fremdsprachigen Ausgaben in Kompaniestärke bei ihm antreten würden – konnte er es ahnen? Schrieb er von Anfang an für die Nachwelt? Wie auch immer: Umfassenderes, aufschlussreicheres Material darüber, wie die Gefangenen von Spandau ihre Verurteilung verarbeiteten oder auch nicht verarbeiteten, über ihre Beziehungen zueinander, die Gruppendynamik des kleinen Häufleins, finden wir nirgends.

Wie haben sich diese Männer in Spandau, wo sie so viel Zeit zum Nachdenken hatten, entwickelt? Die Antwort lautet: Sie wurden älter, wurden seltsamer, eigenbrötlerischer, spannen sich ein, bekamen Ticks und wurden immer selbstbezogener, aber begriffen haben sie, bis auf Speer, nichts. Eines Tages fiel ihm auf, dass sie nicht mehr normal redeten. Funk sprach nicht mehr von Erde, wenn sie in ihrem Garten buddelten, sondern von »Erdreich«, Schirach aß nicht, sondern »speiste« und rief nicht, es werde gleich regnen, sondern meinte: »Von Westen her ziehen Wolken herauf, es wird wohl Regen geben«, und Neurath wollte nicht etwa noch etwas draußen bleiben, sondern noch »einen Augenblick in der Frühlingssonne verbringen«.[189] Sie redeten eine Art stilisierter Literatursprache. Speer meinte, weil sie so viel lasen. Das Angebot, gemeinsam zu Mittag zu essen, hatten sie bereits im Dezember 1947 einhellig abgelehnt. Sie genossen einander zur Genüge.

Raeder und Funk promenierten täglich im Garten wie Kurgäste und unterhielten sich über das unerschöpfliche Thema ihrer Krankheiten. Funk und Schirach, die einander schon in der NS-Zeit sympathisch gefunden hatten, debattierten und stritten hauptsächlich über Literatur und Musik, wobei ihnen der Stoff nie ausging, seit das Gefängnis von zwei öffentlichen Bibliotheken regelmäßig mit Büchern versorgt wurde. Speer wurde wegen seiner grundsätzlichen Ablehnung Hitlers und des NS-Staates vor allem von Schirach, Raeder und Dönitz auf Abstand gehalten. Er ging ganz in seinem Garten, einem wahren Kunstwerk, und in seinem virtuellen Fußmarsch um die Erde auf: Er zählte seine Runden im Garten und übertrug die jeden Tag, jede Woche, jeden Monat zurückgelegten Kilometer auf die Erdkugel, wusste stets, bis wohin er schon gelangt war, und bestellte sich Bücher über die Weltgegenden, in denen er im Geiste weilte.

Heß kam niemandem näher, er ging allen auf die Nerven, weil er sich vor jeder Arbeit drückte, auf seine Krankheiten verwies und nachts laut und erbärmlich stöhnte. Er wollte nicht Wäsche waschen, nicht kehren, nicht die Toilette der Aufseher reinigen, was zu den Pflichten der Gefangenen gehörte. Speer verdächtigte Schirach, Funk und Raeder, ein raffiniertes Spiel zu treiben. Sie bestärkten Heß in seiner Widersetzlichkeit, beschwerten sich aber bei den Aufsehern über den »Simulanten« und nächtlichen Störenfried. Wenn Heß daraufhin scharf angefasst wurde, sorgte Funk dafür, dass dies außerhalb des Gefängnisses bekannt wurde, wobei er auch noch dick auftrug. Jeder hatte seinen Draht nach draußen und Spandau zählte zu den Lieblingsthemen der deutschen Regenbogenpresse. Als Speer 1952 eines Junitages Funk erzählte, wie er durch einige Fangfragen festgestellt hatte, dass Heß wieder einmal simulierte, antwortete Funk lakonisch, jetzt sei es zu spät, er habe schon alles weitergeleitet.

Der wesentlichste Schluss aus Speers Beobachtungen und Selbstbeobachtungen ist, dass keiner von ihnen seine Haltung geändert hat. Auch Speer nicht, er hatte sich ja schon vor Kriegsende, unter dem Eindruck der Erkenntnis, dass jedes weitere Töten sinnlos war, von Hitler gelöst. Dönitz hatte es in Spandau am leichtesten, denn er hatte die kürzeste Haftzeit vor sich und machte sich die größten Illusionen über seine Möglichkeiten in der Zukunft. Er war davon überzeugt, das deutsche Volk werde ihm zujubeln, und empfing von Zeit zu Zeit auf geheimen Wegen Aufmunterung von den alten Marineoffizieren, die Werbefeldzüge starteten, um Dönitz zum Nationalhelden zu stilisieren. Von Einsicht war bei ihm jedenfalls keine Spur, auch nicht bei seiner Frau, die dem amerikanischen Journalisten Jack Fishman ganz unverblümt erklärte, ihr Mann habe das Recht auf die höchste Stellung in Deutschland und sei selbstverständlich bereit, das Ruder zu übernehmen, sollte er dazu aufgefordert werden. Seine Verbindungen zu militanten Neonazikreisen wurden niemals ganz aufgeklärt.

Die alte Feindschaft der beiden Großadmiräle wurde auch in Spandau nicht beigelegt. Noch immer glaubte Dönitz, dass er den Krieg gegen England ganz allein hätte gewinnen können – hätte er bloß genug U-Boote gehabt. Der 72-jährige, noch immer energische Raeder behandelte den um 15 Jahre Jüngeren noch immer mit der Herablassung des Vorgesetzten, was Dönitz erbitterte. Raeder warf Dönitz seinen Ehrgeiz, Dönitz seinem Vorgänger vor, Raeders wegen sei die deutsche Marine nur mit etwa 50 U-Booten in den Krieg eingetreten. Der Gegensatz wurde aber nicht ausgetragen, wie so vieles, das all die Jahre zwischen den Gefangenen schwelte.

Auch zwischen Dönitz und Speer schwelte ein Konflikt. Am Tag vor Dönitz' Entlassung brach er aus. Dönitz fragte Speer, was er ihn offenbar seit zehn Jahren hatte fragen wollen: ob Speer ihn bei seinem letzten Besuch in Hitlers Bunker als Nachfolger vorgeschlagen habe? Speer antwortete, Hitler habe ihn eingehend befragt, wie sich Dönitz als Bevollmächtigter im Nordraum mache, und er, Speer, habe sich sehr positiv geäußert. Aber vorgeschlagen habe er ihn nicht. Er habe es nur wissen wollen, habe Dönitz darauf gesagt, lesen wir bei Speer, er müsse Klarheit haben, wenn er seine Erinnerungen schreibe: »Plötzlich hörte ich Dönitz mit völlig veränderter, schneidender Stimme sagen: ›Durch dich habe ich diese elf Jahre verloren. Du hast mir das eingebrockt! Du bist an allem schuld! Dass man mich wie einen gemeinen Verbrecher angeklagt hat! Was hatte ich denn mit der Politik zu tun! Ohne dich wäre Hitler nie auf die Idee gekommen, mich zum Staatsoberhaupt zu machen! Alle meine Leute haben wieder Kommandos. Aber ich? Wie ein Verbrecher! Meine Laufbahn ist zerstört!‹ ... Ich sagte: ›Du hast mich hier zehn Jahre lang verleumdet, herabgesetzt und boykottiert ... Unablässig habt ihr hier von Ehre geredet. Jedes zweite Wort von dir, von Schirach ist Würde, Haltung. Millionen hat dieser Krieg umgebracht. Weitere Millionen haben diese Verbrecher in den Lagern ermordet. Wir alle hier waren doch das Regime! Aber deine zehn Jahre hier regen dich mehr auf als die fünfzig Millionen Toten. Und dein letztes Wort hier in Spandau: Deine Karriere!‹ ... Am nächsten Tag kam er dann doch sichtlich gerührt: ›Auf Wiedersehen, Speer, lass es dir gut gehen!‹ Ich gab ihm die Hand: ›Auf Wiedersehen, Dönitz. Mach's gut.‹ Ich wandte mich schnell ab. Kurz vor dem Schlafengehen rief ich Dönitz durch das Türfenster zu: ›Ich vergaß ... Noch einen schönen Gruß an deine Frau.‹ Aus der Zelle hörte ich nur: ›Danke.‹ Dönitz machte einen verstörten Eindruck, er weinte. Draußen sollen Menschen mit Blumensträußen warten.«[190] Dönitz verließ Spandau nach Verbüßung seiner Strafe am 1. Oktober 1956 genau um Mitternacht.

Raeder hatte mit seinen Memoiren das erste Wort: »Ich hatte am meisten Berührung mit Freiherrn von Neurath und Dönitz ... Dass ich mit Dönitz häufig Unterhaltungen und Aussprachen hatte, ergab sich schon aus unserer gemeinsamen Marinezeit und dem vereinten Kampf in Nürnberg. Er las viel, beschäftigte sich wie früher mit allen Problemen sehr gründlich und hatte eine feste, charaktervolle Haltung … Bei meiner Entlassung ist es mir sehr schwer gefallen, meinen alten Kameraden im Gefängnis zurücklassen zu müssen. … Es war dann ein bewegendes Wiedersehen mit ihm.«[191] Speer gelangte zu einer für Raeder wenig schmeichelhaften Schlussfolgerung: »In der Tat war es Schirach gewesen, der Raeder bei Depressionen Zuspruch erteilt, bei Krankheiten Hilfe geleistet hatte … Aber nachträglich sind für Raeder der Großadmiral Dönitz und der Diplomat Neurath die Einzigen, mit denen er … in Spandau verkehrt haben möchte. Der Außenminister und der Marinechef sind sozusagen standesgemäß, die Übrigen nur Zuchthäusler.«[192]

Nachdem am 16. Mai 1957 auch der kranke Funk freigelassen worden war, beherbergte der riesige Komplex nur noch drei Männer. Den jahrelang in seiner Zelle »Lili Marleen« pfeifenden Schirach, Speer, der »Lili Marleen« nicht mehr hören konnte, und den in sich selbst eingesponnenen Problemhäftling Heß. Man denkt unwillkürlich an Jean Paul Sartres »Huis Clos«. Die Hölle, das sind die anderen. Speer: »Die Tage vergehen schnell und hinterlassen wenig Erinnerung. Heute flogen zehn Wildgänse über den kleinen Ausschnitt des Himmels. Erste Zeichen von Frühling. An unserem Flieder sind die Knospen stark.«[193]

Nach der Entlassung von Speer und Schirach am 30. September 1966 blieb Rudolf Heß bis zu seinem Selbstmord am 17. August 1987 der einzige Gefangene in Spandau.

Die amerikanischen Richter und ihre Mitarbeiter. V. l. n. r.: Hauptmann R. Stewart, Mitarbeiter von Richter Parker, Professor H. Wechsler, Mitarbeiter von Richter Biddle, Richter Biddle, Richter Parker, J. Rowe und Hauptmann A. Fisher, Mitarbeiter von Richter Biddle.

6.

WAS WIR DEM NÜRNBERGER PROZESS VERDANKEN

Die Vorbild- und Vorreiterrolle des Nürnberger Prozesses für die Verfahren gegen Slobodan Milošević und alle weiteren seither vor Gericht gestellten Kriegsverbrecher vor dem Internationalen Strafgerichtshof in Den Haag ist weithin bekannt und unbestritten. Er brachte aber auch einen ethischen Maßstab in die Welt, an dem die Handlungen der Staatenlenker gemessen und auch dann verurteilt werden können, wenn sie keine anderen Sanktionen nach sich ziehen. Die Briten in Suez und die Amerikaner in Vietnam mussten es zu ihrem Leidwesen erfahren. Die langfristigen Auswirkungen des Prozesses auf die politische Bewusstseinsbildung der Deutschen und Österreicher nach dem Zweiten Weltkrieg hingegen wurden in ihrem vollen Ausmaß bis heute nicht erfasst.

Meine in der Einleitung erwähnte Untersuchung über die öffentliche Rezeption des Holocaust im Wien und Niederösterreich der frühesten Nachkriegszeit ergab, dass die Bevölkerung im politischen Zentrum Österreichs, wo alle wichtigen politischen Weichenstellungen für die Zukunft des Landes erfolgten, erst durch den Nürnberger Prozess, mit dem Bergen-Belsen-Prozess als düsterem Vorspiel, umfassend darüber informiert wurde, welche Verbrechen in Auschwitz, Treblinka, Majdanek und in anderen Lagern sowie von den Einsatzgruppen begangen worden waren. Drei vor dem 15. Mai 1945 erschienenen Zeitungsartikeln, denen die ganze Wahrheit zu entnehmen war, folgten in den Monaten darauf nur noch Andeutungen und bruchstückhafte Informationen, wobei die Gaskammern zwar des

Öfteren erwähnt wurden, die Leser aber meistens nur erfuhren, dass dort NS-Gegner und Kriegsgefangene, nicht aber Juden ermordet worden waren. Die Auseinandersetzung mit dem gesamten Themenkomplex Vertreibung und Ermordung der Juden wurde so weit wie möglich vermieden; dies in einer Phase, in der die Stimmung noch antifaschistisch aufgeladen und von den Verbrechen der Nazis täglich die Rede war, bloß nicht von ihrem größten.

Ohne die Nürnberger Zeugenaussagen und Beweisdokumente hätten sich in der nur zu bald einsetzenden restaurativen Atmosphäre die Informationen über den Holocaust über viele Jahre hingezogen und verzettelt. Die gründliche Durchsuchung ungezählter Tonnen der Vernichtung entgangener deutscher Dokumente durch die Amerikaner sofort nach der Besetzung Deutschlands war nicht zuletzt auf die Gefahr eines Beweisnotstandes vor dem Internationalen Militärtribunal zurückzuführen und wäre ohne den Nürnberger Prozess wahrscheinlich niemals mit der gleichen Intensität erfolgt, daher wäre unersetzliches Beweismaterial teils niemals gesichert, teils erst im Lauf der Jahre und Jahrzehnte zum Vorschein gekommen. Ohne die geballte Wucht der Nürnberger Zeugenaussagen so kurz nach dem Krieg und der vorgelegten Dokumente hätte sich die Rezeption des Holocaust völlig anders abgespielt und es wäre heute um vieles schwieriger, den Leugnern der NS-Untaten entgegenzutreten. Der Nürnberger Prozess war daher von überragender Bedeutung für die zeitgeschichtliche Bewusstseinsbildung, mit unschätzbaren Folgen bis heute.

Der Weg vom Ausspruch des amerikanischen Hauptanklägers Jackson, dass »nach dem gleichen Maß, mit dem wir die Angeklagten heute messen, auch wir morgen von der Geschichte gemessen werden«, zurück zur uralten Praxis der Großmächte, »selbst für die Wahrung ihrer Rechte und Interessen Sorge zu tragen und zu diesem Ende an die Gewalt der Waffen zu appellieren« (aus der österreichischen Kriegserklärung an Serbien 1914), war kurz. Als Großbritannien und Frankreich gemeinsam mit Israel Ende Oktober 1956 Ägypten angriffen, das den Suezkanal verstaatlicht hatte, und hofften, der ungarische Volksaufstand werde die internationale Aufmerksamkeit von diesem Aggressionsakt ablenken, war die Erinnerung an Nürnberg noch lebendig und man konnte allenthalben lesen, dass der Suezkrieg ein verpönter Angriffskrieg im Sinne des Nürnberger Prozesses sei. Den USA fiel es leicht, die Rolle des Tugendwächters zu spielen, da sie ihren außenpolitischen Interessen entsprach: Sie wollten die Konfrontation mit der Sowjetunion, Ägyptens Schutzmacht, vermeiden und vor der Dritten Welt gut dastehen. Amerika zwang die Angreifer zum Rückzug. Der gescheiterte Suezkrieg besiegelte Englands Ende als Weltmacht.

Als sodann der Vietnamkrieg Amerika spaltete, war Nürnberg längst zum Mythos geworden, doch Tausende junge Amerikaner verbrannten ihre Einberufungsbefehle und verteidigten sich damit, die Intervention der Amerikaner sei ein Aggressionskrieg und als verbrecherisch zu bezeichnen, wofür sich damals die Bezeichnung »Nuremberg defense« einbürgerte. Damit beriefen sich Amerikas Vietnamkriegsgegner auf Prinzipien, die Robert Jackson vorgeschwebt, denen sich das Gericht jedoch versagt hatte. Sie konfrontierten das offizielle Amerika auf unerwartete Weise und in einem sehr unbequemen Augenblick mit Grundsätzen, die es selbst eingeführt hatte. Jackson hatte ja in seiner Eröffnungsrede nicht als Privatmann, sondern im Namen der USA erklärt, die Nürnberger Anklagen würden in Zukunft »den Angriff jeder anderen Nation verdammen, nicht ausgenommen die, die jetzt hier zu Gericht sitzen«. Telford Taylor in seinem Buch »Nürnberg und Vietnam«, in dem er der amerikanischen Politik einen schrecklichen Spiegel vorhielt: »Irgendwie haben wir es versäumt, die Lektionen, die wir in Nürnberg gelehrt haben, selber zu lernen. Das ist heute Amerikas Tragödie.«

Das Nürnberg, das damals mit voller Wucht auf Amerika zurückfiel, war sowohl das Nürnberg der Ankläger, für das 1946 die Zeit noch nicht reif gewesen war und so ganz noch immer nicht ist, als auch das Nürnberg der Richter, die bei ihren Strafen generell nur die Mordtaten berücksichtigt hatten. Am 16. März 1968 ermordeten amerikanische Soldaten unter dem Kommando von Leutnant William Calley in dem kleinen vietnamesischen Dorf My Lai 350 bis 500 Zivilisten, vorwiegend Frauen und Kinder. Das Kriegsverbrechen von My Lai fällt in dieselbe Kategorie wie die Hinmetzelung der Bewohner des tschechischen Dorfes Lidice am 10. Juni 1942 oder des französischen Dorfes Oradour-sur-Glane am 10. Juni 1944. Leutnant Calley, der sich auf Befehlsnotstand berief, wurde am 31. März 1971 zu lebenslanger Haft verurteilt, doch Präsident Nixon verfügte am nächsten Tag seine Freilassung unter Hausarrest bis zur 1974 erfolgten endgültigen Begnadigung. Mehrere höhere amerikanische Offiziere hatten die Schreckensszenen aus Hubschraubern beobachtet und nicht eingegriffen. Sie wie überhaupt alle involvierten höheren Ränge wurden mit juristischen Kunstgriffen jeder Verfolgung entzogen. Calley entschuldigte sich 2009 für seine Taten.

Dem Prozess gegen einen Angehörigen der »Green Berets«, der in Befolgung eines »sehr klaren Befehls« der CIA einen Mord begangen hatte und behauptete, dies sei nur »einer von Hunderten Fällen« gewesen, sowie gegen sieben weitere Angeklagte, bereitete ein Aussageverbot der CIA für die Zeugen ein abruptes Ende. Taylor meinte, der Ausdruck »Kriegsverbrechen« sei »eigentlich eine Fehlbezeichnung, weil er nicht Taten meint, die nur im Krieg, sondern auch im Krieg als kriminell anzusehen sind«.[194] Eine in ihrer Einfachheit und Klarheit richtungweisende Definition.

In den Sätzen, mit denen General MacArthur die Begnadigung des von einem aus Generälen bestehenden amerikanischen Militärgericht zum Tode durch den Strang verurteilten japanischen Generals Tomayuki Yamashita ablehnte, enthüllte sich die ganze überhebliche Selbstsicherheit der Sieger: Er habe »seine Pflicht gegenüber den ihm anvertrauten Truppen, gegenüber seinem Heimatland, seinem

Gegner und der ganzen Menschheit verletzt, er hat seine Soldatenehre völlig verloren … Ich weise hiermit den Kommandierenden General der Streitkräfte im Pazifik an, das Urteil an dem Angeklagten zu vollziehen, der zuvor der Uniform, der Orden und aller anderen militärischen Zeichen, die ihn als Mitglied des Soldatenstandes ausweisen, entkleidet werden soll.« Kein Vierteljahrhundert später hätte entsprechend den Gründen für das Todesurteil gegen Generaloberst Jodl auch der eine oder andere amerikanische General hängen müssen.

Das Amerika des Präsidenten George Bush junior, das aufgrund erfundener Vorwürfe den Irak überfiel und damit alle Kriterien eines klassischen unprovozierten Angriffskrieges im Sinne der in Nürnberg vorgetragenen amerikanischen Anklagen erfüllte, hatte Nürnberg längst vergessen. Das Dunkel, in dem sich die hohe und höchste Verantwortlichkeit für die Folterungen von Abu Ghraib verliert, ist noch tiefer als das Dunkel um die Verantwortlichkeit für My Lai. Amerika verweigert die Zusammenarbeit mit dem Internationalen Gerichtshof in Den Haag und weist empört das Ansinnen zurück, einen US-Bürger dem Urteil eines internationalen Gerichts auszusetzen, ist aber beim Umgang mit »Verdächtigen«, die ihm in die Hände geraten, alles andere als zimperlich. Auch Amerika hat, wie man sieht, viele Gründe, den Nürnberger Prozess zu verdrängen. Das heutige Amerika kann ihn nur als Stachel im Fleisch empfinden, als einen Versuch, den man besser nicht noch einmal wagt, weil das Ergebnis nur zu leicht auf einen selbst zurückschlagen kann. Die Sterne eines neuen Völkerrechts stehen tief und kaum mehr sichtbar am Horizont. Die einzige Möglichkeit, den Nürnberger Prozess zu verarbeiten und zu akzeptieren, besteht darin, alles, was seither geschehen ist und was heute geschieht, an den Maßstäben zu messen, die damals gesetzt wurden. Denn Amerika hat in Nürnberg zwar zu viel versprochen, doch auch dieses Versprechen ist irreversibel in der Welt.

Was uns bis zur Erfüllung dieser Hoffnungen in der Hand bleibt, ist der Prozess der Richter. Die Richter standen nicht wie Jackson und seine Ankläger mit beiden Beinen in den Wolken. Sie standen auf dem festen Boden des Strafrechts. Der Prozess der Richter, Europas Sache damals und noch viel mehr heute, war kein Griff nach den Sternen, sondern handfeste Suche nach gerechten Urteilen. Darum erweist sich das, was die Richter aus dem Nürnberger Prozess gemacht haben, gerade heute als brauchbares Modell. Auf den Prozess der Richter wird man wohl immer wieder zurückgreifen, und umso erfolgreicher, je besser man den ganzen Nürnberger Prozess und auch seine negativen Seiten kennt. Er war seit Vietnam noch nie so aktuell und wurde als fester Halt seither noch nie so dringend gebraucht wie heute.

ANMERKUNGEN

1 Butterweck, Hellmut: »Der wahre ›Geist von 1945‹«, in Vorbereitung

2 Biddle, Francis: »In Brief Authority«, New York 1962, S. 482

3 Der Nürnberger Prozeß – Das Protokoll des Prozesses gegen die Hauptkriegsverbrecher vor dem Internationalen Militärgerichtshof 14. November 1945 – 1. Oktober 1946 – Mit einer Einführung von Christian Zentner – Directmedia, Berlin 1999, Digitale Bibliothek, Band 10

4 Deutsches Rundfunk-Archiv (DRA) Frankfurt/M., Best.-Nr. 2633001

5 1972 wurde bei Bauarbeiten am Lehrter Bahnhof in Berlin ein Skelett gefunden und aufgrund des Zahnbefundes für das Bormanns erklärt. 1998 erhärtete eine DNA-Analyse die Identifizierung.

6 Butterweck, Hellmut: »Der Nürnberger Prozess – Eine Entmystfizierung«, Wien 2005, S. 22

7 Steinert, Marlis: »Die 23 Tage der Regierung Dönitz«, Düsseldorf 1967, S. 284

8 Steinert, S. 286

9 Steinert, S. 255

10 Padfield, Peter: »Dönitz – Des Teufels Admiral«, Berlin 1984, S. 493

11 Heydecker, Joe J., und Leeb, Johannes: Der Nürnberger Prozeß, Köln 1995, S. 89

12 Maser, Werner: »Nürnberg – Tribunal der Sieger«, Düsseldorf 1977, S. 37

13 Maser, S. 34

14 Roosevelt, Elliott: »Wie er es sah«, Zürich 1947

15 Roosevelt, S. 238 f.

16 Churchill, Winston: »Der Zweite Weltkrieg«, Bern 1960, Band V/2, S. 62

17 Roosevelt, S. 239

18 Churchill, S. 62 ff.

19 Churchill, S. 62 ff.

20 Roosevelt, S. 239 f.

21 Smith, Bradley F.: »Der Jahrhundert-Prozess – Die Motive der Richter von Nürnberg, Anatomie einer Urteilsfindung«, Frankfurt/M. 1977, S. 42

22 Overy, Richard: »Verhöre – die NS-Elite in den Händen der Alliierten 1945«, München 2002, S. 16

23 Overy, S. 17

24 Overy, S. 17

25 Kennan, George F.: »Memoiren eines Diplomaten«, München 1971, S. 267. Kennan wurde 1941 nach Deutschlands Kriegserklärung an Amerika als ranghöchster US-Diplomat mit dem gesamten Botschaftspersonal interniert. Nach

der Freilassung ließ Washington sie statt jedes Dankes wissen, die Monate in deutscher Haft würden nicht bezahlt, da sie ja nicht gearbeitet hätten. (Kennan, S. 300) Im Februar 1946 forderte er von Moskau aus mit einem der längsten Telegramme in der Geschichte diplomatischer Depeschen eine harte Politik gegenüber der Sowjetunion und gab damit eine Art von Startschuss zum Kalten Krieg.

26 Overy, S. 18

27 Overy, S. 21

28 Overy, S. 17

29 Taylor, Telford: »Die Nürnberger Prozesse – Hintergründe, Analysen und Erkenntnisse aus heutiger Sicht«, München 1994, S. 54

30 Taylor, Prozesse, S. 54

31 Smith, S. 38 f.

32 Taylor, Prozesse, S. 64

33 Am selben Tag beschloss in Wien der österreichische Kabinettsrat das »Verfassungsgesetz über Kriegsverbrechen und andere nationalsozialistische Untaten«.

34 Taylor, Prozesse, S. 80

35 Auch die unzutreffende Bezeichnung der österreichischen Sondergerichte für Verfahren nach dem Verbots- und Kriegsverbrechergesetz, die von 1945 bis 1955 amtierten, als »Volksgerichte« hat deren Ansehen später sehr geschadet.

36 Taylor, Prozesse, S. 86 f.

37 Die wenigen Länder, die neutral geblieben waren, brachen nach dem Tod Hitlers ebenfalls schnell noch die diplomatischen Beziehungen zur Regierung Dönitz ab: am 6. Mai Portugal, am 7. Mai Schweden, am 8. Mai die Schweiz und nach der Kapitulation auch noch Spanien und Irland.

38 Das Land hatte am Eröffnungstag des Nürnberger Prozesses bereits rund hundert Prozesse gegen NS-Straftäter mit sieben Todesurteilen abgeschlossen, denen bis zu den Nürnberger Urteilen weit über tausend weitere Schuldsprüche folgten. Österreichs günstigere Ausgangsposition ist nur zum Teil auf den Status als befreites Land zurückzuführen, viel mehr aber darauf, dass 1938 zahlreiche konservative, dem Hitler so verhassten katholischen Ständestaat ergebene Richter und Staatsanwälte zwangspensioniert, auf Abstellgleise geschoben, in vielen Fällen auch eingekerkert oder in Konzentrationslager gebracht wurden. Dadurch stand nach der Befreiung die unerlässliche juristische Personalreserve für NS-Prozesse zur Verfügung. In Deutschland, das überdies zwölf und nicht wie Österreich sieben Jahre NS-Herrschaft hinter sich hatte, war die Gleichschaltung der Justiz glatter und die Anpassung der Richterschaft nahezu vollständig vonstatten gegangen. (Butterweck, Hellmut: »Verurteilt und begnadigt, Österreich und seine NS-Straftäter«, Wien 2003, S. 47, S. 51)

39 Alfried Krupp wurde 1948 im »Krupp-Prozess«, einem der letzten Nürnberger Nachfolgeprozesse mit Telford Taylor als Ankläger, wegen Sklavenarbeit (sein Unternehmen hatte mit Stichtag vom 1. Jänner 1943 25.000 Zwangsarbeiter »beschäftigt«) und Plünderung von Wirtschaftsgütern im besetzten Ausland

(Alfried Krupp war seit Kriegsbeginn für die Demontage von Fabriken in den von den Deutschen besetzten Gebieten und deren Aufbau im deutschen Reich verantwortlich gewesen) zu zwölf Jahren Haft und Verfall seines Vermögens verurteilt. Er wurde 1951 begnadigt und bekam auch sein Vermögen zurück.

40 Radlmaier, Steffen (Hg.): »Der Nürnberger Lernprozess«, Frankfurt/M. 2001, S. 43

41 Gilbert, G. M.: »Nürnberger Tagebuch«, Frankfurt/M. 1962, S. 47

42 Biddle, S. 380

43 Hoßbach, Friedrich: »Zwischen Wehrmacht und Hitler 1934–1938«, 2. durchgesehene Auflage, Göttingen 1965, S. 190 f.

44 Gilbert, S. 49

45 Speer, Albert: »Spandauer Tagebücher«, Frankfurt/M. 1975, S. 312

46 Kelley beging 1958 am Neujahrstag mit einer Zyankalikapsel Selbstmord. (Meldung der New York Times vom 2. Jänner 1958)

47 Gilbert, S. 53

48 Gilbert, S. 53

49 Von der Lippe, Viktor: »Nürnberger Tagebuchnotizen«, Frankfurt/M. 1951, S. 50

50 Zit. n. Völkischer Beobachter, Wiener Ausgabe, 2.9.1939, S. 4

51 Kohl, Christiane: »Das Zeugenhaus – Nürnberg 1945: Als Täter und Opfer unter einem Dach zusammentrafen«, München 2005, S. 76

52 Kalnoky, Ingeborg Countess und Herisko, Ilona: »The Guest House«, Indianapolis 1974

53 Smith, S. 104 f.

54 Taylor, Prozesse, S. 270

55 Smith, S. 102

56 Smith, S. 102

57 Taylor, Prozesse, S. 250

58 Boberach, Heinz (Hg.): »Meldungen aus dem Reich – Die geheimen Lageberichte des Sicherheitsdienstes der SS 1938 bis 1945«, 17 Bände, Herrsching 1984

59 Gisevius, Hans Bernd: »Wo ist Nebe? Erinnerungen an Hitlers Reichskriminaldirektor«, Zürich 1966, S. 240

60 Musmanno, Michael A.: »The Eichmann Kommandos«, Philadelphia 1961, S. 106

61 Taylor, Prozesse, S. 295

62 Kitterman, David: »Otto Ohlendorf«, in: »Die SS: Elite unter dem Totenkopf – 30 Lebensläufe«, hg. v. Ronald Smelser und Enrico Syring, Paderborn 2003, S. 382

63 Adolf Eichmann hat den Ausspruch während seines Prozesses in Jerusalem bestätigt.

64 In der Frühphase der Justiz gegen NS-Täter wurde in vielen Ländern kaum Rücksicht auf die dokumentarische Funktion dieser Justiz genommen, der später der Eichmann-Prozess in Jerusalem oder der Frankfurter Auschwitz-Prozess in so hohem Maß dienten. Ein klassisches Beispiel dafür ist das

Wiener Verfahren gegen Anton Brunner (»Brunner II«) Anfang Mai 1946. Der Vorsitzende schmetterte zusätzliche Beweisanträge des als Privatbeteiligtenvertreter fungierenden Vizepräsidenten der Wiener Kultusgemeinde Braun ab, weil er gemeinsam mit dem Staatsanwalt der Meinung war, die Schuld des Angeklagten liege bereits klar genug auf dem Tisch. Der für vier Tage angesetzte Prozess endete programmgemäß am vierten Tag mit einem Todesurteil, das bereits zwei Wochen später vollstreckt wurde – möglicherweise, um belastende Aussagen gegen andere Täter zu vereiteln. Vgl. Butterweck, Hellmut: »Nationalsozialisten vor dem Volksgericht Wien – Österreichs Ringen um Gerechtigkeit 1945–1955 in der zeitgenössischen öffentlichen Wahrnehmung«, Innsbruck 2016, S. 126–134

65 Taylor, Nürnberg, S. 361

66 Von der Lippe, S. 90

67 Alois Brunner entsprang im Sommer 1945 aus amerikanischer Haft, lebte unter falschem Namen in Deutschland und wurde 1954 in Frankreich zweimal in Abwesenheit zum Tode verurteilt. Er floh daraufhin nach Syrien, wo er bei zwei Anschlägen des israelischen Geheimdienstes verletzt wurde und bis zu seinem Tode lebte, zumindest zeitweise in einem Gästehaus Hafiz al-Assads in den Bergen nahe Damaskus. Sein Todesdatum ist unbekannt. Als prominentester Fluchthelfer Alois Brunners gilt Reinhard Gehlen, doch die Aufklärung dieses Sachverhalts wurde von den deutschen Behörden systematisch verhindert. Gehlen leitete in der NS-Zeit die Abteilung Fremde Heere Ost der deutschen Wehrmacht und von 1956 bis 1968 den deutschen Bundesnachrichtendienst.

68 Richtig: Spatzenegger

69 Die in Mauthausen in den »Wiener Graben« gestoßenen oder zum Hinunterspringen gezwungenen »Fallschirmspringer« kamen auch in einem österreichischen Prozess des Jahres 1950 zur Sprache. In diesem Fall hatte Spatzenegger einen besonders brutalen Kapo veranlasst, zwei holländische Juden in den Abgrund zu stürzen. »Diesen ›Spaß‹, den sich die SS-Bestien und ihre Kapos fast täglich leisteten, nannte man ›Fallschirmjägerspringen‹.« (Butterweck, Nationalsozialisten, S. 634)

70 Gilbert, S. 116

71 Biddle, S. 409

72 Springer, Hildegard (Hg.): »Das Schwert auf der Waage. Hans Fritzsche über Nürnberg«, Heidelberg 1953, S. 76

73 Taylor, Prozesse, S. 377

74 Milch war nach den »Nürnberger Gesetzen« jüdischer »Mischling«, wurde trotzdem ein fanatischer Nazi und in der NS-Zeit zum »Vollarier« erklärt. Er wurde 1947 in einem der Nürnberger Nachfolgeprozesse wegen der Ausbeutung ausländischer Zwangsarbeiter in der deutschen Flugzeugindustrie zu lebenslanger Haft verurteilt und 1954 entlassen.

75 Kesselring wurde 1947 wegen Geiselerschießungen von einem britischen Militärgericht in Italien zum Tod verurteilt, wenige Monate später zu 20 Jahren

begnadigt und 1952 entlassen. Er hat sich von Hitler und vom Nationalsozialismus niemals distanziert.

76 Maser, S. 200. »Goering had made a monkey out of Jackson«, hatte es in den Chicago Daily News vom 19. März 1946 geheißen.

77 Haensel, Carl: »Das Gericht vertagt sich«, Hamburg 1950, S. 44

78 Flanner, Janet: »Paris, Germany – Reportagen aus Europa 1931–1950«, München 1992, S. 137 f.

79 Taylor, Prozesse, S. 425

80 Von der Lippe, S. 224

81 Häftlinge mussten auch die Kleider der Ermordeten durchsuchen und ordnen, die Gaskammern leeren und die Leichen in die Krematorien schaffen und verbrennen. Diese »Sonderkommandos« wurden jeweils nach einiger Zeit erschossen und durch neue ersetzt.

82 Taylor, Prozesse, S. 425

83 Eine lächerliche Behauptung, die durch zahllose Zeugenaussagen widerlegt wurde. Johanna Hanz, die am 18. April 1951 von einem österreichischen Gericht zu einer »Strafe« verurteilt wurde, die eine Beleidigung für die Opfer darstellte, nämlich zwei Jahren Zusatzstrafe, hatte nicht nur als Blockälteste in Ravensbrück bis zu 3.000 ihr wehrlos ausgelieferte Roma-Frauen sadistisch gequält, sondern sich auch beim Lagerführer freiwillig zur Exekution von Prügelstrafen gemeldet. Für je 25 Stockhiebe, die sie ihren Opfern verabreichte, erhielt sie einen Teller mit Wurstbrot und Butter. (Butterweck, Nationalsozialisten, S. 686) Die ehemalige KZ-Aufseherin Hermine Braunsteiner hatte in Ravensbrück die Häftlinge mit Ohrfeigen und Fußtritten traktiert, ihren Hund auf die Frauen gehetzt und häufig eine mit Bleikugeln gefüllte Peitsche gegen die Gefangenen eingesetzt. Sie wurde am 22. November 1949 von einem österreichischen Gericht zu drei Jahren verurteilt, 1973 an die Bundesrepublik Deutschland ausgeliefert und in dem am 26. November 1975 beginnenden, fünfjährigen Majdanek-Prozess in Düsseldorf als einzige der Angeklagten zu lebenslanger Haft verurteilt. (Butterweck, Nationalsozialisten, S. 628 f.)

84 Tscheka, GPU, NKWD, MGB, KGB – frühere Bezeichnungen der sowjetischen Geheimpolizei FSB

85 Eigene Beobachtung des Autors in einer Buchhandlung auf der Wiener Kärntnerstraße

86 Zawodny, Janus Kazimierz: »Zum Beispiel Katyn«, München 1971, S. 33 (Originalausgabe: Indiana 1962)

87 Der Blockleiter von Gleißenfeld Haller belauschte 1943 im Wirtshaus den Wiener Goldschmied Michael Klempa, der sagte, der Krieg sei schon verloren, die angeblichen Morde in Katyn seien nicht wahr. Tags darauf erstattete Haller Anzeige. Klempa wurde vom Nazi-Sondergericht zu vier Jahren Gefängnis verurteilt, der Denunziant kam am 27. November 1945 mit zwei Jahren davon. (Butterweck, Nationalsozialisten, S. 68) »Glauben Sie an den Blödsinn von Katyn? Es ist eine Gemeinheit, diesen Mord den Russen in die Schuhe zu schieben, da ihn doch die Hunde selbst vollbracht haben«,

sagte der Bahnhelfer Ferdinand Schleifer im April 1943 in einem Gasthaus in Stadlau zu einem Fremden, geriet dabei aber an den Malermeister und NSDAP-Blockleiter Kerschbaum. Verhaftung, Gestapo, Sondergericht: Schleifer verbrachte anderthalb Jahre im Gefängnis, Kerschbaum wurde am 21. September 1946 ebenfalls zu anderthalb Jahren verurteilt. (Butterweck, Nationalsozialisten, S. 208)

88 Unter diese Bestimmung fielen »öffentliche Urkunden der Regierung und Berichte der Vereinten Nationen, einschließlich der Handlungen und Urkunden der in den verschiedenen alliierten Ländern für die Untersuchung von Kriegsverbrechen eingesetzten Komitees, sowie die Protokolle und Entscheidungen von Militär- oder anderen Gerichten irgendeiner der Vereinten Nationen«.

89 Taylor, Prozesse, S. 543

90 Er verdankte dieses Privileg den Briten, die den deutschen Marinerichtern Disziplinarrechte eingeräumt hatten, solange die Kriegsmarine noch mit dem Minenräumen beschäftigt war.

91 Hauptmann Robert C. Richardson, der dem Piloten den Angriffsbefehl erteilte, »hat auch selbst, als er in den 70er Jahren als Brigadegeneral in einer NATO-Dienststelle tätig war, gesagt, dass er zu seinem damaligen Entschluss auch heute noch stehe. Es war Krieg, und die U-Boote mussten vernichtet werden.« Vgl. Schmoeckel, Helmut: »Menschlichkeit im Seekrieg?«, Herford 1987, S. 127

92 Dönitz bezog sich auf verbesserte Torpedos mit Abstandspistole und höherer Zerstörungskraft.

93 Smith, S. 288

94 Smith, S. 290

95 Mit dem »Kommandobefehl« ordnete Hitler an, alliierte Soldaten, die in Uniform hinter den deutschen Linien operierten, »niederzumachen«, selbst wenn sie sich ergeben wollten, beziehungsweise nach Gefangennahme und Vernehmung zu erschießen.

96 Malaparte, Curzio: »Kaputt«, Karlsruhe 1958, S. 63

97 Gilbert, S. 104

98 Gilbert, S. 283

99 Smith, S. 319

100 Er wurde im Februar 1952 in der Sowjetunion wegen Kriegsverbrechen zu 25 Jahren Zwangsarbeit verurteilt, am 15. Jänner 1955 entlassen, 1957 in Deutschland wegen verübten und in einem anderen Fall versuchten Totschlags zu viereinhalb Jahren Freiheitsstrafe verurteilt und am 4. August 1960 aus Gesundheitsgründen vorzeitig aus der Haft entlassen. 1963 gewährte ihm Bundespräsident Lübke einen Teil seiner Pension. (Wikipedia, Ferdinand Schörner, zuletzt bearbeitet am 29.10.2021)

101 Smith, S. 322 f.

102 Smith, S. 226

103 Smith, S. 224 f.

104 Smith, S. 227
105 Speer, Albert: »Erinnerungen«, Frankfurt/M. 1969, S. 504
106 Speer, Erinnerungen, S. 514
107 Aussage Hjalmar Schachts in einem der Verhöre im Vorfeld des Nürnberger Prozesses
108 Göring erbte Schloss Mauterndorf 1939 nach dem Tod von Epensteins Witwe, versäumte aber die Eintragung ins Grundbuch, wodurch die Schenkung keine Gültigkeit erlangte und das Schloss nach dem Krieg den gesetzmäßigen Erben von Elisabeth Epenstein zufiel. Es wurde 1965 von der Republik Österreich erworben und später vom Bundesland Salzburg als Lungauer Landschaftsmuseum adaptiert.
109 Im Verfahren gegen den österreichischen Massenmörder Anton Brunner (»Brunner II«) vor dem österreichischen Volksgericht kam im Mai 1946 auch der Fall eines Ehepaares zur Sprache, das dem Leiter der »jüdischen Auswanderungsstelle« die Fotokopie eines Briefes von Göring vorwies. Brunner lockte ihnen das Originalschreiben heraus, zerriss es, und die Leute verschwanden. (Butterweck, Nationalsozialisten, S. 131) Hermann und Emmy Göring dürften in zahlreichen Einzelfällen mit sogenannten Schutzbriefen geholfen oder es zumindest versucht haben.
110 Lammers beharrte wortreich auf seinem Nichtwissen, was sich hinter dem Wort »Endlösung« verbarg, und er hatte guten Grund dazu. Er wurde 1949 im Wilhelmstraßen-Prozess wegen Kriegsverbrechen und Verbrechen gegen die Menschlichkeit zu 20 Jahren verurteilt und 1951 begnadigt.
111 Browder, George C.: »Walter Schellenberg«, in: Smelser/Syring, S. 423. Abweichend zitiert bei Reitlinger, Gerald: »Die Endlösung«, Berlin 1956, S. 92, dort nach Dokument NG-4934 Wilhelmstraßen-Prozess
112 Walther von Brauchitsch, seit 1937 Befehlshaber des Gruppenkommandos 4. 1940 Generalfeldmarschall. Von Hitler für das Scheitern des Winterfeldzuges 1940/41 gegen Russland verantwortlich gemacht und entlassen. Starb 1948 vor seiner Verhandlung vor einem britischen Militärgericht.
113 Kempner, Robert M. W.: »Ankläger einer Epoche – Lebenserinnerungen«, Berlin 1983, S. 231
114 Hindels, Josef in: »Arbeiter-Zeitung«, Wien, 28.12.1951
115 Taylor, Prozesse, S. 646
116 Als Heß dies nach seiner Landung behauptete, erlag er, so James Douglas-Hamilton, einem Irrtum. Tatsächlich habe er den späteren Herzog höchstens gesehen.
117 Douglas-Hamilton, James: »Geheimflug nach England – Der ›Friedensbote‹ Rudolf Heß und seine Hintermänner«, Düsseldorf 1973, S. 126 f.
118 Der von Heß in diplomatische Aktivitäten hineingezogene Albrecht Haushofer wurde am 23. April 1945 mit einer Gruppe anderer Gefangener im Zentrum Berlins in einer Ruine erschossen. Sein Bruder Heinz fand den Toten und die eng beschriebenen Blätter der später berühmt gewordenen »Moabiter Sonette«.

Die Eltern Karl und Martha Haushofer nahmen sich 1946 das Leben. Siehe Butterweck, Nürnberger Prozess, Eine Entmystifizierung S. 93 ff.

119 Speer, Erinnerungen, S. 190

120 Smith, S. 197

121 Heß trennte sich von Rohrscheidt und ließ sich von Alfred Seidl verteidigen, der bereits Hans Franks Verteidiger war.

122 Smith, S. 201 f.

123 Seidl, Alfred: »Der Fall Rudolf Heß 1941–1987, Dokumentation des Verteidigers«, 3. ergänzte und erweiterte Auflage, München 1988, S. 478

124 Scheurig, Bodo: »Alfred Jodl – Gehorsam und Verhängnis«, Berlin 1991, S. 22

125 Scheurig, S. 333

126 Scheurig, S. 36

127 Smith, S. 232

128 Sydnor, Charles in: Smelser/Syring, S. 209

129 Karlsböck, Edeltraud: »Die Mitglieder des Anschlusskabinetts Seyß-Inquart«, Diplomarbeit, Wien 2004, S. 145

130 Pohanka, Reinhard: »Pflichterfüller«, Wien 1997, S. 101

131 Blobel hatte unter anderem die Ermordung von 33.000 Juden in der Schlucht von Babyn Jar geleitet. Er wurde 1948 im Nürnberger Einsatzgruppen-Prozess zum Tode verurteilt und 1951 hingerichtet.

132 Von der Lippe, S. 219 f.

133 Speer, Erinnerungen, S. 263 f.

134 Keitel, Hans-Joachim (Hg.): »Keitel in Nürnberg«, Schnellbach 2002, S. 87

135 Ein weiterer Zeuge, der damalige Leiter der Kriminalpolizei in Breslau, Max Wielen, wurde nach der Festnahme der entflohenen RAF-Offiziere nach Berlin befohlen, wo ihm Kripo-Chef Arthur Nebe einen ferngeschriebenen Befehl Kaltenbrunners zeigte, in dem es hieß, dass auf ausdrücklichen Befehl des Führers mehr als die Hälfte der aus Sagan entflohenen Offiziere nach ihrer Wiederergreifung zu erschießen seien. Müller habe entsprechende Befehle erhalten und werde seine Anweisungen an die Gestapo geben. Wielen zufolge lieferte die Kripo, die für die Zusammenstellung und das Festhalten dieser wiederergriffenen Gefangenen verantwortlich war, diejenigen, die erschossen werden sollten, der Gestapo aus, und zwar samt einer Liste der Gefangenen, die von den Lagerbehörden als »Störenfriede« betrachtet wurden.

136 Abschnitt L der Genfer Konvention von 1929 gestattete lediglich disziplinarische Strafen gegen entflohene und wieder eingefangene Kriegsgefangene.

137 Gilbert, S. 242

138 Taylor, Prozesse, S. 620 f.

139 Smith, S. 247

140 Taylor, Prozesse, S. 532

141 Papen, Franz von: »Der Wahrheit eine Gasse«, Innsbruck 1952, S. 250

142 Papst Pius XII. ernannte ihn nach dem Krieg zum Päpstlichen Geheimkämmerer.

143 Smith, S. 316 f.

144 Schirach, Baldur von: »Ich glaubte an Hitler«, Hamburg 1967, S. 329
145 Schmidt, Paul: »Statist auf diplomatischer Bühne 1923–1945«, Wien 1950, S. 464
146 Gilbert, S. 79 f.
147 Smith, S. 230
148 Goerdeler war von den Verschwörern des 20. Juli als Reichspräsident vorgesehen, floh, wurde von einer Buchhalterin in einem Wirtshaus erkannt, verraten und hingerichtet.
149 Taylor, Prozesse, S. 451
150 Springer, S. 173 f.
151 Rathkolb, Oliver: »Schirach – Eine Generation zwischen Goethe und Hitler«, Wien 2020, S. 211 ff.
152 Smith, S. 261
153 Rathkolb, Schirach, S. 298
154 Rathkolb, Schirach, S. 9 f.
155 Karlsböck, Anschlusskabinett, S. 25
156 Butterweck, Nationalsozialisten, S. 91
157 Dokumentationsarchiv des österreichischen Widerstandes (Hg.): »Anschluß 1938«. Eine Dokumentation, S. 328
158 Taylor, Prozesse, S. 512
159 Broucek, Peter (Hg.): »Ein General im Zwielicht – Die Erinnerungen Edmund Glaises von Horstenau«, Wien 1983, Band 2, S. 314
160 Speer, Erinnerungen, S. 44
161 Taylor, Prozesse, S. 449
162 Schmidt, Matthias: »Albert Speer: Das Ende eines Mythos«, Bern 1982, S. 218
163 Schmidt, S. 219
164 Die Organisation Todt, kurz OT, war eine militärisch gegliederte Bauorganisation, die dem Reichsminister für Bewaffnung und Munition direkt unterstand. Sie wurde immer wieder neuen Aufgaben angepasst. Nach dem Bau des Westwalls wurden die Bauformationen der Wehrmacht in die OT eingegliedert. Die deutschen Arbeiter trugen olivgrüne Uniformen und unterstanden einer militärischen Dienstpflicht. In den besetzten Gebieten Westeuropas wurden freiwillige Hilfskräfte angeworben. Ab 1943 arbeiteten auf den OT-Baustellen auch Zwangsarbeiter und Kriegsgefangene unter schwersten Bedingungen. Gegen Ende 1944 waren von den rund 1,3 Millionen Arbeitskräften der OT nur rund 60.000 Deutsche.
165 So geschickt sich Speer als reiner Tor in der Schlangengrube machtgieriger Intriganten darstellte – auch er selbst hat die Machtspiele meisterhaft beherrscht und eifrig betrieben. Nicht zuletzt mit Hermann Giesler, der von Hitler mit den Planungen für München und Linz beauftragt worden und der zweitwichtigste deutsche Architekt hinter Speer war. Speer hatte seit Kriegsbeginn auch die Eisen- und Stahlzuteilungen im Griff und ignorierte monatelang Gieslers Anforderungen. Auch bei der Beschaffung von Werksteinen stieß Giesler plötzlich auf Barrieren, »ob Muschelkalk, Marmor oder römische Travertine,

von den Graniten erst gar nicht zu reden. Sie waren vertraglich in der Hand von Speer. Wohin ich mich auch bei der Suche nach beständigem Werkstein wandte, – ich stand vor der Abblockung ›Lieferverträge Speer‹. Ich konnte nur auf wenige, leistungsschwache Betriebe ausweichen, bis hin zum toskanischen Travertin.« Giesler, Hermann: »Ein anderer Hitler«, Gilching 1977. Giesler hat es Speer leicht gemacht, seine Rolle bei Hitler zu verschweigen, indem er auch nach dem Krieg ein starrsinniger Nationalsozialist blieb.

166 Sereny, Gitta: »Albert Speer – Das Ringen mit der Wahrheit und das deutsche Trauma«, München 1995, S. 485

167 Sereny, S. 454 f.

168 Sereny, S. 459

169 Sereny, S. 458

170 Sereny, S. 465 f.

171 Sereny, S. 821

172 Sereny, S. 823

173 Schirach, S. 38

174 Smith, S. 223

175 Taylor, Prozesse, S. 648

176 Smith, S. 223 f.

177 Biddle, S. 468

178 Biddle, S. 477

179 Der in Abwesenheit zum Tod verurteilte Martin Bormann bleibt durchgehend außer Betracht.

180 Taylor, Telford: »Nürnberg und Vietnam – Eine amerikanische Tragödie«, München 1971, S. 93

181 Smith, S. 263

182 Butterweck, Hellmut: »Rache oder Recht«, Wiener Wochenausgabe, Nr. 8/1966

183 Smith, S. 307

184 Biddle, S. 471

185 Das über Fritz Sauckel ausgesprochene Todesurteil kann in dieser Hinsicht als Grenzfall gesehen werden.

186 Biddle, S. 476

187 Taylor, Prozesse, S. 698

188 Taylor, Prozesse, S. 697

189 Speer, Tagebücher, S. 230

190 Speer, Tagebücher, S. 447

191 Raeder, Erich: »Mein Leben«, Band 2, »Von 1935 bis Spandau 1955«, Tübingen 1957, S. 326 f.

192 Speer, Tagebücher, S. 472

193 Speer, Tagebücher, S. 194

194 Taylor, Nürnberg und Vietnam, S. 19

PERSONENVERZEICHNIS

ÜBER DEN AUTOR

Hellmut Butterweck

wurde 1927 in Wien geboren. Er war langjähriger Theaterkritiker und Ressortleiter für Zeitgeschichte der angesehenen Wiener Wochenzeitung »Die Furche«, leitete bis 2002 deren Buchressort und schrieb Theaterstücke, Hörspiele und Bücher, u.a. Standardwerke über die österreichische Nachkriegsjustiz gegen NS-Straftäter.